문화콘텐츠 마케팅의 이해

본 문화산업총서는 한국의 문화산업 인력양성에 이바지하기 위하여
인하대하교 대학원 문화경영학과의 BK21 문화사업전문인력양성사업팀에서
집필 기획한 것입니다.

문화산업총서 2

문화콘텐츠 마케팅의 이해

2010년 8월 30일 초판 1쇄 발행
2013년 2월 28일 초판 2쇄 발행
2016년 8월 29일 초판 3쇄 발행

지 은 이 ｜ 김영순 · 이미정 · 구문모 · 방선이 · 하주용 ·
　　　　　　 정미강 · 박수정 · 오영훈 · 김진희
펴 낸 이 ｜ 이찬규
펴 낸 곳 ｜ 북코리아
등록번호 ｜ 제03-01240호
주　　소 ｜ 13209 경기도 성남시 중원구 사기막골로 45번길 14
　　　　　　 우림 2차 A동 1007호
전　　화 ｜ 02) 704-7840
팩　　스 ｜ 02) 704-7848
이 메 일 ｜ sunhaksa@korea.com
홈페이지 ｜ www.북코리아.kr
ISBN　　 ｜ 978-89-6324-078-7 (93300)
　　　　　　 978-89-6324-144-9 (세트)

값 15,000원

문화산업총서 2

문화콘텐츠 마케팅의 이해

김영순 · 이미정 · 구문모 · 방선이 · 하주용 · 정미강 · 박수정 · 오영훈 · 김진희

북코리아

문화콘텐츠 강국을 희망하며

얼마 전 외교사절들이 반기문 유엔사무총장 관저를 방문했을 때 전통 한지의 아름다움에 감탄하였다고 한다. 최근 우리의 전통 한지는 이러한 아름다움에 머물지 않고 통기성, 친환성, 장식성, 실용성 등 한지의 우수성을 개발하여 한지 산업으로까지 발전시키고 있다.

지금 여기 우리의 세기는 문화의 시대를 넘어 문화를 개발하여 산업화하고 있는 시대이다.

미래의 고부가가치 산업으로 각광받고 있는 문화산업은 해마다 엄청난 속도로 성장하고 있다. 다양한 매체에 담기는 의미 있는 내용물인 콘텐츠가 지식과 창의력을 요구하는 지식기반 산업을 선도하는 주체로 부상했기 때문이다. 현재 세계 시장에서 한국의 콘텐츠 산업이 차지하는 비중은 2.4%로 세계 8위 수준이다. 한국콘텐츠진흥원은 2010년 올해 안에 이 비중을 3%대로 끌어올리는 것이 목표다.

지식정보화 사회, 문화의 시대를 향한 발걸음인 문화콘텐츠 산업의 성장은 꿈과 감성을 파는 사회로 나아가는 길이기도 하다. 그러므로 문화콘텐츠 마케팅은 고객들에게 꿈과 감성을 팔기 위한 방법이라고 할 수 있다. 콘텐츠를 통해 고객의 감수성을 자극하고 아름다운 꿈을 꾸게 함으로써 그들을 만족시키는 것이 궁극적으로 문화콘텐츠 마케팅의 목적이라 할 수 있다. 그러나 이러한 목적을 달성하기 위해서는 다양한 문화콘텐츠의 속성을 잘 이해하고 가장 적절하고 효과적인 마케팅 방안을 모색해야 한다.

이러한 상황에서 우선 이해해야 할 것은 일반 제품과 문화콘텐츠 상품의 차이점이다. 지식 상품이라 불리는 문화콘텐츠는 형태가 없는 소프트웨어적 특성을 지니는 경우가 많다. 따라서 소비자가 상품을 접하고, 호감을 가지고, 소비하는 방식이 일반 제품과 현저히 차이가 난다. 적당한 가격을 지불하면 바로 소유할 수 있고 시간이 지나면 수명이 다하는 일반적인 제품과는 다른 소비 특성을 가진 문화콘텐츠는 일반적인 제품 마케팅이 아니라 문화콘텐츠의 속성에 맞는 관점으로 다가가야 한다.

또한 문화콘텐츠 상품은 영화, 게임, 애니메이션, 방송, 음악, 공연 등 그 유형이 매우 다양하며 그 특성도 각기 다르다. 따라서 각 콘텐츠 유형의 속성을 제대로 분석하고 그에 맞춰 문화콘텐츠 시장과 고객을 이해해야만 한다.

따라서 필자들은 이러한 문화콘텐츠를 최대한 잘 이해하고 이에 맞추어 적절한 마케팅 방법을 적용할 수 있는 안목을 키울 수 있는 방향으로 교재를 집필하고자 하였다. 이에 문화콘텐츠와 마케팅에 관한 전반적인 개념과 현황을 비롯하여 문화콘텐츠 상품의 특성, 문화콘텐츠 유형별 마케팅 방법 등 문화콘텐츠 마케팅을 위한 특화된 방법들을 사례를 중심으로 알기 쉽게 설명하였다.

이 책은 모두 8장으로 구성되어 있다.

1장 '마케팅의 이해'에서는 미디어의 발달로 마케팅의 개념도 변화하는 가운데 현대사회에서 마케팅을 이해하기 위한 기본적인 개념에 대하여 논의하고, 문화산업과 마케팅의 상관성을 고찰하였다.

2장 '문화콘텐츠와 마케팅'에서는 문화콘텐츠의 개발 과정을 살펴보고, 문화콘텐츠의 종류와 그것을 마케팅하기 위한 방법 및 전략을 기술하였다.

3장 '문화콘텐츠 마케팅 전략'에서는 제품의 성공과 실패에 있어서 가자 중요한 요소인 마케팅 전략에 대하여 살펴보고, 기업이 시장에서 마케팅 목표를 달성하기 위해 사용하는 마케팅 도구들의 집합인 마케팅 믹스의 개념에 대하여 고찰하였다.

4장 '문화콘텐츠 마케팅 유형'에서는 문화콘텐츠 마케팅의 수단으로 사용되고 있는 광고, 홍보, 메세나, 웹 마케팅의 특징에 대하여 기술하였다.

5장 '산업별 문화콘텐츠 마케팅'에서는 산업별 문화콘텐츠 마케팅 영역 중 영상 마케팅과 음악 마케팅 및 게임 마케팅을 중심으로 분석하고, 효과적인 마케팅 방안과 사례에 대하여 기술하였다.

6장 '여가와 스포츠관광산업'에서는 여가와 스포츠관광산업의 개괄적인 정의와 더불어 산업으로서의 현황과 전망에 대하여 분석하였다.

7장 '문화콘텐츠 해외 마케팅'에서는 해외 마케팅의 현황과 전략을 분석하고, 국제 견본시와 마케터의 역할 등 문화콘텐츠의 성공적인 해외 마케팅 방법과 전략을 분석하였다.

8장 '스포츠와 문화콘텐츠'에서는 최근 새로운 체육학 분야의 비즈니스 영역으로 가치를 부여받은 스포츠 콘텐츠의 개념 정의와 더불어 스포츠와 문화콘텐츠의 상관관계와 전망에 대하여 살펴보았다.

원래 이 책은 저자들이 문화콘텐츠 특성화 고등학교의 특성화 교육 교재로 집필한 『문화콘텐츠 마케팅』을 대학 전문교재 방향에 맞추어 내용을 추가·보완한 것이다. 그러므로 이 책은 대학 교양과정 혹은 문화산업 관련 학과의 학부생이 주된 독자층일 것이다. 저자들은 학생들이 이 책을 통해 문화산업과 문화콘텐츠의 관계를 이해하고 더 나아가 문화콘텐츠 마케팅에 대한 흥미와 관심이 생겨 한국의 미래 문화산업을 이끌 수 있는 주역이 되기를 간절히 희망하는 바이다.

2010년 8월
문화콘텐츠 강국을 희망하며
대표저자 김영순 삼가 씀

차 례

이미정 · 구문모

교통과 통신의 발달로 시작된 정보화 사회는 정보통신 분야의 발전으로 점점 더 가속화되고 있다. 통신과 컴퓨터의 결합으로 인터넷이 만들어지고 발전·확산되면서 정보를 수집하는 시간이 짧아짐과 동시에 누구나 정보를 수집하는 것이 가능해졌다. 또한 전자상거래의 발달로 누구나 집에서 물건을 사고파는 것이 가능해졌다. 전자상거래는 소비자 선택의 폭이 넓고 편리해서 최근 그 시장이 급속히 확장되고 있다. 전자상거래는 소비자의 의견을 개진할 수 있어 소비자의 힘이 이전에 비해 커지게 됨은 물론, 소비자가 원하는 대로 주문이 가능하여 이전 사회의 소품종 대량생산을 다품종 소량생산 체제로 전환시켰다.

이처럼 미디어의 발달로 인해 마케팅의 개념도 변화되고 있는 실정이다. 이 장에서는 현대사회에서 마케팅을 이해하기 위한 기본적인 개념들에 대하여 논의해 보고, 문화산업과 마케팅의 상관성을 고찰해 보고자 한다.

1) 현대사회의 특징

(1) 앨빈 토플러와 정보화 사회

현대사회는 지식과 정보를 중요하게 여기는 정보화 사회이다. 정보화 사회는 지식과 정보가 부가가치를 창출하는 원천이 되어 고부가가치를 창출한다. 앨빈 토플러(Alvin Toffler)는 모든 사회 구성원들이 정보에 쉽게 접근하고 정보의 분배가 편리해지는 사회를 제3의 물결, 즉 정보화 사회라고 하였다.

〈그림 1.1〉 미국의 경제학자 앨빈 토플러

우리를 새로운 정보화 사회로 이끄는 매체에는 영상통화가 가능한 개인용 휴대전화, 가상현실, 쌍방향 TV와 인공지능 컴퓨터 등이 있다. 최근에는 이렇게 서로 다른 분야의 기술이 결합되고 있는데, 미디어와 통신망의 결합은 그중 하나이다. 전화와 TV, 인터넷이 결합하면서 새로운 형태의 미디어와 미디어 라이프를 만들고 있다. 또한 이런 새로운 매체가 쌍방향 의사소통이 가능해지면서 미디어에 담기는 콘텐츠의 양상도 변화되고 있다. 그 한 예로 드라마를 살펴보면, 현재는 작가의 대본대로 드라마의 스토리가 진행되고 있다. 하지만 머지않아 여러 종류의 스토리 중 시청자가 원하는 것을 선택, 편집한 개인 맞춤 드라마, 미디어가 만들어진다고 한다. 기술의 발달속도가 빨라지는 만큼 미디어 역시 빠른 속도로 변화하게 될 것이다.

<그림 1.2> 앨빈 토플러의 사회 발전과정

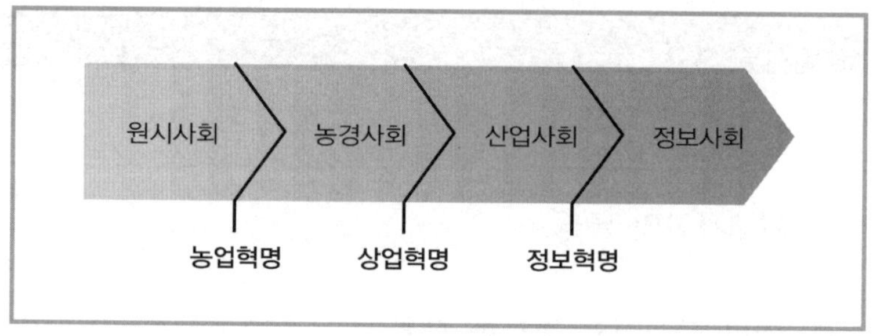

(2) 정보화 사회와 정치

정보화 사회는 사회적·경제적인 측면뿐만 아니라 정치적인 측면에서도 사회의 발달을 가져왔다. 인터넷을 통해 같은 정치적 이념을 가진 사람끼리 집단활동을 하기도 하며, 개인이 자신의 이념을 대중들에게 알리기도 한다. 또한 정부의 각종 정책을 쉽게 찾아볼 수 있고, 관공서에 직접 방문해야만 처리할 수 있었던 민원서식 역시 인터넷으로 처리할 수 있다. 이렇게 인터넷을 통해 시민이 직접 정치에 참여하는 것을 전자 민주주의라고 부르며 위에 설명한 내용 이외에도 인터넷 선거활동, 인터넷 투표 등이 여기에 해당한다.

(3) 인간을 중시하는 사회

정보통신과 과학기술의 발달로 현대사회에서는 생산력이 향상된 반면 노동시간이 단축되었다. 여가시간이 늘어나면서 현대인은 삶의 질 향상과 개인의 자아실현에 대해 생각하게 되었다. 개인의 권익 보호와 삶의 질 향상이 중요한 사회적 가치로 부각되는 인간화 사회가 현대사회에 도래했다.

편리하고 효율적인 커뮤니케이션 수단인 인터넷에서는 다양한 의사 표현이 가능하고, 타인과의 소통 역시 용이하다. 개인은 정부와 기업 등을 대상으로 의사를 표현하여 개인의 권리와 이익을 실질적으로 보장받을 수 있다. 또한 타인과의 소통을 통해 사회의 부조리를 해결하려고 노력하기도 한다. 이런 사례는 현대사회의 발전에 따라 점차 증가하게 될 것이다.

〈그림 1.3〉 전자상거래의 예

물질이 최고였던 산업사회에 비해 현대사회에서는 개인의 행복이 중요한 요소가 되었다. 개인의 직업과는 별개로 개인의 개성이 중요한 가치를 지니게 되어 인터넷을 통해 개인의 자아를 실현하는 경우가 많아졌다. 블로그나 카페를 통해 개인의 관심사와 관련된 활동을 하기도 한다.

(4) 세계화

TV 채널을 돌려 보면 TV에서 한국 방송뿐만 아니라 해외의 뉴스, 드라마, 오락 프로그램이 방영되고 있는 것을 알 수 있다. 또한 우리가 먹는 음식 재료 중에는 해외에서 수입한 것도 있고, 우리가 입고 있는 옷 중에도 해외에서 수입한 제품이 있다. 이렇게 우리 삶은 해외의 사정과 밀접한 관계를 맺고 있는데, 이렇게 경제, 사회, 문화 전 영역에서 국경을 초월하여 전 세계가 하나의 생활권으로 통합되는 현상을 세계화라고 한다.

세계화는 교통, 정보통신, 생명공학 기술의 발달로 시작되었다. 세계화로 인해 세계 모든 국가의 상호 의존 관계가 확대되었다. 환경, 인권 등의 문제를 국가 간의 협력 또는 국제기구를 통해 해결하려고 노력한다. 또 세계가 하나의 시장이 되어, 생산물이 국가 간에 자유롭게 이동되고 다국적 기업은 세계를 대상으로 영업을 하고 있다. 이렇게 전 세계가 하나의 국가처럼 여겨지면서 문화 역시 네트워크를 통해 전 세계로 확산되어 문화의 동질화 현상을 초래하기도 한다.

2) 현대사회와 시장

(1) 시장의 의미

개인이 생산할 수 있는 물건은 한정되어 있는 데 반해, 삶을 유지하는 데 필요한 물건은 다양하다. 그래서 사람들은 개인이 가진 물건과 물건을 교환하기 시작했고 이는 곧 돈과 물건을 교환하는 것으로 발전했다. 이렇게 물건의 매매가 이루어지는 장소를 시장이라고 한다.

(2) 현대사회와 시장

사회가 복잡해지면서 시장의 개념도 확장, 변화되고 있다. 현대사회에서의 시장은 전통적인 의미의 시장보다 더 확장된 의미를 가진다. 전통적인 의미의 시장이 물건을 파는 사람과 사는 사람이 만나 교환이 일어나는 장소의 의미를 가졌다면, 현대사회에서 말하는 시장(market)은 장소적인 개념이라기보다는 어떤 제품이나 서비스의 구매의사를 지닌 개인 또는 조직의 집합체를 뜻한다. 이는 어떤 물건을 구매할 마음이 있고, 그것을 살 수 있는 능력을 가졌거나 앞으로 가질 수 있는 사람들인 잠재적 구매자들을 포함하는 개념이다. 또한 소비자와 물건을 판매하는 기업, 그리고 경쟁기업이 서로 간에 가치 있는 것을 교환하는 경쟁적 장소로 보기도 한다.

〈그림 1.4〉 전통적 의미의
재래시장과 현대적 의미의
대형 마트

(3) 확장된 시장의 개념

현대적 의미의 시장의 개념 역시 사회의 발전 속도와 함께 점
차 확장되고 있다. 글로벌 시대가 되면서 세계가 하나의 시장이
되어 시장의 영역이 확장되고 있다. 대중사회가 되면서 대중의
욕구가 분출되기 시작했고, 정보화 사회가 되면서 시장이 인터
넷이라는 공간으로 확장되기도 했다. 이렇게 생겨난 시장들은
공통적인 특성보다는 각각의 형태에 맞는 특징을 갖게 된다. 금
융 시장과 의료 시장, 라면 시장을 생각해 보면 모두 판매하는
것과 소비자층이 모두 다르다. 현대 시장이 현대사회의 발전 속
도만큼 빠르게 변화하고, 각기 다른 모습으로 분화됨에 따라 현
대 시장에서 물건을 판매하거나 구매 의사를 갖도록 유도하는
것에 효율적인 전략이 필요하게 되었다.

(4) 시장의 종류

시장은 거래되는 상품에 따라 크게 생산물 시장과 생산요소
시장으로 나뉜다. 재화나 서비스를 만드는 생산의 요소에는 토
지, 노동, 자본, 경영 등이 있다. 이 네 가지 요소를 흔히 생산
의 4요소라고 부르고 이들이 거래되는 시장을 생산요소 시장(토

〈그림 1.5〉 다양한 생산물 시장의 사례

지 시장, 자본 시장 등)이라고 한다. 생산물 시장이란 생산요소가 생산을 하여 나온 것이 거래되는 시장으로 주식 시장, 의료 시장, 영화 시장 등이 있다.

또한 시장은 경쟁의 형태에 따라 크게 완전 경쟁 시장, 독점 시장, 독점적 경쟁 시장, 과점 시장으로 나뉜다. 완전 경쟁 시장은 대수의 공급자와 다수의 수요자가 존재하는 시장으로 누구나 공급자가 될 수 있는 시장이다. 독점 시장은 재화의 공급과 수요가 단일 기업에 의해 이루어져 대체재가 없는 시장으로 독점 시장을 가진 기업이 시장 지배력을 갖게 된다. 독점적 경쟁 시장은 서로 밀접한 대체재를 공급하는 공급자가 많은 시장 형태이고 과점 시장은 시장 지배력을 가진 소수의 기업이 서로 비슷한 재화를 생산하는 시장 형태이다.

〈표 1.1〉 시장 형태에 따른 특성

출처 : 이유재(2004). 『서비스 마케팅』. 학현사.

시장 형태 / 구별요소	완전 경쟁	불완전 경쟁		
		독 점	독점적 경쟁	과 점
공급자 수	다수	하나	다수	소수
상품의 동질성	동질적	동질적	이질적	동질적, 이질적
가격 결정	시장	사업자	사업자 (영향 적음)	사업자
진입의 자유	완전 자유	제한	자유	제한
주요 경쟁 수단	가격	홍보	가격, 비가격	비가격
기업 행동	독립적	수동적	배타적	담합가능성
사 례	주식 시장	전기 시장	영화 시장	이동통신 시장

MS-탈(脫)MS, 패권타툼

마이크로소프트(MS)는 그동안 PC 소프트 업계의 독점 기업으로 자리 잡았다. 하지만 최근에는 여러 기업의 공세에 MS의 독점적인 지위가 흔들리고 있다. 다음은 시장의 독점 지배력을 가진 기업과 그것을 깨기 위한 기업들의 움직임에 관한 기사이다.

● 웹브라우저 'MS 아성' 흔들린다
마이크로소프트(MS)는 PC 소프트웨어 업계의 절대 강자다.

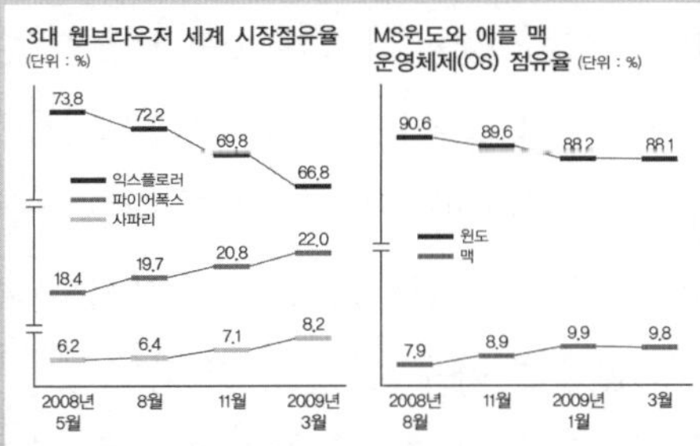

상당수 사람들이 MS의 프로그램을 이용하지 않으면 PC를 사용할 수 없을 정도다. 이런 MS의 아성이 흔들리고 있다. PC 운영체제(OS) 및 웹브라우저 시장점유율이 하락하고 있다. PC와 휴대폰 제조업체들도 MS를 이탈할 조짐을 보이고 있다.

반면 구글, 애플, 모질라재단 등은 사용자 환경(UI)을 개선한 소프트웨어로 소비자들의 마음을 사로잡으면서 시장을 넓히고 있다. 'MS 제국'이나 다름없었던 세계 PC 시장이 점점 다극 체제로 바뀌고 있다.

● 개방형 파이어폭스, 익스플로러 추격
MS의 지배력이 약화되는 가장 두드러진 분야는 웹브라우저 시장이다. 시장조사기관인 넷 애플리케이션에 따르면 지난달 세계 웹브라우저 시장에서 MS '인터넷 익스플로러'(IE)의 점유율은 66.8%를 기록했다. MS의 점유율은 작년 11월 70%대가 무너진 뒤 내리 하락하고 있다. 이런 추세라면 내년 초에는 60%대마저 깨질 것이란 전망도 나온다. MS는 점유율이 2004년만 해도 90%를 넘었다.(중략)

업계 전문가는 "MS보다 좋은 프로그램들이 나오면서 MS의 아성이 흔들리고 있다"며 "MS가 새로운 버전의 윈도 모바일과 PC 운영체제 등을 내놓을 계획이지만 관련업계의 탈(脫)MS 바람은 더욱 강해질 것"이라고 내다봤다.

– 한국경제, 2009. 4. 18

3) 현대사회에서 마케팅의 필요성

(1) 시장의 세계화

현대사회의 변화가 가속화되고 그 양상을 예측하기 힘들어짐에 따라 현대사회에서 만들어진 물건이나 서비스를 소비자에게 제공하는 전략 또한 복잡해지고 다양해졌다. 특히 정보통신의 발달과 시장의 세계화는 현대사회를 작은 지역으로만 한정시키는 것을 거부하고 있다.

우리는 아침에 일어나서 인터넷으로 지난 밤 사이에 세계에서 일어난 일들을 확인할 수 있고, 미국에서만 파는 운동화를 주문할 수도 있다. TV를 켜면 방송과 방송 사이의 10분 남짓한 광고 시간 동안 서로 다른 회사의 라면 CF를 세 편 볼 수 있다. 케이블에서 종일 영화만 방송하는 케이블 방송이 두 개 이상이다. 분명 이런 모습은 아침에 일어나서 종이 신문을 보고 시장에서 파는 운동화만 신던 과거의 모습과는 아주 많이 다르다.

(2) 과잉공급 시대

세계가 서로 가까워지고 기술이 발전하면서 현대사회는 과잉 공급 시대로 접어들게 되었다. 그러자 판매자나 생산자가 시장을 지배하던 시대에서 소비자가 시장을 지배하는 시대로 바뀌었다. 게다가 현대사회의 특징인 인간화가 진행되면서 소비자가 시장에 우선하는 현상은 더욱 심해졌다. 기업 간의 경쟁은 심해졌지만 소비자의 욕구는 다양해지고 빨리 변하는 사회가 되자 기업들은 자신의 제품과 서비스를 좀 더 좋아 보이게 하기 위한 여러 가지 활동을 시작하게 되었다. 이런 활동을 마케팅이라고 한다.

(3) 유통의 중요성

대량생산과 대량소비의 시대가 되면서 생산과 소비를 연결해 주는 유통의 문제가 생겨나기 시작했다. 유통이란 상품이 경제 주체에서 사회로 이전하는 상태로 소비자가 상품을 구매하는 채널을 뜻한다. 생산과 소비가 거의 동시에 일어나야 경제는 별 문제 없이 잘 돌아가게 된다. 따라서 현대사회의 기업은 생산을 하는 데 그치지 않고, 상품을 국내나 국외의 소비자들에게 알리고 연결시켜 주는 활동도 하게 되었다. 최근에는 유통을 주 업무로 하는 유통기업이 등장하여 그 영향력을 확대해 가고 있다. 대표적으로 영국 최대 유통기업과 합작한 삼성의 홈플러스, 전자유통 전문 기업 하이마트, 철도 기반 전문 유통기업 코레일유통 등이 있다.

(4) PR 2.0 시대

웹 2.0* 시대의 소비자들은 보다 현명해져, 자신이 생각하는 바를 실제적인 목소리로 표현하고, 기업이나 조직의 관심 및 개선을 요구하는 빈도가 높아지고 있다. 웹 2.0 시대 소비자들의 미디어 사용 성향이 변하면서 새로운 마케팅 전략이 필요해짐은 물론이고, 마케팅의 대상 역시 상품에서 기업, 브랜드, 개인으로 확장되고 있다. 신문, TV광고의 일방적인 홍보가 중심이었던 PR 1.0 시대를 벗어나, 모든 과정이 쌍방향적 커뮤니케이션을 갖는 PR 2.0 시대의 기업은 모바일, 블로그, UCC 등을 이용해 소비자들에게 이야깃거리를 제공한다. 따라서 상품 홍보, 판매에 있어서 PR 2.0 시대에서는 뉴미디어와 스토리텔링**이 중요시되고 있다.

*웹 2.0
데이터의 소유자나 독점자 없이 누구나 손쉽게 데이터를 생산하고 인터넷에서 공유할 수 있도록 한 사용자 참여 중심의 인터넷 환경

**스토리텔링(storytelling)
스토리(story)+텔(tell)+현재진행형(ing)의 합성어로 이야기하고자 하는 바를 설득력 있게 전달하는 방법을 뜻한다. 문학 용어에서 비롯되었으나 현재는 각종 마케팅 방법으로 많이 사용되고 있다.

1) 마케팅의 개념

마케팅을 무엇이라고 정의내리기는 쉽지 않다. 많은 사람들이 여러 가지로 달리 정의하고 있으며, 시대에 따라 마케팅의 의미도 조금씩 변하고 있기 때문이다. 따라서 우리는 마케팅에 앞서, 마케팅을 이해하기 위한 몇 가지 핵심 개념들을 알아보기로 하자.

(1) 필요와 수요

인간은 기본적으로 생존을 위한 의식주 이외에도 안전, 소속, 존경 등의 요소도 갖추어야 하는데 이와 같은 것이 부족할 때 사람들은 '필요'(need)를 느낀다. 인간의 필요는 기본적인 만족이 부족한 상태이다. 필요는 마케팅 등 여러 전략으로 만들어지는 것이 아니라 인간 그 자체가 가지고 있는 것이다. 소비자가 자신의 욕구를 충족시키기 위해 어떤 대상이 필요하다고 느끼고, 소비자가 원하는 대상을 구매할 수 있는 능력이 뒷받침되면 우리는 그것을 수요(demand)라고 한다.

(2) 제 품

제품(product)이란 소비자의 욕구 충족을 위해 필요한 대상으로 공장에서 생산되는 물건과 무형 자원인 서비스를 통합한 개념이다.

(3) 가 치

소비자는 자신의 욕구와 필요를 제품을 통해 충족시킨다. 예를 들어, 운동 후 목이 마를 때 우리는 마실 수 있는 제품을 찾는다. 마실 수 있는 제품에는 생수, 우유, 청량음료, 이온음료 등이 있지만, 각 소비자가 선택하는 제품은 각기 다르다. 어떤 소비자는 여러 제품들 중 생수의 가격이 가장 저렴해서 생수를 선택하기도 하고, 어떤 소비자는 청량감을 느끼기 위해 청량음료를 선택하기도 한다. 또 어떤 소비자는 가장 비싸지만 갈증해소에 가장 좋은 이온음료를 선택하기도 한다. 이렇게 소비자들이 제품을 선택하는 기준은 선택으로 인해 자신이 느끼는 만족감의 크기, 즉 가치(value)라고 할 수 있다.

(4) 교 환

소비자가 가치 있다고 판단되는 어떤 제품에 필요를 느끼더라도, 그것을 생산하는 생산자에게 이득이 없다면 소비자는 제품을 획득할 수 없다. 교환(exchange)은 가치 있는 제품을 획득하기 위해 어떤 대상을 지불하는 행위이다. 생수를 1,000원에, 이온음료를 2,000원에 구입하였다면 소비자는 교환을 통해 생수와

〈그림 1.6〉 교환 과정

이온음료가 제공하는 가치를 획득한 것이고 생산자는 교환을 통해 재화를 획득한 것이다. 따라서 교환은 생산자와 소비자 모두에게 교환 전보다 더 나은 상태를 만들어 준다고 할 수 있다.

(5) 마케팅의 개념

마케팅에 관한 여러 정의 중, 가장 널리 쓰이고 있는 것은 1985년 미국마케팅협회(American Marketing Association)의 정의이다. 미국마케팅협회는 마케팅이란 "개인이나 조직의 목적을 만족시키기 위하여 아이디어, 상품 그리고 서비스의 개념과 가격, 판촉 및 유통을 계획하고 실행하는 프로세스"라고 정의하였다. 이를 위에서 제시한 개념으로 쉽게 설명하면, 마케팅은 소비자의 필요를 충족시키기 위해 시장에서 교환이 일어나도록 하는 활동이라고 할 수 있다.

(6) 마케팅의 중요성

우리는 매일매일 일상생활 속에서 자사 상품이 소비자에게 선택될 수 있도록 하기 위한 기업의 마케팅 노력을 접하며 생활하고 있다. 이는 소비자들의 욕구가 점차 다양화·고도화되어 가고 이를 충족시켜 주기 위한 기업의 끊임없는 노력이 증가하면서 시장의 경쟁이 치열해졌기 때문이다.

우리는 아침에 일어나 신문을 집어 드는 순간부터 신문 사이에 끼어 있는 간지광고물과 신문의 많은 지면을 차지하고 있는 각종 광고를 접하게 된다. 또한 집을 나섬과 동시에 직장과 학교에 도착하는 순간까지 수많은 광고들을 접하게 되고 인터넷에 접속해서도 수많은 광고성 메일들을 지우는 것이 일상생활화되었다. 이러한 현상은 소비자들이 자사의 제품을 다른 기업의 제품보다 먼저 선택할 수 있도록 하기 위한 기업의 마케팅 활동에서부터 비롯된 것이다.

이런 의미에서 자사의 제품이 경쟁기업의 제품보다 먼저 소비자에게 선택되도록 하기 위해서는 다른 기업보다 먼저 소비자들의 충족되지 못하고 있는 욕구를 찾아내거나 소비자들의 새로운 욕구를 경쟁기업보다 먼저 창출해서 제품화해야 한다.

기업은 소비자의 욕구를 정확하게 파악하고 이를 충족시켜주는 제품이나 서비스를 개발하고 합리적인 가격을 설정하여 이를 효과적이고 효율적으로 잠재고객에게 알리고 시장에서 편리하게 구매할 수 있도록 유통시킴으로써 그 성공을 보장받을 수 있다.

2) 마케팅 기회의 분석

소비자의 욕구는 여러 환경에 따라 계속 변화한다. 기업은 이런 소비자의 욕구를 정확하고 빠르게 파악해 기업의 이익을 늘리기 위해 끊임없이 노력한다. 여러 기회 중에는 기업의 이익과 소비자의 욕구 충족이 동시에 실현되는 기회가 있는데, 이런 기회를 마케팅 기회라고 한다. 기업은 적절한 마케팅 기회를 잡기 위해 기업 내부 통제 요인과 사회적 환경과 소비자를 분석한다. 이런 모든 분석 내용을 마케팅 환경 분석이라 통칭한다.

(1) 내적 환경요인

마케팅 환경은 크게 내적 환경요인과 외적 환경요인으로 나뉜다. 내적 환경요인은 기업과 담당자들에 의해 주도되어 기업에 의해 통제가 가능한 요소를 뜻한다. 내적 환경요인으로는 사업 영역, 기업의 목표, 기업문화, 표적 시장 선택, 마케팅 믹스 구성과 통제 등이 있다.

① 사업 영역

최고 경영층은 기업이 어떤 분야의 사업을 할 것인가를 결정한다. 어떤 종류의 사업을 할 것인지, 본사는 어디에 두고 마케팅 지역은 어디로 한정지을 것인지, 회사의 형태는 유한회사*인지 주식회사인지 등을 결정하는 것이 내적 환경요인 중 사업 영역에 속한다.

② 기업의 목표

기업의 목표는 기업 전반과 관련하여 측정 가능한 목표를 말한다. 보통 기업의 이윤이나 매출액을 기업의 목표로 삼지만 최근에는 기업의 서비스 수준이나 고객의 만족을 기업의 목표로 삼는 경우도 볼 수 있다.

③ 기업문화

기업문화는 기업과 조직 구성원의 행동 규범에 영향을 미치는 공유된 가치 체계이다. 한국의 전통적인 기업문화는 위계질서를 중시하는 기업문화였지만, 최근 들어 창의력과 개인의 성과에 대한 보상을 위한 효율적인 기업문화로 바뀌고 있는 추세이다.

*유한회사
사원 전원이 출자금액을 한도로 간접적이고 유한한 책임을 지는 회사의 형태

④ 표적 시장 선택과 마케팅 믹스

표적 시장 선택과 마케팅 믹스는 앞서 살펴본 사업 영역, 기

업의 목표, 기업문화와는 달리 마케팅 담당자에 의해 통제되는 요인이다. 기업이 마케팅을 통해 만족시키고자 하는 시장을 표적 시장이라고 한다. 표적 시장이 정해지면 마케팅 목표를 달성하기 위해 마케팅 믹스를 실행한다. 마케팅 믹스는 기업이 가진 자원의 한계 내에서 계획되어야 하며 경쟁 대상에게 분명한 차별적 우위를 가질 수 있는 것이어야 한다.

(2) 외적 환경요인

기업의 외적 환경요인은 기업이 통제할 수 없거나 통제하기 어려운 환경으로 소비자, 경쟁자, 공급업자, 기술, 경제, 사회·문화, 법, 매체 등이 있다.

① 소비자

마케팅 전략을 세우고 이를 실행하는 데 있어 가장 기본적으로 선행되어야 할 조건은 바로 소비자 분석이다. 소비자가 제품을 구입할 때는 제품이 속한 기업, 소비자의 가족, 관습, 사회적 시선 등에 영향을 받는다. 기업은 소비자가 원하는 것이 무엇인지 알아내고 그에 맞추어 마케팅하기 위해 소비자 분석을 실행하는데 소비자의 나이, 소득, 직업, 학력, 주거지 등이 중요한 요소가 된다.

② 경쟁자

경쟁자에 대한 분석은 마케팅 표적 시장을 선정하고 차별적 우위를 갖기 위한 필수 요소이다. 경쟁 환경은 크게 독점, 과점, 독점적 경쟁, 순수 경쟁 네 가지로 분류한다.

독점 시장은 하나의 특정 제품만 시장에서 활동하고 있는 형태이다. 시장의 크기가 큰 독점 시장에서는 기업이 별다른 노력 없이 높은 마케팅 효과를 누릴 수 있지만, 시장 형성 초기의 독점 시장에서는 기업이 많은 노력을 기울여야 시장의 크기가 커지고 기업의 수익성이 좋아진다. 과점은 소수의 기업이 대부분의 시장을 점유하고 있는 형태로 기업의 규모가 크며 비가격 경쟁이 이루어진다는 특징이 있다. 경우에 따라서는 과점 하에 있는 소수의 기업이 단합하여 후발업체들의 진입을 억제하기도 한다. 독점적 경쟁은 가장 일반적인 경쟁 형태로 많은 기업들이 경쟁을 하고 있는 시장으로 같은 시장 내에서도 마케팅 믹스에 따라 세분화된 여러 시장이 형성되기도 한다. 이런 독점적 경쟁 상황에서 기업은 경쟁적 우위를 가지기 위해 제품이나 가격을 차별화시키는 마케팅 믹스를 계획하기도 한다. 순수 경쟁은 여러 기업이 각각 낮은 시장점유율을 가진 형태로, 이 경우 소비자들은 제품이나 가격에 대해 아무런 차별성을 인식하지 않게 된다. 따라서 기업 역시 차별적 마케팅 전략을 구사하지 않게 된다.

③ 공급업자

공급업자는 제한된 자원을 소유하고 있어 기업과 공급업자의 관계가 제품과 마케팅에 큰 영향을 미치게 된다. 기업은 제품의 가격, 품질, 물류 등 여러 가지 기준을 가지고 공급업자를 선정하며 공급업자와 호의적인 관계를 유지하기 위해 노력한다.

④ 기 술

기술은 제품 생산과 판매에 매우 중요한 역할을 하고 있다. 빠른 사회 환경의 변화에 따라 기술 역시 빨리 변화하고 있으므로 기업은 기술 확보에 많은 노력을 기울이고 있다. 자체적으로 기술을 개발하는 것은 많은 시간과 비용이 소요되지만 자체 기술을 갖게 되면 시장에서 독점적인 지위와 타 업체로부터 로열티*를 받기 때문에 기업에게 높은 이익을 가져다준다. 하지만 우리나라의 경우 대부분 자체 기술을 개발하지 못하고 해외에 많은 로열티를 주고 제품을 생산·판매하고 있다.

⑤ 경 제

국제·국내 경제는 기업의 활동에 매우 중요한 변수가 된다. 원자재 가격, 임금, 세금, 이자율 등 기업이 조절할 수 없는 비용이 유동적인 경우가 많으며, 소비자의 구매력 또한 경제 환경에 큰 영향을 받고 있다.

⑥ 사회·문화

국내에서 큰 인기를 끌었던 만화영화 〈날아라 슈퍼보드〉는 저팔계, 즉 돼지가 나오기 때문에 이슬람권으로 수출되지 못했다. 왜일까? 바로 국가 혹은 지역별로 다르게 나타나는 사회·문화 때문이다. 사회·문화는 연령, 인종, 성별, 종교, 가치관에 따라 다르게 나타나며 지역별·계층별로 차이를 보이기도 한다. 기업은 효과적인 마케팅 활동을 위해 사회·문화와 그 변화를 지속적으로 연구하고 있다.

⑦ 법

기업의 활동은 법률에 의한 규제를 받는다. 기업 활동의 근간을 형성하는 상법을 비롯하여 공정거래에 관한 법률, 소비자 보호법, 가격규제에 관한 법률, 광고에 관한 규제 등 많은 법적

***로열티(royalty)**
특정한 권리를 이용하는 이용자가 권리를 가지고 있는 사장에게 지불하는 대가로 특허권, 저작권, 상표권 등이 있다.

환경이 기업의 활동에 영향을 미치고 있다.

⑧ 매체 환경

기업은 제품에 대한 촉진(promotion)의 수단으로 많은 매체를 사용하고 있다. TV, 라디오, 신문, 잡지 등의 매체를 주로 사용하던 과거와는 달리 최근 기업들은 인터넷과 핸드폰 등의 다양한 매체를 통해 마케팅 활동을 하고 있다. 매체 환경의 변화는 소비자의 활동에 변화를 주어 기업 역시 매체 환경의 변화에 맞추어 마케팅 전략을 연구, 실행하고 있다.

(3) SWOT 분석

SWOT은 기업의 환경 분석을 통해 얻은 기업의 내부 강점(strength)과 약점(weakness), 외부 환경의 기회(opportunity)와 위협(threat) 요인을 토대로 마케팅 전략을 수립하는 기법으로, 마케팅 전략에서 매우 중요한 위치를 차지한다.

	S	W
O	①	②
T	③	④

〈그림 1.7〉 SWOT 분석 전략

① SO전략(강점-기회전략) : 시장의 기회를 활용하기 위해 강점을 사용하는 전략을 선택한다.
② WO전략(약점-기회전략) : 약점을 극복함으로써 시장의 기회를 활용하는 전략을 선택한다.
③ ST전략(강점-위협전략) : 시장의 위협을 회피하기 위해 강점을 사용하는 전략을 선택한다.
④ WT전략(약점-위협전략) : 시장의 위협을 회피하고 약점을 최소화하는 전략을 선택한다.

3) 마케팅 영역의 확장

현대사회는 그 변화의 양상을 예측할 수 없고 속도 또한 빠르기 때문에 마케팅 영역 또한 빠르게 확장하고 있다. 현대사회의 마케팅이 단순히 제품의 판매에 의해 이익을 남기려는 것이 아니라 고객의 만족을 창조하는 것으로 확장됨에 따라 마케팅 역시 서비스 마케팅, 인터넷 마케팅, 감동 마케팅으로 확장되었다.

(1) 서비스 마케팅

서비스에는 교육, 금융, 미용, 의료 등 여러 가지 활동이 있다. 이런 서비스를 통해 고객의 필요와 욕구를 충족시킴으로써 마케팅 목표를 달성하려는 기업활동을 서비스 마케팅(service marketing)이라고 한다. 서비스는 유형 제품과 다른 특성을 지니므로 마케팅 방법에도 약간의 차이가 있다. 서비스의 특성에 따른 마케팅 방법을 살펴보자.

① 비유형성

서비스는 구매 전까지 성능을 평가할 수 없는 비유형성을 지닌다. 서비스 기업은 눈에 보이지 않는 이런 특성을 극복하기 위해 서비스에 특정 이미지를 덧입혀 서비스를 유형화시키려고 노력한다.

② 비표준화

음료와 같이 대량생산이 가능한 유형 제품은 그 제품의 품질이 대부분 동일하다. 하지만 항상 같은 미용사를 찾아가더라도 항상 똑같은 머리 손질을 받을 수 없는 것처럼, 서비스는 사람에 의존하는 것이기 때문에 일관되고 표준화된 품질을 제공하는 것이 어렵다. 따라서 서비스 마케팅 담당자들은 신뢰성 있는 서비스를 제공하기 위해 서비스 제공자의 교육에 많은 투자를 하고 있다.

③ 소멸성

서비스는 구매 즉시 사용하지 않으면 사라지거나 변하게 된다. 극장 좌석은 재고로 저장될 수 없기 때문에 예약한 연극 시간이 지나면 소비자는 더 이상 서비스를 이용할 수 없다. 마케팅 담당자들은 이런 소멸성에 따른 기업의 비용을 최소화하기 위해 극장 수요가 없는 시간에 서비스를 이용하는 사람들에게 할인을 해주는 등의 마케팅 방법을 사용하고 있다.

④ 생산과 소비의 동시성

서비스는 생산과 소비가 거의 동시에 이루어진다. 선생님은 수업을 통해 교육을 생산하고 학생은 수업을 들음으로써 교육 서비스를 소비한다. 이런 서비스는 소비자와 생산자가 직접 만나서 이루어지는 대인 접촉 서비스로, 최근에는 녹화 등 기계를 이용한 방법으로 단점을 극복하기도 한다.

(2) 인터넷 마케팅

요즘 20~30대 여성은 옷을 구입하기 위해 시내에 있는 옷 매장을 방문하는 횟수보다 인터넷을 이용해 원하는 스타일의 옷을 검색, 구입하는 횟수가 더 많다고 한다. 인터넷 사용 인구와 사용 빈도가 많아짐에 따라 인터넷을 이용한 마케팅 방법도 생겨났다. 인터넷이 우리 삶에서 중요한 매체로 자리매김함에 따라 인터넷 마케팅이 급속히 확산되고 있으며 그 범위 역시 넓어지고 방법도 다양해지고 있다.

인터넷을 통한 마케팅 활동은 기업의 규모에 상관없이 활용할 수 있고, 광고 공간이 무제한적이라는 장점이 있다. 또한 기업이나 소비자가 정보에 접근하기가 매우 빠르며 타인의 방해 없이 신속히 쇼핑을 할 수 있다는 장점이 있다.

(3) 감성 마케팅

최근 소비자의 소비 성향을 살펴보면 단순히 제품의 특징이나 제품이 주는 이익에 구매 성향이 좌우되지 않는다는 것을 알수 있다. 경제적으로 합리적인 제품보다는 그 제품에 담긴 스토리나 감성에 의해 제품을 구매하는 경우가 많아졌다. 감성 마케팅이란 개인의 경험이나 무형의 이미지를 통해 사람들의 욕구를 충족시키는 마케팅을 말한다. 감성 마케팅 방법에는 알리고자 하는 감성의 특징을 제품에 직접 첨가하는 방법과 제품 유통 과정이나 판매 과정에서 감성의 특징을 살리는 방법이 있다. 감성 마케팅은 문화를 이용한 문화 마케팅과 사람의 오감을 이용한 감각 마케팅, 그리고 사람의 이성적인 논리보다는 마음에 호소하는 감동 마케팅 등이 포함된 개념이다.

(4) 문화 마케팅

문화 마케팅이란 일반적으로 기업이 문화를 이용하여 기업의 부가가치를 창출하고 문화예술이 가진 가치도 제고시키는 마케팅을 의미한다. 문화 마케팅의 범위는 무척 광범위하여 각종 축제, 행사 마케팅, 기업의 문화 이미지 활용 등도 포함한다. 포스코(Posco)가 클래식을 이용한 CF 프로모션(promotion)으로 제철회사라는 차갑고 무거운 이미지를 긍정적이고 따뜻한 기업 이미지로 바꾸는 데 성공한 것과, 외식산업체 놀부가 '토리극 놀부 4인방'이라는 전통 뮤지컬을 만들어 기업 이미지를 널리 알리는 데 성공한 사례 외에도, 최근 대부분의 기업은 문화 마케팅을 이용하고 있다.

(5) 감각 마케팅

소비자들이 어떤 평가를 내리는 데 걸리는 시간은 평균적으로 3초라고 한다. 이 3초는 제품과 기업에 큰 영향을 미치는 시간으로 마케팅 담당자들은 이 시간 내에 소비자에게 자사의 제품이 긍정적인 이미지를 심어 주기 위해 노력하고 있다. 짧은 시간 내에 확실한 인식을 남기는 방법으로 감각 마케팅이 많이 사용되고 있다. 현재의 감각 마케팅은 주로 시각과 청각에 의존하고 있지만 최근 들어 '후각'을 이용하는 오감, 멀티 감각으로 확산되고 있다. 오감 마케팅의 대표사례로 꼽는 스타벅스는 확트인 통유리(시각), 나무로 된 의자와 푹신한 소파(촉각), 재즈 음악(청각), 전 세계적으로 운영되고 있는 매장이 동일한 커피 맛 제공(미각), 실내 공간 전체에 퍼지는 커피 볶는 향(후각)을 이용해 소비자에게 만족을 주고 있다.

(6) 감동 마케팅

감동 마케팅은 경험, 재미, 감동을 통해 제품이나 기업에 대해 우호적 이미지를 형성하게 하는 방법이다. 최근에는 스토리텔링을 이용한 촉진 방법이 부상하고 있다. 스토리텔링을 이용한 마케팅은 제품이나 제품의 유통, 촉진 과정에 시리즈로 연결된 스토리텔링을 통해 소비자에게 긍정적인 이미지를 심어 주는 방법이다. LG전자의 초콜릿폰은 감성적인 디자인뿐만 아니라 세 편의 연속적인 TV CF를 통해 초콜릿 열풍을 가져왔으며, 2006년 월드컵 기간 중 KTF는 태극선수와 붉은악마를 등장시킨 CF의 음악과 영상을 통해 감동 마케팅을 펼친 바 있다.

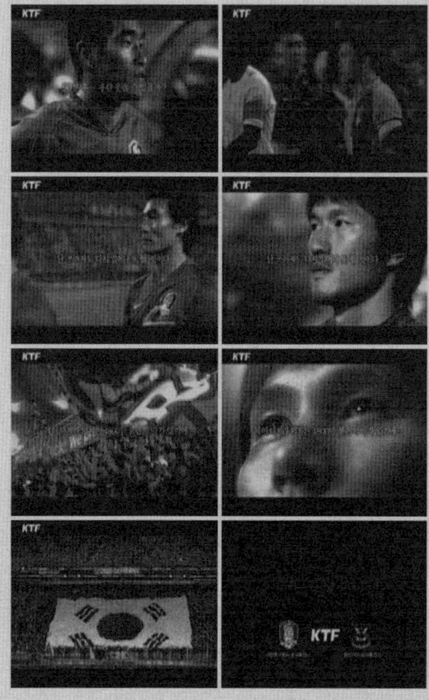

● 광고주 : KTF
● 방송일 : 2006. 6. 10
● 대행사 : 제일기획
● 모델 : 태극전사, 붉은악마
● 카피
　자막 : 90분 후…
　　　　우린 웃을 수 있을까?
　남 : 난 쓰러져도 다시 일어나 또 뛸 것
　　　　이다. 목이 터져라 외치는 4,800만
　　　　붉은 악마가 있기에…
　　　　사랑합니다.
　　　　꼭 이기겠습니다.
　자막 : 우리는 또 할 수 있다!
　NA : KTF

문화산업과 마케팅

1) 문화산업

문화산업은 대중에 의해 만들어지고 향유되며 이윤추구를 목
적으로 생산되는 산업으로 문화 엔터테인먼트 사업과 문화·예
술 분야에서 창작되고 상품화되는 모든 산물을 뜻한다. 문화와

경제, 기술의 융합과정에서 생성된 문화산업에 대해 2010년 6월 10일에 일부 개정된 문화산업진흥기본법에서는 "문화상품의 기획·개발·제작·생산·유통·소비 등과 이에 관련된 서비스를 하는 산업"으로 정의하고 다음과 같은 산업을 문화산업에 포함시켰다.

① 영화·비디오물과 관련된 산업
② 음악·게임과 관련된 산업
③ 출판·인쇄·정기간행물과 관련된 산업
④ 방송영상물과 관련된 산업
⑤ 문화재와 관련된 산업
⑥ 만화·캐릭터·애니메이션·에듀테인먼트·모바일 문화콘텐츠·디자인(산업디자인은 제외한다)·광고·공연·미술품·공예품과 관련된 산업
⑦ 디지털 문화콘텐츠, 사용자 제작 문화콘텐츠 및 멀티미디어 문화콘텐츠의 수집·가공·개발·제작·생산·저장·검색·유통 등과 이에 관련된 서비스를 하는 산업
⑧ 그밖에 전통의상·식품 등 전통문화 자원을 활용하는 산업으로서 대통령령으로 정하는 산업

유네스코에서는 문화산업을 "형체가 없고 문화적인 콘텐츠를 창조, 생산, 상업화하는 산업"이라고 정의하였는데, 이는 문화산업에서 가장 중요한 것은 '내용'에 해당하는 '콘텐츠'라는 뜻을 함의하고 있다.

(1) 문화산업의 현황과 전망

문화산업은 21세기 우리 경제의 성장을 이끌 고부가가치 성

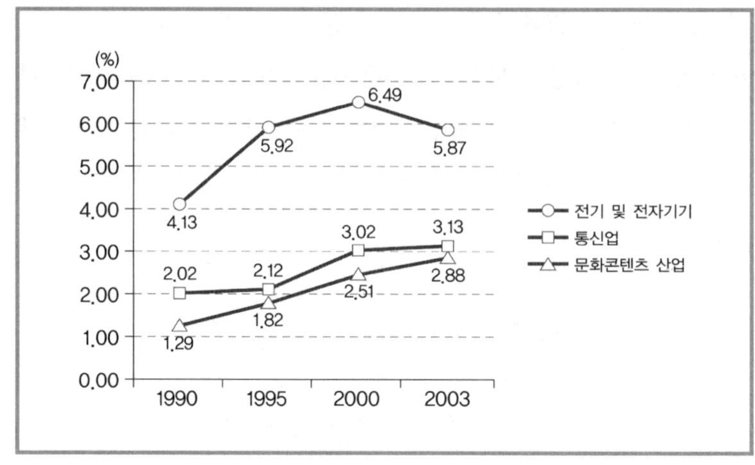

장 산업이다. 문화체육관광부가 발간한 『2007 문화산업백서』에 따르면 2006년 기준 문화산업 매출액은 전년 대비 7.4% 증가한 57조 9,385억 원으로 경제성장률 5%의 1.5배에 달하였다. 한국의 문화산업 배출은 4년간 연평균 9.4%의 높은 성장세를 보였고, 수출 역시 연평균 성장률이 34%로 지속적으로 증가하고 있다. 문화산업의 경제적 위치에 대한 주요 분석 결과에 따르면, 문화산업의 전 산업 대비 산출액 비중은 1990년 4.7%(19.7조 원)에서 2003년 6.8%(118.8조 원)로 증가하였고, 문화산업의 전 산업 대비 부가가치 비중은 1990년 4.8%(8.5조 원)에서 2003년 7.8%(59.8조 원)로 증가하며 2000년대 한국 경제의 주력산업으로 위치하고 있다.

(2) 우리 문화산업의 세계 점유율

세계 각국과 주요 기업은 이미 문화산업 시장을 선점하기 위해 경쟁적으로 투자하고 있다. 하지만 우리나라 문화산업의 세계 시장 점유율은 2.3%로 세계 주요국에 비해 낮은 수준에 머물

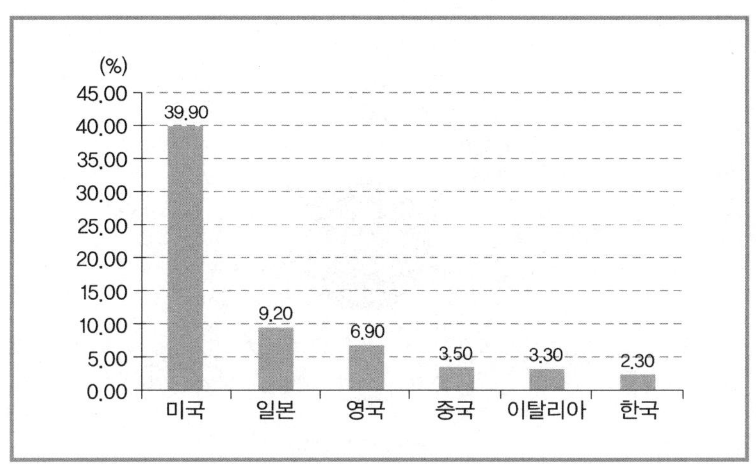

〈그림 1.9〉 2005년도 세계 문화콘텐츠 시장점유율 (기타 34.9%)

러 있다. 최근 국내 일부 창작 애니메이션과 드라마가 크게 성공하는 역량을 보여 주었지만, 여전히 창작 분야의 경쟁력은 취약한 상황이다. 또한 국내의 협소한 시장 규모를 극복하기 위해 해외 시장을 개척해야 하지만 기업의 대부분이 영세하고 경험이 부족하여 해외 시장 진출에 한계를 느끼고 있다.

(3) 문화산업 정책의 방향

우리나라 문화산업 정책의 방향은 문화산업의 핵심인 콘텐츠 산업을 육성하고 경제적 가치와 문화적 가치를 조화시키며 글로벌 시장에 진출하는 방향으로 초점이 맞추어져 있다. 이런 정책들은 아시아 문화콘텐츠 산업의 허브 구축을 목표로 하며 '글로벌 경쟁력 있는 문화콘텐츠 기업'을 집중 육성하기 위해 문화산업 육성 기반 확충과 함께, '창작 → 제작 → 유통 · 수출' 등 가치사슬 전 단계에 걸쳐 경쟁력 강화 대책을 추진하려고 노력하고 있다.

〈그림 1.10〉 문화산업 정책의 방향

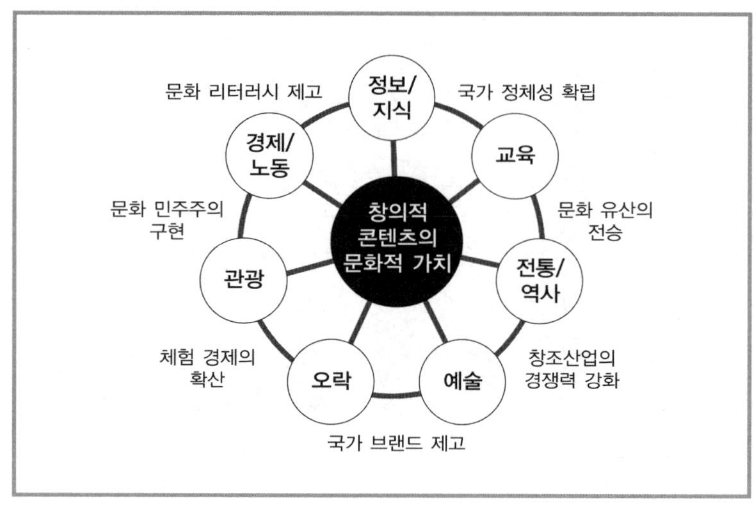

(4) 세계 문화산업의 전망

세계 문화산업은 이미 세계적으로 큰 호황을 일으킨 음악·영화 시장이 아닌, 온라인 및 모바일 영상 콘텐츠에 주목하고 있다. 특히 모바일 콘텐츠 시장은 기존의 모바일 음악, 게임, 영상 콘텐츠 외에도 위치기반 서비스의 등장으로 향후 5년간 두 배 이상 성장하여 2011년에는 381억 달러 규모가 될 것으로 보인

〈그림 1.11〉 세계 콘텐츠 산업 전망
출처: PWC.

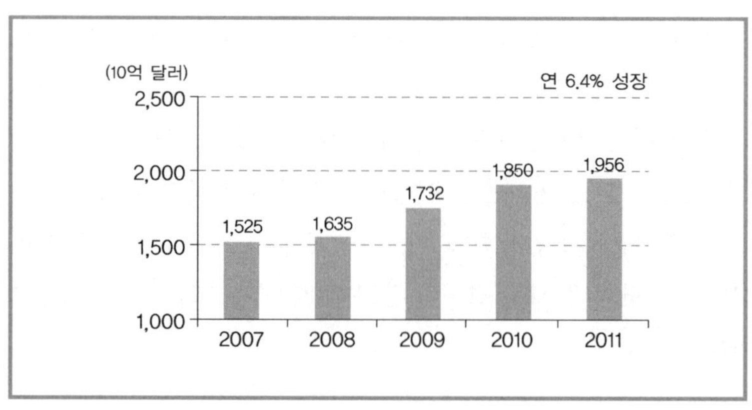

다. 모바일 콘텐츠는 아이폰, 구글폰과 같은 모바일 기술과 융합
하여 새로운 서비스 시장을 만들 가능성이 높다.

또한 이미 높은 시장점유율을 보이는 국가들 외에도 많은 국
가에서 문화산업을 육성시키려는 노력을 하고 있다. 특히 한국
의 경쟁국가로 떠오르고 있는 중국의 경우, 정부 차원에서 다양
한 자금과 세제 혜택 등을 지원하며 막강한 인력 시장을 발판으
로 세계 문화산업 시장에서도 그 영향력을 확장해 나가고 있다.

2) 문화산업의 특징

(1) 산업과 문화의 결합

문화산업은 전통적인 산업 생산양식의 범주에 문화적인 양식
이 결합되는 과정에서 생산되었다. 문화산업은 문화적인 요소와
경제적인 요소가 서로의 특수성을 유지하면서 결합되었기 때문
에 문화산업에서 문화와 경제 중 어느 것이 더 중요한 요소라고
말할 수 없다. 문화산업은 물질적 값어치를 생산하면서도 비물
질적 값어치로서 환희, 즐거움, 감동 등 계량화할 수 없는 정신
적·심리적 보상을 가진다. 따라서 문화산업을 일반적인 경제학
이론에 근거하여 분석하는 것은 충분하지 못하다.

(2) 대중문화와의 관계

문화산업은 기존의 대중문화에 새로운 경제적 요구가 첨가되
어 새로운 문화적 욕구가 형성되는 단계를 지칭하기도 한다. 우
리나라에서는 경제성장의 성과가 가시화된 1970년대 초부터 대
중문화의 시대가 시작되었다. 라디오와 TV수상기의 보급이 급
증하면서 시작된 대중문화는 대중의 생활에서 정치적 규정력이

줄어들고 문화에 대한 규제가 풀리면서 문화 시장이 확대되고 문화산업이 성장하게 되었다. 1990년대 이후에는 대기업이 문화 시장에 본격적으로 진출하기 시작했고 IMF 이후 "문화는 돈이다"라고 생각하며 문화의 경제적 가치가 강조되기 시작했다. 대중문화와 문화산업은 서로 긴밀한 영향력을 미치고 있으며 이는 앞으로도 계속될 것으로 보인다.

(3) 고부가가치 산업

문화콘텐츠 산업은 주요 제조업종 못지않게 시장 규모가 큰 미래 성장산업이며 고성장산업이다. 2002년 일본은 미국에 11억 달러의 철강을 수출했는데, 애니메이션 수출은 그 네 배인 43억 5,000만 달러에 달했다. 미국에서는 군수산업 다음으로 가장 큰 산업이 미디어 산업이다. 일본의 문화산업체 닌텐도의 사원 1인당 매출액은 도요타자동차의 다섯 배, 1인당 순이익은 무려 여덟 배에 달한다. 드라마(방송), 영화, 게임 등 문화콘텐츠 산업은 국내 시장 규모가 2008년 61.8조로 연평균 7% 고성장하고 있으며, 세계 시장도 2008년 1조 7,000억 달러로 연평균 7.7% 성장하고 있다. 문화산업의 매출은 2000년 21조 원에서 2007년 62조 원으로 성장하였다. 뿐만 아니라 10억 원을 문화산업에 투입할 때 생기는 고용유발계수는 13.9명으로 전 산업 평균치인 11.4명을 웃돈다. 문화산업은 제조업에 비해 높은 경제적 파급효과와 고용창출력을 가지는 고부가가치 산업이다.

(4) 지식기반 산업

지식기반 산업이란 물질적 자원에 의존하지 않고, 기술과 정보, 아이디어를 이용하여 많은 경제적인 이익을 내는 산업을 말

한다. 이때의 지식은 무엇을 할 수 있는 능력과 이
런 능력을 현실화할 수 있는 기술을 포함한 개념
인 지적능력과 아이디어를 뜻한다. 지식기반 산업
은 초기에 많은 비용이 들지만 한번 만들어지면,
큰 비용이 발생하지 않고 부가가치를 창출할 수
있어 지속적인 경제발전을 가능하게 한다. 문화산
업은 예술과 인문학, 정보통신, 기술이 결합하여
만들어진 산업으로 지식기반 산업 중 지식기반 서
비스업*에 속한다.

〈그림 1.12〉 지식기반 서비
스업의 형성과정

(5) 창의성 기반 산업

문화산업은 아이디어, 즉 창의성에 바탕을 두는 산업이다. 예
컨대 공주대학교의 한 대학생이 2000년에 그려서 올린 마시마
로 캐릭터는 인터넷을 통해 인기를 끌면서 2002년 문화상품으
로 개발되었다. 개발한 그해 매출이 1,200억 원을 기록하면서
해외 시장에도 진출하여 한국 캐릭터 산업의 주축이 되었다. 최
근 문화상품을 만드는 기술보다 문화상품을 만들 수 있는 기획
에서의 창의력이 중요시되면서 창의력을 강화하는 교육의 필요
성 역시 강조되고 있다.

(6) 해외 시장 진출 용이

문화산업은 다른 산업에 비해 해외 시장에 진출하기가 상대
적으로 용이하다. 문화는 인간의 감성에 호소하는 것으로 언어
적·지리적·인종적인 장벽이 쉽게 극복된다는 특성이 있다.
'한류'**로 대표되는 문화산업의 해외 시장 진출은 드라마 콘텐
츠의 감성이 아시아 시장의 욕구와 잘 맞물려 생긴 현상으로 각

종 드라마 콘텐츠 외에도 한국 관광객 증대 등 여러 문화산업이 동시에 발전했다. 국내보다 해외에서 먼저 인정받은 국내 애니메이션 〈뽀롱뽀롱 뽀로로〉의 캐릭터를 보자. 대부분의 사람은 뽀로로를 통해 귀여운 펭귄이라는 이미지와 함께 사랑, 꿈, 호기심 등의 감정을 느낀다. 마음이 열려야 시장이 열린다. 이런 점에서 문화산업의 해외 시장 진출은 앞으로도 계속될 것이며, 우리도 해외 문화산업을 꾸준히 받아들일 것으로 예상된다.

(7) 디지털 시대의 문화산업 특징

디지털 혁명 이전에, 대량복제 기술을 전제로 한 대중문화는 미디어 및 그 미디어를 낳은 기술에 종속되어 있었다. 따라서 기술과 문화 텍스트의 형식은 매우 밀접한 관계를 맺고 있었다. 미디어와 미디어 기술, 그리고 이것들에 종속되는 문화 텍스트의 형식에 따라 문화산업은 서로 다른 메커니즘을 가졌다. 디지털 시대가 되면서 문화산업 역시 새로운 패러다임에 직면하게 되었다.

(8) 문화상품의 디지털화

0과 1이라는 가장 단순한 형식으로 구성되는 디지털 기호는 문화적 텍스트를 구성하는 모든 형식, 즉 소리·그림·글자를 공통의 원소로 분해하여 모든 미디어를 통해서 어떤 단말기에든 전송할 수 있다. 테이프, CD, DVD에 담기던 음악은 디지털화되면서 여러 확장자를 가진 파일로 변화하였다.

(9) 자유로워진 복제와 유통

문화가 디지털화되면서 문화의 복제가 더욱 쉬워졌다. 또한 전송 기술과 미디어의 대중화로 매체에 묶여 있던 문화 텍스트가 네트워크에서 자유로이 유통되고 있다. 따라서 디지털 시대의 문화산업에서는 이전 시대의 문화산업이나 제조업 등에 비해 저작권이 매우 중요하다. 저작권은 창작물인 저작물에 대한 배타적·독점적 권리로 대부분의 디지털 소비자들은 이를 인식하고 있으면서도 저작권을 지키지 않는 경우가 많다.

⑩ 생산의 대중화

디지털 시대가 되면서 누구나 문화상품을 생산, 소비할 수 있게 되었다. 매체의 대중화, 네트워크의 확장 등으로 문화산업을 접할 수 있는 채널이 많아지고 교육 수준 역시 높아지면서 개인이 문화상품을 생산하는 것이 대중화되었다. 개인이 동영상을 만들어 인터넷으로 공유하는 UCC*나 인터넷 소설 등이 그 예이다.

3) 한국 문화산업의 특징

(1) 문화산업의 지형 변화

출판산업은 1960년대부터 영화산업과 함께 한국 문화산업의 중심적인 위치를 차지하며 꾸준히 성장을 해왔다. 하지만 최근 전체 문화산업의 지형에서 출판문화가 차지하는 지배적인 위치가 점차 흔들리고 있다. 대중들이 참여하는 생산현장과 소비현장이 많아지면서 책을 읽는 데 필요한 물리적인 시간이 줄어듦과 동시에 책의 교양·오락적 기능을 다른 문화산업들이 대체하는 현상이 두드러지고 있다. 문화산업의 중심축은 출판문화에서 영상문화로 옮겨 가고 있으며 정보화 시대, 디지털 시대의 등장으로 문화산업 지형 변화는 또 다른 변화를 맞이하고 있다.

*UCC(User Created Contents)
사용자가 상업적인 의도 없이 제작하여 온라인에 유통시킨 콘텐츠

(2) 서구 문화산업에 대한 종속성

국내 문화산업은 서구 문화산업에 대한 종속성을 더욱 심화시켜 나가고 있다. 영화, 음악 등 일부 부문에서 현상적으로 드러나는 국내 문화산업의 대외 종속은 점점 더 그 범위를 넓혀가고 있으며 그 경제적인 종속 역시 확대되고 있다. 문화산업에 대한 종속성이 문제가 되는 이유는 경제적인 문제보다는 정체성을 종속당하는 문제에 있다. 문화가 개인, 집단, 국가의 가치관을 담고 있는 것처럼 문화산업, 문화상품 역시 그런 가치관을 포함하고 있다. 이를 향유하는 소비자는 그 속에 담긴 가치나 정체성을 무의식적으로 받아들이게 되는데, 이는 곧 문화제국주의*를 야기하기도 한다.

(3) 서비스업과의 결합

현재 문화산업의 방향이 문학, 예술에서 일상생활로 옮겨 가면서 그 영역도 확대되어 서비스업과 결합하기도 한다. 노래방, 편의점, 카페 등은 예술 영역과는 거리가 먼 일상생활의 한 양식이다. 하지만 최근 이런 서비스업들이 하나의 문화공간으로 자리 잡으면서 특유의 문화적인 효과를 생산해 내고 있다. 음반을 만들 수 있는 노래방, 책 읽는 카페 등 여러 문화 요소와 결합한 이들 장소는, 문화영역이 시간을 소비하는 방식에서 공간을 소비하는 방식으로 변화하는 과정에서 새로운 문화 공간의 양식으로 등장했다. 현재 도시 인구의 구성 형태, 구성원들이 문화 가치 등을 고려해 볼 때, 서비스업과 문화의 결합은 앞으로 더 심화될 것으로 보인다.

*문화제국주의
경제적으로 우위에 있는 선진국의 문화가 후진국의 문화에 지배적인 영향을 미쳐 문화식민지를 확대하는 것

(4) 문화산업과 권력

문화산업이 대중문화와 깊은 연관이 있기에 문화산업의 확대
는 그 자체로 시민적 질서의 확대를 의미한다. 문화산업의 신설
과 팽창에 직간접적으로 개입하는 국가권력은 지배의 안정화를
위해 문화산업을 효과적으로 선택하고 배제한다. 문화산업과 지
배 이데올로기의 관계는 TV, 신문, 잡지, 광고와 같은 미디어
산업의 성격을 볼 때 더 뚜렷하게 밝혀진다. 특히 문화산업 중
에서 미디어 산업과 국가권력과의 관계는 더 각별하다.

4) 문화산업과 마케팅

(1) 문화산업 마케팅

문화산업 마케팅은 여러 가지 문화산업을 통해 개인이나 조
직을 만족시키기 위한 프로세스이다. 하지만 문화산업 마케팅은
단순히 문화산업과 마케팅을 더한 개념으로 설명하기는 어렵다.
문화산업은 다른 산업과는 다른 여러 가지 특성을 가지고 있기
때문이다. 최근의 문화산업은 아날로그 콘텐츠에서 디지털 콘텐
츠로의 전환이 빨라짐에 따라 기획, 제작, 판매 등의 프로세스가
하나로 합쳐진 형태를 띠기도 하고 한·미 자유무역협정(FTA)*
협상 타결에 따라 문화산업 시장이 개방되어 무한 경쟁 체계에
내몰리기도 했다. 문화산업은 개인과 조직의 가치관에 큰 영향
을 미치기 때문에 해외의 문화산업을 무조건적으로 받아들이게
되면 사회적으로 심각한 정체성 혼란을 겪게 될 것이다. 따라서
효과적인 문화산업 마케팅은 경제적 이익을 창출할 뿐만 아니라
정체성 수립에서 큰 도움을 줄 것이다.

*자유무역협정
 (Free Trade Agreement: FTA)
국가 간 상품의 자유로운 이동
을 위해 모든 무역 장벽을 완
화하거나 철폐하는 협정으로
양국 간 또는 지역 사이에 체
결하는 특혜무역협정이다.

(2) 문화산업 마케팅의 현황

한국의 문화산업 마케팅은 1990년대 말부터 문화산업을 세계 문화산업 5대 강국에 진입시키기 위해 시작되었으며, 일부 문화산업은 중국, 동남아, 일본 등에 진출을 하기도 하였다. 하지만 이때의 문화산업 마케팅은 물건을 파는 데 주력한 개념으로, 현재의 소비자 만족과는 개념적 차이가 있다. 2000년대에 들어서면서 문화산업에서 문화콘텐츠를 가장 중요시하게 되었고, 이에 따라 문화산업 마케팅도 콘텐츠 중심으로 움직이기 시작하였다. 현재의 문화산업 마케팅은 초기 기획 단계부터 마케팅적으로 접근하고 있으며, 학계와 연구소 등 다양한 관계집단 간의 교류를 통해 마케팅 성과를 높이려고 노력하고 있다. 특히 문화산업 경영(culture industrial management)의 도입과 함께 소비자 조사, 개발, 전략, 구체적 기획, 문제점 해결 등의 프로세스가 정비되어 문화산업 활성화와 문화콘텐츠 원형 개발에 큰 도움을 주고 있다.

하지만 현재 문화산업 마케팅에 대한 전문적인 이론이 존재하지 않으며, 이에 따라 문화산업 마케팅 전문가 양성 역시 어려운 실정이다. 일반 기업의 마케팅 전문가들이 문화산업 마케팅 전문가로 탈바꿈되면서 문화를 경제적인 이익으로만 연결시키려는 움직임이 일부에서 나타나고 있다. 문화산업은 좁은 국내 시장을 벗어나 세계 시장을 대상으로 해야 하는 산업이기에 프로모션, 광고, 홍보, 이벤트에만 머물러 있어서는 안 된다. 국가 간의 문화 차이를 이해하고 우리의 문화산업을 적극적으로 해외 시장에 진출시킬 문화산업 마케팅 전문가의 양성이 시급하다.

(3) 종합 엔터테인먼트 기업의 부상

최근 문화산업과 문화산업 마케팅의 발전을 목적으로 몇 년

순위	회사명	글로벌 500순위	총수입 (2007. 6. 23 기준)	세계 문화산업 시장 규모 대비 점유율	세계 문화산업 시장 규모
1	타임워너	137	447	3.1	
2	월트디즈니	191	342	2.4	
3	뉴스코퍼레이션	266	253	1.8	14,323
4	베텔스만	281	242	1.7	
	계		1,284	9.0	

사이에 문화산업에서는 창작, 제작, 마케팅을 믹스한 기업이 생겨나고 있다. 이는 세계적으로 일고 있는 기업의 구조변화와 비슷한 과정을 통해 일어나고 있다. 인수·합병을 통한 성장, 수직적·수평적 통합, 미디어 복합기업의 세계화, 미디어 기업들의 소유 집중화 등 네 가지로 특징지어지는 세계 기업의 구조 변화 과정은 한국 기업의 구조 변화에서 도입되고 있다. 세계 4대 엔터테인먼트 기업인 타임워너, 월트디즈니, 뉴스코퍼레이션, 베텔스만 등은 이러한 네 가지 특징을 그들의 경영전략으로 삼아 세계 문화산업 시장 규모의 9%를 차지할 정도로 수익을 극대화하고 있다.

① 타임워너

타임워너(Time Warner)는 온라인 콘텐츠 담당인 'AOL 타임워너', 케이블 방송 담당인 'HBO', 프린트 미디어 담당인 '타임사'(Time Inc.), 케이블 전문 채널 담당인 'TBS', 그리고 영화 담당인 '워너브라더스'(Warnet Bros.)로 구성된 전 세계 매출 1위의 미디어 그룹이다. 우리에겐 영화 시작 전에 뜨는 마크와 타임(Time)지, CNN 방송으로 익숙한 그룹이다.

〈그림 1.13〉 워너브라더스

② 월트디즈니

한국에서 미키마우스, 디즈니랜드로 알려진 월트 디즈니(Walt Disney)는 이외에도 공중파, 케이블 방송, 영화, 리조트 사업, 온라인 사업을 벌이고 있는 거대 엔터테인먼트 기업이다. 〈로스트〉(Lost) 시리즈로 유명한 'ABC 방송'과 스포츠 채널인 'ESPN', 그리고 〈토이 스토리〉와 〈니모를 찾아서〉 등을 만든 '픽사'(Pixar)도 월트디즈니에 속한다.

③ 뉴스코퍼레이션

〈그림 1.14〉 20세기 폭스

뉴스코퍼레이션(News Corporation)은 방송, 신문, 잡지 출판 및 인쇄, 영화제작 및 배급 등의 사업을 하고 있는 미국의 미디어 전문기업이다. 20세기 폭스(20th Century Fox)와 다우존스(Dow Jones)와 월 스트리트 저널(The Wall Street Journal)을 보유하고 있다.

④ 베텔스만

베텔스만(Bertelsmann)은 독일에서 출발한 복합 미디어 기업으로 TV, 라디오, 출판, 음반, 미디어 서비스 등을 운영하고 있다. TV 프로그램 제작을 포함하여 10개국에 38개의 TV 채널과 29개의 라디오 채널을 보유한 'RTL 그룹'과, 국제 서적 출판 그룹인 '랜덤 하우스'(Random House), 음반회사인 'BMG' 등이 있다.

국내 기업들도 이런 세계적 추세에 맞추어 종합 엔터테인먼트 기업으로의 변화를 꾀하고 있다. 초기 단계에서부터 세계 시장을 염두에 둔 글로벌 콘텐츠 제작 지원과 이를 위한 해외 맞춤형 마케팅 전략 개발이 필요해지면서 이와 관련된 여러 기업 간의 전략적인 제휴를 맺는 경우가 많아지고 있으며, 이를 하나의 그룹화하는 종합 엔터테인먼트 기업으로의 확대도 계속되고 있다. 종합 엔터테인먼트 기업은 제조업과 서비스업이 연계되며 일관된 마케팅 전략을 짤 수 있으며, 해외와의 공동 제작 및 공동투자 역시 활성화된다는 장점이 있다. 우리나라의 종합 엔터테인먼트 기업으로는 CJ, SK, 오리온 그룹 등이 있다.

〈그림 1.15〉 베텔스만 홈페이지

맺음말

　　문화산업은 경제적 가치와 함께 감성적 가치를 가지기 때문에 생산자의 일방적인 마케팅보다는 생산자와 소비자 간의 쌍방향 커뮤니케이션에 기반을 둔 마케팅 방법이 더 적당하다. 특히 문화산업의 대중 문화적 성격과 디지털화를 기반으로 한 인터넷 마케팅과 감성 마케팅이 주를 이룰 것이다. 문화산업이 국경 없는 무한 경쟁체제로 돌입할 것으로 예상되는 가운데 문화산업 마케팅 역시 해외를 대상으로 하는 마케팅이 활발하게 실행되며 우리 역시 해외의 문화산업 마케팅을 쉽게 접하게 될 것이다.

참고문헌 및 자료

구문모(1999).『영상, 음반산업의 현황과 발전방안』. 산업연구원.

______(2000).『문화산업의 발전 방안』. 을유문화사.

______(2004).『미디어콘텐츠의 경제원리』. 진한도서.

______(2006).『영화 마케팅의 기본원리와 실제』. 해남.

구문모 외(2001).『문화산업과 도시발전』. 산업연구원.

김유리(2006).『문화콘텐츠 마케팅』. 한국문화사.

문화체육관광부(2009).『2008 문화산업백서』. 문화체육관광부.

안병선(2007).『21C 황금시장 문화산업』. 매일경제신문사.

안종배(2008).『나비효과 콘텐츠 마케팅』. 미래의창.

이유재(2004).『서비스 마케팅』. 학현사.

동아닷컴 〈http://www.donga.com〉

연합뉴스 〈http://www.yonhapnews.co.kr〉

옥션 〈http://www.auction.co.kr〉

워너 브라더스 〈http://www.warnerbros.com〉

인천신문 〈http://www.i-today.co.kr/〉

전주국제영화제 〈http://www.jiff.or.kr〉

하이마트 쇼핑몰 〈http://www.e-himart.co.kr〉

한국경제 〈http://www.hankyung.com〉

한국철도공사 〈http://www.korail.com〉

한국콘텐츠진흥원 〈http://www.kocca.kr/〉

홈플러스 〈http://www.homeplus.co.kr〉

더 읽어 볼 거리

문병준 외(2006).『글로벌 마케팅』. 경문사.

안종배(2006).『나비효과 블루오션 마케팅』. 미래의창.

임학순(2009).『창의적 문화사회와 문화정책』. 진한도서.

2장

문화콘텐츠와 마케팅

김영순

Culture Contents and Marketing

덴마크의 미래학자 롤프 옌센(Rolf Jensen)은 저서 『드림 소사이어티』(Dream Society)에서 이제 소비자를 즐겁게 해주는 것은 정보나 품질이 아니라, 꿈과 감성이라고 주장한다. 사랑과 모험, 개인의 가치를 상품으로 파는 사회가 도래하는 것이다. 꿈과 감성을 어떻게 팔 수 있을까? 이 질문에 대한 답은 '문화콘텐츠 상품'과 '문화콘텐츠 마케팅'에 있다.

마케팅이 사회의 경제 패러다임에 따라 변하고 있다. 과거 불특정 다수를 대상으로 했던 대량생산 체제에서는 "많이 파는 것이 좋은 것이다"라는 논리 아래 비차별적 마케팅이 행해졌다. 하지만 점점 사회가 개별화되어 감에 따라 각각의 개인을 대상으로 한 데이터베이스 마케팅(맞춤 마케팅)이 행해지고 있다. 이것은 과거 생산과 소비가 일방향 커뮤니케이션이었던 것에 반하여 현대의 마케팅은 쌍방향의 인터렉티브한 마케팅의 모습으로 나타나기 때문이다.

이 장에서는 문화콘텐츠의 개발 과정을 살펴보고, 문화콘텐츠의 종류에는 어떤 것들이 있으며, 그것들을 마케팅하기 위한 방법 및 전략을 기술하고자 한다.

1) 문화콘텐츠 상품 개발 프로세스

문화콘텐츠 상품 개발은 일반 상품과는 달리 문화현상의 이해에서부터 시작된다. 문화콘텐츠 상품 개발 프로세스는 상품 개발, 제작, 마케팅의 전 과정에서 상품의 기능과 함께 '문화'의 요소가 중요한 역할을 한다. 창작기획의 단계부터 경영 마케팅까지 모든 단계에서 문화에 대한 이해와 상상력이 필요하기 때문이다.

기획이란 어떤 목표를 정해서 그 목표에 도달하기 위해 행하는 구상과 제안, 그리고 실천까지의 모든 업무를 말한다. 기획 파트는 문화콘텐츠 개발 시작의 '창작기획'과 개발 전체를 주관하는 '총괄기획'으로 나누어 살펴볼 수 있다. 가장 중요한 총괄

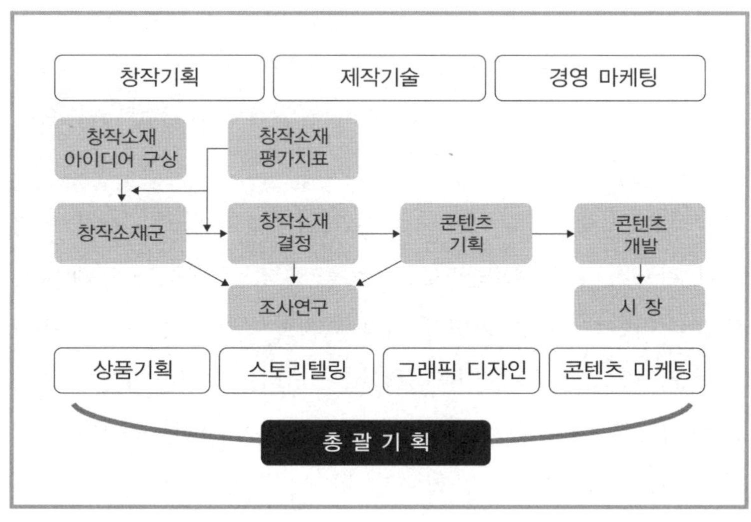

〈그림 2.1〉 문화콘텐츠 개발 과정

6W						3H		
why	what	whom	who	when	where	how	how much	how long
목적	내용	대상	주체	시기	장소	방법	비용	기간
목적, 주체, 방법, 대상(지역), 타깃, 대상, 기대효과, 수행기간								

기획은 문화콘텐츠가 생산·제작되고 유통되어 소비되는 것까지의 사업의 전 과정을 이끌고 조망하며 각 과정에서의 중요한 선택을 담당한다. 이는 〈표 2.1〉과 같이 크게 6W3H의 과정으로 진행된다.

창작·기획 단계는 문화콘텐츠 상품 개발 프로세서의 1단계로 프리 프로덕션(pre-production)이라고도 불린다. 현재 사회의 문화현상과 현상자의 니즈 및 미래 문화행위에 대한 조사를 바탕으로 문화콘텐츠 상품의 아이디어를 구상하고 창작 소재가 도출되면 제작품을 위한 콘셉트를 개발한다. 문화콘텐츠 상품의 경쟁력을 확보하기 위해 기존 상품과 새로 개발될 상품 간의 비교와 시장에 대한 분석을 필요로 한다. 또한, 최근에는 창작·기획 단계로부터 마케팅을 염두에 두기 때문에 이에 대한 조사도 병행해야 한다. 창작·기획 단계가 철저하게 준비될수록 문화콘텐츠 상품 개발에 드는 시간과 비용이 절감되고 완성도 높은 문화상품이 개발된다.

제작은 프로덕션(production)이라고도 불리며 창작·기획 단계에서 계획된 대로 문화콘텐츠 상품을 제작·생산하는 단계이다. 특히 미디어가 디지털화함에 따라 디지털 콘텐츠의 제작과 유통의 유기적인 관련성은 더욱 강화되어 간다. 디지털 기술이 콘텐츠의 제작과정에 상당 수준의 유연성을 주어 동일한 주제나 소재를 바탕으로 다양한 콘텐츠로 제작하는 것이 용이해졌다. 소위

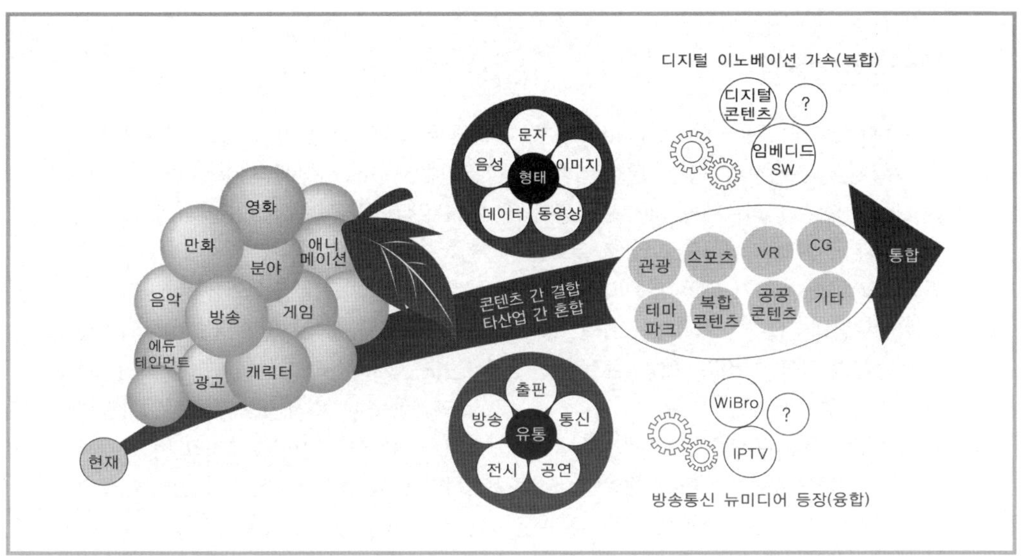

OSMU(One Source Multi-Use)라 불리는 이러한 특성은 하나의 콘텐츠를 다양한 목적으로 재구성(repurposing)하거나 재가공(repackaging)을 가능하게 한다. 또한 미디어의 디지털화가 진전됨으로써 미디어 간의 호환성이 높아지게 된다. 이는 콘텐츠의 배급출구로서의 미디어, 배급시점, 그리고 배급가격을 차별화할 수 있는 이른바 창구화(windowing)* 형식의 배급을 용이하게 한다.

디지털 시대에는 콘텐츠 제작에서의 변화와 미디어 특성의 변화가 결합하여 제작과 유통과정 사이에 재가공, 재구성, 콘텐츠의 배합(bundling), 배포(release) 등 다양한 중간적인 단계가 중요하게 된다. 디지털 시대에는 아날로그 시대와는 달리 콘텐츠 제작과 유통 사이의 구획이 모호해지며 상호 관련성이 높아지는 것이다.

마케팅은 문화상품 개발의 마지막 단계로 포스트 프로덕션(post-production)이라고도 불린다. 문화콘텐츠 상품은 문화 현상에

〈그림 2.2〉 문화콘텐츠 제작 영역의 변화

출처 : 임명환(2009), "CT R&D 진흥기관 추진 정책방향". 통합콘텐츠진흥원 비전 수립을 위한 세미나 발표.

*창구화(windowing)

경제학에서 연구되어 오던 내구재의 가격 전략에 관한 가격 차별화 이론을 영상 콘텐츠와 매체에 원용한 이론이라 할 수 있다. 가격 차별화 이론에 따르면, 대등 보편적인 동기 외에도 소비자의 안내와 판매자의 수익 극대화 동기가 작용하는 것으로 분석된다.

문화콘텐츠 기술(CT)

문화콘텐츠 기술(Culture Technology: CT) 혹은 문화기술, 문화산업기술은 문화산업 발전을 위한 기술로, 문화콘텐츠 기획과 상품화, 미디어 탑재, 전달의 가치사슬 과정 등 문화상품의 부가가치를 높이기 위해 소용되는 모든 형태의 유무형의 기술이다. 미래는 아래 표에 나타난 것처럼 지적, 서비스, 체험, 콘텐츠 중심의 사회가 될 것이다.

문화 기술이 '문화콘텐츠 제작'에 활용되는 기술만을 가리키는 것은 아니다. 최근에는 DRM (Digital Rights Management)와 같은 디지털 저작권 보호 기술이라든지, 문화콘텐츠를 디지털상에서 유통하는 각종 압축 및 전송 기술, 그리고 과금과 관련한 기술, 그리고 서비스 관련 기술 등 매우 다양하다. 그리고 인간의 오감을 기술적으로 재현하기 위한 '감성 및 재현 기술', 보다 효율적인 문화콘텐츠 기획과 시나리오 구성을 지원하는 '기획 및 시나리오 기술', 우리 문화유산의 디지털 복원과 관련한 '문화유산 기술', 장애인 및 문화 소외자에게 문화콘텐츠 향유 기회를 제공하기 위한 '문화복지 기술' 등이 있다.

문화산업 기술은 문화와 기술이 만나 인간의 삶의 질을 향상시키고 문화예술의 발전을 촉진하는 기술이라고 볼 수 있다. 피터 드러커가 예언했듯이 "21세기는 문화산업이 국가의 성패를 좌우할 것"이다. 그리고 각 국가의 문화산업은 그 국가가 가진 문화산업 기술의 기술력에 크게 좌우될 것이다.

문화콘텐츠의 핵심 인력을 양성하기 위해, 2005년에는 KAIST에 문화기술대학원이 설치되었다. 미국과 일본 등 앞서가는 기술을 보유하는 국가도, 자기 나라의 문화산업을 육성하기 위하여 디지털 콘텐츠의 제작이나 저작권 보호 솔루션 등의 기술 개발을 지원하고 있다.

— 위키백과

기술 발달과 중심 가치의 변화

구 분	1970~1980년대	1980년대	1990년대	21세기
기술 발달	하드웨어	소프트웨어	네트워킹	콘텐츠
중심 가치	산업	정보	지식	감성, 문화
대표 업체	IBM	마이크로소프트	넷스케이프	AOL, 타임워너

큰 영향을 받기 때문에 창작·기획 단계의 조사 연구만큼 마케팅 단계에서도 심도 있는 조사 연구를 바탕으로 마케팅 전략을 수립한다.

문화콘텐츠 개발 과정의 마지막 단계인 판매 단계는 콘텐츠를 널리 알려서 수익을 내는 것으로, 홍보와 마케팅 등이 이에 해당한다. 그리고 문화콘텐츠 마케팅의 가장 큰 특징은 하나의 소스(콘텐츠)를 다양하게 활용해서 부가가치를 올리는, 이른바 OSMU(One Source Multi-Use) 전략을 펼치는 것이다.

문화콘텐츠 생산자와 소비자

1) 문화콘텐츠 생산자

문화콘텐츠 산업의 가치사슬은 소재 발굴 이후 '창작기획 → 제작가공 → 유통소비'의 세 단계로 대별할 수 있다. '창작기획'은 문화산업의 재화와 서비스인 콘텐츠의 작품화, '제작가공'은 콘텐츠 업계에 의한 상품화, '유통소비'는 상품화된 콘텐츠의 활용·이용을 말한다. 이 과정에서 콘텐츠의 작품화와 상품화는 문화콘텐츠 생산자의 영역이고, 콘텐츠의 활용 및 이용은 문화콘텐츠 소비자의 영역이라고 할 수 있다.

문화콘텐츠의 생산은 문화콘텐츠 산업이라는 영역으로 나타난다. 문화콘텐츠 산업은 최근 디지털화 및 다양한 미디어 융합현상 확대 등과 같은 기술혁신으로 급속히 성장하고 있다. 이는 전체적으로 소득수준이 높아지고 삶의 질이 향상되면서 인간의 감성, 상상력, 창의력 등의 집합체인 문화에 대한 수요가 꾸준히 증가하는 데서 기인한다.

구 분	2000	2007	평균 성장률(%)
매 출	21조 원	62조 원	16.7
수 출	5억 달러	16억 달러	18.1
고 용	36만 명	52만 명	5.4

세계 각국이 문화콘텐츠 산업의 시장 선점 및 경쟁력 확보를 위해 치열한 경쟁을 벌이고 있다. 우리나라도 산업진흥 및 기술 정책을 추진한 결과 IT 기반의 디지털콘텐츠, 온라인 게임(세계 시장의 약 30% 점유) 등에서 어느 정도 경쟁력을 확보한 상태이다.

국내 콘텐츠 산업은 지난 7년간 연평균 16.7%의 성장세를 기록하였다. 2000년에는 21조 원, 2007년에는 62조 원으로 급성장 하였다. 그러나 여전히 우리나라 콘텐츠 산업의 세계 시장 점유율은 2.4%로 미미한 수준이다.

콘텐츠 산업의 범위는 최근 정보통신 기술의 발전과 디지털화의 진전 등으로 크게 확대되었다. 〈표 2.3〉과 같이 콘텐츠의 분

〈표 2.3〉 콘텐츠 산업의 분류

구 분			이용 형태		
			문화콘텐츠	정보콘텐츠	교육콘텐츠
기술 적용 방식	디지털콘텐츠	온라인	MP3 음악파일, 전자책콘텐츠, 그래픽, 온라인용으로 제작 및 편집된 방송 프로그램 등의 영상물 등	웹페이지, 전자메일 등의 형태로 유통되는 교육, 보건, 산업 등 각종 정보콘텐츠, DB콘텐츠 등	원격강의
		오프라인	디지털 영화, 디지털 애니메이션, DVD, CD롬 타이틀, 음반, CD 등	디지털로 작성되었으나 온라인에서 유통되지 않은 각종 정보콘텐츠	교육용 타이틀 및 소프트웨어 등
	일반 콘텐츠		영화, 애니메이션, 서적, 그림, 사진 등 디지털화되지 않은 문화콘텐츠	디지털화되지 않은 일반 정보콘텐츠	디지털화되지 않은 각종 교육 내용 및 정보

산업명	2004	2005	2006	2007	구성비	전년대비 증감률	연평균 증감률
출 판	18,921,018	19,392,156	19,879,255	21,052,936	35.7	△2.5	11.8
만화[1]	505,867	436,235	730,072	723,286	1.2	△5.0	−24.2
음악[2]	2,133,155	1,789,875	2,401,309	2,602,076	4.4	10.4	−0.1
게 임	4,15,600	8,679,800	7,448,900	5,604,700	9.5	9.0	48.4
영 화	3,022,403	3,294,820	3,683,627	2,954,624	5.0	△7.8	18.5
애니메이션[3]	265,015	233,855	288,564	404,760	0.7	30.1	−6.9
방 송	7,772,805	8,635,200	9,719,862	10,958,121	18.6	4.0	10.0
광 고	8,026,040	8,417,779	9,118,059	9,311,635	15.8	△1.3	9.2
캐릭터	4,219,258	2,075,893	4,550,932	5,098,713	8.6	△0.3	−34.3
에듀테인먼트	878,973	992,488	117,989	240,287	0.4	54.2	−13.2
합 계	50,060,134	53,948,101	57,938,569	58,951,138	100.0	0.6	10.5

류는 기술 적용방식, 콘텐츠 구현 매체, 유통경로, 콘텐츠 내용 등에 따라 다양하게 이루어질 수 있다. 콘텐츠 이용 형태 측면에서 보면, 문화콘텐츠 산업은 정보콘텐츠 산업 및 교육콘텐츠 산업과 함께 콘텐츠 산업을 구성하고 있다.

문화산업 매출액은 59조 9,511억 원으로 전년 대비 0.6% 증가하였으며, 연평균(2004~2008) 4.2% 증가한 것으로 나타났다. 이중 전년 대비 가장 큰 폭으로 증가한 산업은 애니메이션이며, 매출액 규모가 가장 크게 증가한 산업은 게임인 것으로 나타났다. 영화산업은 문화산업 중 유일하게 전년 대비 증감률과 연평균 증감률이 모두 감소한 것으로 집계되었다. 방송산업은 다른 산업에 비해 2004년부터 감소 없이 꾸준히 증가하고 있는 반면에 광고산업은 2007년까지 꾸준히 증가하다가 2008년에 1.3% 감소한 것으로 나타났다. 애니메이션 산업은 2005년을 기점으

〈표 2.4〉 **문화산업 매출액**
(단위 : 백만 원)

1) 2005년, 2006년 만화 매출액은 어린이·학습만화 미포함 매출규모
2) 2006년, 2007년 기준조사 음악은 노래연습장, 음악행사 매출, 음악공연 및 인터넷 음반, 음반도매업, 인터넷/모바일 음악콘텐츠 제작 및 제공업(CP) 매출 포함
3) 2006년 애니메이션은 극장 매출액(610억 9,900만 원), 방송사 수출액(2억 9,200만 원) 포함, 2005년 기준조사 시에는 서울 관객수만을 계상하였으나 2006년, 2007년 기준조사에서는 전국 관객수를 계상하였음.

출처 : 2010년 2분기 콘텐츠산업 동향분석 보고서, 한국콘텐츠진흥원(2010).

로 가여 큰 폭으로 증가하고 있으며, 특히 연평균이 11.2%로 증가하여 타 산업에 비해 증가폭이 큰 것으로 나타났다.

전체적으로 2008년은 하반기의 세계적인 금유위기로 인하여 증가폭이 다소 둔화되었으나, 연평균 증감률은 지속적으로 증가하고 있다.

(1) 출판산업

출판업이 7조 7,931억 원으로 전체의 40.2%를 차지하며, 출판도소매업 7조 6,269억 원(39.3%), 인쇄업 3조 6,846억 원(42.9%), 출판임대업 1,505억 원(0.8%), 온라인출판유통업 1,367억 원(0.7%) 순으로 나타난다.

책의 형태는 변할 수 있지만 콘텐츠 생산자로서 출판은 영원하다. 문화산업의 소재가 점점 고갈되고 있는 상황에서 책이라는 근본적인 콘텐츠의 중요성은 더 커질 수밖에 없다.

(2) 만화산업

만화 전문 도소매업은 1,096억 원(25.1%), 만화책 임대업은 829억 원(19.0%), 온라인 만화 유통업은 319억 원(7.3%)으로 나타났다.

만화 시장은 대여점 위주로 바뀌어 책 판매량은 감소했지만, 학습만화, 교양만화, 웹툰 등 새로운 장르의 만화들로 시장을 개척할 수 있기 때문에 전체 규모가 늘어날 수 있다.

〈그림 2.3〉 만화 〈둘리〉

(3) 음악산업

디지털 음악산업은 2005년 2,621억 원에서 2006년 3,562억 원으로 성장해 전년 대비 약 36%가량 성장했다. 디지털 음악산

구 분	2005(억 원)	2006(억 원)	성장률(%)
음반산업	1,087	848	−22
디지털 음악산업	2,621	3,562	+36
음악공연산업	1,451	1,887	+30
노래연습장산업	1조 1,431	1조 2,321	+8

〈표 2.5〉 국내 음악산업의 매출액 개요

업의 성장에 비견될 만큼 국내 음악공연산업의 성장세도 두드러졌다. 2006년 1,887억 원의 규모는 전년 대비 30% 성장한 모습이다.

(4) 게임산업

한국의 온라인 게임은 세계 시장 점유율 34.5%로 세계 1위다. 세계 60여 개국에서 약 4억 명이 한국 온라인 게임을 이용하고 있다. 국내 매출액을 보면 아케이드 게임장(43.7%), PC방(23.0%), 온라인 게임(16.6%), 아케이드 게임(11.1%), 비디오 게임(2.4%), 모바일 게임(2.2%), PC 게임(0.4%), 비디오 게임장(0.4%) 순으로 나타났다.

〈그림 2.4〉 온라인 게임 〈리니지 3〉

특히 온라인 게임 산업은 그것 자체로 훌륭한 문화콘텐츠일 뿐만 아니라 부가적 가치를 창출함에 있어서도 어느 문화콘텐츠 산업 못지않다. 게임의 이야기와 캐릭터, 로열티로 벌어들이는 수입 등 문화콘텐츠 산업이 갖추어야 할 것을 가지고 있다고 할 수 있다.

(5) 영화와 애니메이션 산업

한국 영화산업의 유통 및 배급은 1조 5,226억 원으로 전체 매출규모의 51.4%를 차지하며, 창작 및 제작 6,265억 원(21.1%), 기타 4,726억 원 (16.0%), 단순 복제 1,733억 원(5.9%), 제작 지원 1,663억 원(5.6%) 순으로 나타난다. 그리고 애니메 이션 산업은 창작 및 제작이 1,620억 원(69.3%), 제 작 지원이 317억 원(13.6%), 유통 및 배급이 168억 원(7.2%), 단순 복제가 58억 원(2.5%), 기타 44억 원 (1.9%) 순으로 나타났다.

(6) 방송과 광고산업

방송산업은 총 매출액이 꾸준히 증가하고 있는 모습을 보이 고 있는데, 이와 같은 외적 성장은 종합유선방송과 방송채널 사 용사업, 위성방송사업의 매출액 증가로 인한 것이다. 대체적으 로 지상파방송 매출액은 감소하는 반면, 유선방송 매출액과 채 널 사용사업 매출액, 일반 위성방송사업의 매출액은 증가하고 있는 추세이다.

광고산업은 총 매출액의 64.9%가 광고(종합)대행이 차지하고 있으며, 나머지 35.1%는 광고제작업, 서비스업, 인쇄업, 온라인 업, 기타 업종이 차지하고 있다.

(7) 캐릭터 산업

2006년 국내 캐릭터 산업 규모는 4조 5,507억 원, 캐릭터 소 비 시장 규모는 4조 4,109억 원으로 성장하였다. 국내 캐릭터 소비 시장의 규모는 5년 연속 성장하는 모습을 보였다. 창작 및 제작이 1조 8,915억 원으로 전체 매출액의 91.1%를 차지하였고, 유통 및 배급이 771억 원(3.7%), 기타 517억 원(2.6%), 제작 지원 425억 원(2.0%), 단순 복제 128억 원(0.6%) 순으로 나타났다.

(8) 디지털 교육 및 정보산업

디지털 교육 및 정보산업의 2005년 총매출액은 9,926억 원이다. 이를 대표하는 업종은 에듀테인먼트 산업이다. 소비자들이 즐기면서 학습할 수 있는 소프트웨어와 웹사이트 등의 환경적 콘텐츠를 제공하는 것이다. 에듀테인먼트 산업은 크게 교육용 콘텐츠를 중심으로 하는 유아 및 아동 영역의 완구, 학생 및 성인 영역의 이러닝, 이 두 부류에 모두 걸친 에듀 게임 등 세 가지로 나누어볼 수 있다.

〈그림 2.6〉 디지털 한자교육 프로그램 〈한자마루〉

2) 문화콘텐츠 소비자

소비자는 각자의 욕구를 충족시키기 위해 제품을 소비하는 주체로 생산자와 더불어 시장 구성원 중 가장 큰 부분을 차지한다. 현대사회의 소비자들은 소비는 물론, 제품 개발과 유통·마케팅 과정에도 적극적으로 참여한다. 문화콘텐츠 시장도 다음과 같은 문화콘텐츠 소비자의 특징에 반응하여 변하고 있다.

문화콘텐츠 소비자는 상품에 자신의 의미와 감정을 부여하여 차별화하고자 한다. 언어로만 대화하는 것이 아니라 몸짓, 매너,

선물, 의상, 음식 등도 우리의 생각을 담아 낸다고 생각하는 것
이다. 상품이 우리에게 무엇을 해줄 것인가 보다는 그 상품이
나에게 어떤 이미지를 주는가를 신경 쓰게 된다. 소비의 동기는
브랜드 가치, 즉 이미지를 추구함에 있다.

현대의 소비자는 재화 혹은 시장과 구경거리를 탐색하는 소
비자이다. 이것은 1980년대 문화학자에 의해 설명된 이론으로,
가격이나 모양 등에서 새로운 것을 탐색하는 것이다. 탐색의 형
태는 가격 탐색이 가장 보편적인데, 가격 탐색(bargaining hunting)
을 통해 기쁨을 찾는다. 광고에 의한 할인은 가격이 저렴하더라
도 가격 탐색자로서의 소비자의 만족을 충족시키지는 못한다.

이런 소비자들에게 소비는 개인 혹은 집단의 정체성을 추구
하는 활동이며, 불확실하지만 정체성이 만들어지는 분야이다.
즉 자신의 정체성을 추구하는 수단으로 간주하며 소비하는 것
이다. 정체성은 동질성을 의미하며 다른 것들과 차별되는 차이
를 의미한다. 직업으로 정체성을 만들기보다 소비로서 자신의
정체성을 추구한다. 이 소비자들은 브랜드뿐만 아니라 기업의
정체성으로도 자신을 대입하는 모습을 보인다.

소비자는 경제적 개념이고, 시민은 정치적 개념이지만 그 역
할은 비슷하다고 할 수 있다. 전통적 소비자가 돈에 대한 가치
와 개인의 이익에 초점이 맞추어져 있었다면, 현대 소비자는 개
인의 이익보다 공동체를 생각해야 한다. 따라서 개인의 소비에
제약을 받을 수 있고, 환경을 생각하는 소비자이며, 공기업에
대한 소비자 운동을 하는 모습을 보이기도 한다.

디지털의 발달로 현대사회의 소비자는 인터넷, 케이블 TV 등
다양한 매체로 문화를 접할 수 있게 되었고 블로그, 미니홈피,
UCC 등을 통해 문화를 직접 창조·재창조하기도 한다. 또 휴대

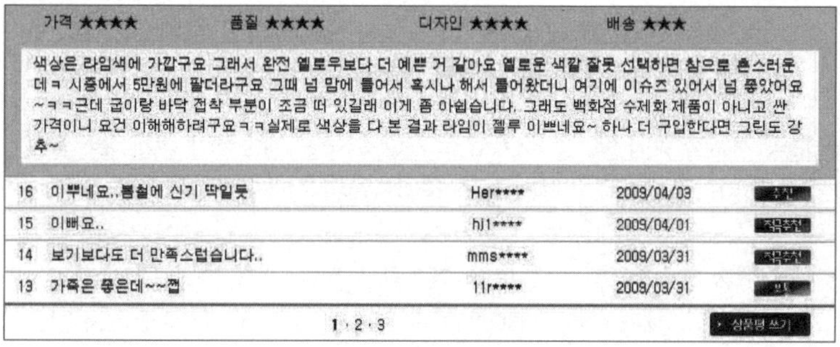

〈그림 2.7〉 디지털 문화 소비자의 정보 교환과정

폰을 이용해 모바일 학습, 금융거래, 교통카드, 영화예매, 물품 구매 등 실생활의 많은 부분을 처리하기도 한다. 이런 디지털 소비자들은 디지털 시장을 통해 공급자와 거의 대등한 수준의 정보를 얻을 수 있게 되었고, 이를 소비자 운동에 이용하여 기업의 횡포나 불공정 거래 행위 등을 막는 효과를 가지고 오기도 하였다. 또한, 소비자와 생산자 사이에 직접적인 네트워크가 형성되어 소비자가 생산과정에 참여하기도 하고 의견을 서로 교환하는 실시간 커뮤니케이션을 형성하기도 한다.

높아진 소득수준과 풍부한 해외 경험, 인터넷의 발달은 소비자의 시선을 해외로 돌리는 데 큰 영향을 주었다. 외국 배우와 음악이 유행처럼 퍼지고, '미국 드라마'(일명 '미드')로 대표되는 외국 드라마가 케이블 TV와 인터넷을 통해 소비자에게 접근하면서 현대사회의 소비자들은 해외 문화, 특히 서구 지향적인 소비 문화를 보이고 있다. 스타벅스를 중심으로 카페, 노천카페, 브런치* 레스토랑이 서울 시내에서 시작해 전국적으로 생겨났고, 해외 브랜드 제품이 하나의 문화 흐름으로 형성되기도 하였다. 뿐만 아니라, 관료 중심적이던 우리나라의 기업문화가 자유로운 회의를 중시하는 기업문화로 바뀌기도 하였고, 공연이나 전시회 시간을 오전이나 낮에도 편성하는 등의 변화를 가지고 오

*브런치(brunch)
아침식사 때 회담을 하면서 가볍게 드는 식사를 말하며, 미국에서 시작된 말이다. 브랙퍼스트(breakfast)와 런치(lunch)의 합성어로 보통 아침식사보다는 가볍지 않으나 회식용으로는 가벼운 편이다.

웰빙 화장품, 때 아닌 겨울 특수 '자극 없는 천연성분 인기'

(주)보브의 웰빙 화장품들이 겨울을 맞아 때 아닌 인기몰이를 톡톡히 하고 있다. 위생과 건강에 각별한 요즘 피부에도 안전한 웰빙 화장품들이 인기를 얻으며 꾸준한 매출 상승을 보이고 있다. 겨울을 맞아 피부자극이 심해지고 트러블이 자주 유발되기 때문에 천연 성분이 함유된 제품을 많은 소비자가 선호하기 때문이다.

최근 하나의 트렌드 코드가 된 웰빙과 에코 바람은 생활필수품과 화장품 전 분야에 걸쳐 거대한 주류를 이루며 많은 소비자들의 필수품으로 자리 잡아가고 있다. 특히 화장품 산업은 웰빙 코드와 접목된 제품들이 대거 출시되며, 많은 소비자들의 관심을 모으고 있다.

(중략)

보브 마케팅부 상품기획팀 박혜연 대리는 "에코 열풍과 친환경 관련 제품들의 인기는 앞으로 더욱 가속화될 것으로 보인다. 보브는 이와 같은 트렌드를 반영한 아이디어 웰빙 상품들이 큰 인기를 얻고 있다. 최근 출시한 보브 굿바이 아이펜더 그린카라 역시 웰빙 마스카라로 소비자들의 관심을 불러 모을 것으로 예상된다"고 전했다.

– 뉴스엔, 2009. 11. 20

기도 하였다. 또한 다양화 · 개성화되는 사회적 추세와 함께 현대사회의 소비 패턴 역시 개성화되고 있다. 일반 옷가게에서 구매하기 힘든 옷을 공급자에게 직접 주문하거나 특별한 관심사를 가진 사람들끼리의 공동 구매를 통해, 대중적인 유행을 좇아가는 것이 아니라 자신만의 개성, 라이프스타일을 추구하며 자신이 가치를 두는 곳에 소비를 한다.

웰빙(well-bing)은 보다 높은 삶의 질을 추구한다는 뜻으로 현재 우리 사회와 문화를 표현하는 대표적인 용어 중 하나이다. 경제적 수준이 높아지면서 얼마나 건강하고 행복하게 살고 있는가 하는 삶의 질에 문화 소비의 초점이 맞추어졌다. 따라서 건강과 환경을 생각하는 환경 친화적 문화와 자연 마케팅이라고 불리는 기술과 감성을 섞은 마케팅 문화가 유행하고 있다.

"즉석식품보다 김치가 더 좋아요"

경기도 화성 지역 유치원생들은 최근 화성 남양농협 (조합장 홍은수) 수라청 김치 가공공장에서 고사리 같은 손으로 김치를 직접 만들어 보는 '김치문화 체험교실' 행사를 가졌다.

— 농민신문, 2009. 5. 22

웰빙족의 주요 특징

① 인위적이고 도시적인 것보다 자연친화적 생활양식을 추구하여 여행 및 레저스포츠 등을 통해 삶의 여유를 지님.

② 요가, 단전호흡 등 명상과 관련된 운동을 하면서 건강을 추구함.

③ 슬로푸드(slow food) 및 생선, 유기농산물을 섭취함.

획일화된 사고를 강요받던 시대가 지나가고 자유로운 생각과 삶이 허용되는 시대로 변화하면서 여러 대상 간의 융합을 뜻하는 퓨전 문화가 새롭게 나타나기 시작했다. 현대사회를 살아가는 사람들의 기호가 세분화되면서 실용성과 다양성을 중시하는 퓨전 문화가 급속히 팽창하였는데, 앞으로도 디지털 유통의 가속화와 업계 간의 경쟁 심화로 인해 이런 퓨전 문화 소비는 더욱 많아질 것으로 보인다.

최근의 소비자들은 물건을 단순히 소비하는 것이 아니라 브랜드에 대한 경험과 기업의 서비스를 체험하기를 원한다. 체험은 기업과 브랜드를 고객의 라이프스타일(life style)과 연결시켜 소비자의 구매 상황과 행동에 큰 변화를 가져오고 있다. 이런

구 분	종합순위(%)	1순위(%)	2순위(%)
영화/비디오/DVD 감상	47.1	57.5	23.5
음악 감상	25.7	18.0	43.3
게 임	7.7	6.8	9.7
애니메이션 감상	3.5	1.9	7.1
만화책 보기	2.7	1.4	5.7
캐릭터 상품 구입	2.5	1.9	3.9
기 타	10.1	11.5	6.8
무응답	0.7	1.0	–
전 체	100.0	100.0	100.0

소비자의 욕구에 따라 사회 전반에 걸쳐 체험산업이 증가하고 있다. 광한루를 보고 사진을 찍는 것에 그치지 않고 직접 춘향이와 이몽룡이 되어 사진을 찍기도 하고 화장품을 미리 사용해 보고 구매하기도 한다. 특히, 기업이 자신의 브랜드 가치를 소비자에게 전달하기 위한 공간 마케팅을 플래그십 스토어(flagship store)*라고 부른다.

문화콘텐츠 소비자 조사에 의해 도출된 문화콘텐츠 소비자의 첫 번째 일반적인 특성은, 소득수준이 높을수록 문화콘텐츠 관련 지출이 높게 나타난다는 것이다. 가장 높은 소득계층은 소비지출의 5.79%를 교양오락비로 지출하는 반면, 가장 낮은 소득계층은 소비지출의 3.76%를 교양오락비로 지출하고 있는 것으로 나타나 소득수준과 문화콘텐츠 향유가 비례관계임을 알 수 있다.

문화 관련 시설이 도시에 집중됨에 따라 문화소비 역시 대도시에 편중되어 있었다. 특히 공연시설은 수도권에 전체의 절반 이상(54.5%) 분포되어 있어 공연문화의 수도권 편중화 현상이 특히 심한 것을 알 수 있다.

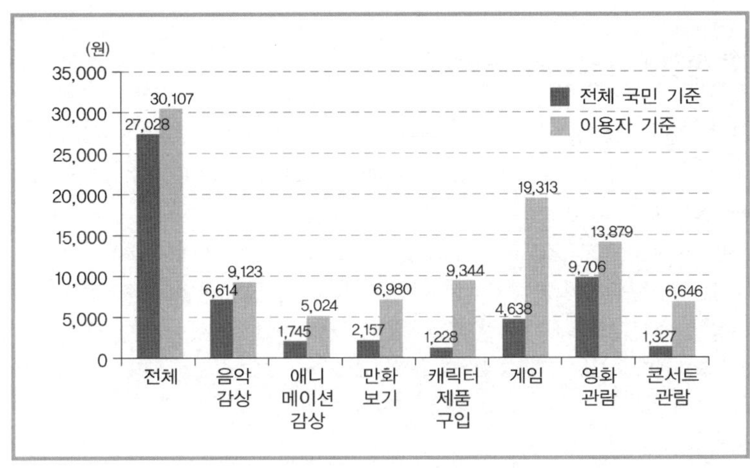

〈그림 2.8〉 문화콘텐츠 산업 소비자 조사

출처 : 한국콘텐츠진흥원(2006).

우리나라 국민들은 문화콘텐츠 지출 중 가장 많은 금액을 영화 관람(9,706원)에 소비하고 있었으며, 그 다음으로 음악 감상(6,614원), 게임(4,638원)이 뒤를 이었다.

문화콘텐츠별 지출내역 이외에도 금전적으로 여유가 있을 때 소비하고 싶은 문화콘텐츠를 묻는 문항에서 '영화/비디오/DVD 감상'이 47.1%로 1위를 차지해 우리나라 국민이 가장 선호하는 문화콘텐츠는 영화라는 점을 알 수 있었다.

우리나라 불법 음반, 무단 복제 등 저작권 침해가 심각하다는 의견이 83.3%로 나타났고, 국내 문화산업의 발전 저해요인으로 불법복제유통(33.7%)으로 조사되어 대부분의 소비자가 저작권을 인식하고 있는 것으로 조사되었다. 하지만 음악 MP3 파일을 무료로 다운받는 것에 대해서는 정보교류의 일환이기 때문에 무료로 받을 수 있다는 의견이 67.5%로 조사되어 문화콘텐츠 소비자들이 저작권에 관해 모순된 인식을 가지고 있다는 점을 알 수 있었다. 따라서 소비자의 문화콘텐츠 저작권에 관한 광고, 캠페인, 교육 등이 필요할 것으로 예상된다.

문화콘텐츠 생비자 : 프로슈머

*프로슈머(prosumer, 生費子) 'producer'(생산자) 또는 'professional'(전문적인)과 'consumer'(소비자)가 결합되어 만들어진 신조어이다. 한국어 단어 생비자(生費者)도 마찬가지로 생산자(生産者)와 소비자(掃費者)가 결합되어 만들어졌다. 프로슈머의 개념은 1972년 마셜 맥루언과 베링턴 네빗이 『현대를 이해한다』(Take Today)에서 "전기기술의 발달로 소비자가 생산자가 될 수 있다"라는 말로 처음 등장했으나, '프로슈머'라는 단어는 1980년 앨빈 토플러가 『제3의 물결』에서 최초로 사용했다.

문화콘텐츠의 소비는 다매체·다채널화에 따라 빠르게 증가하고 있다. 이에 따라 온라인 콘텐츠 소비 또한 대중화되어 새로운 소비문화, C세대(Consumer Creating Contents)가 출현하고 있다. C세대란 소비자 스스로의 기준과 기대치에 따라 콘텐츠를 직접 제작하는 것을 의미한다. 콘텐츠 생산과정에 적극 참여하는 프로슈머(prosumer)*가 대표적인 예이다.

콘텐츠 생비자는 적극적이고 능동적인 소비자이며 생산자이다. 생비자의 등장은 몇 가지 사회적인 배경을 가지고 있다. 우선 사회 전체적 소득 및 여가시간이 증대했다는 것이다. 생업활동에 쓰이는 시간이 줄어들고, 취미나 오락, 휴양을 위해 사용할 수 있는 시간이 상대적으로 늘어난 것이다. 또한 인터넷 등 통신 매체의 발달로 인해 정보를 수집하는 것이 용이해졌다. 게다가 전기·전자 기술의 발달로 인한 각종 장비 가격의 하락하면서 기존에 전문가들만 사용할 수 있었던 제품들이 보급화되었다. 이와 같은 사회적인 변화는 콘텐츠를 수용하기만 했던 소비자들에게 그들의 의견을 반영하는 콘텐츠 생산이 가능한 환경을 조성해 준 것이다.

초기의 프로슈머들은 제품평가를 통해 생산과정에 의견을 반영하거나 타깃 마케팅의 대상이 되는 등의 간접적이고 제한적인 영향력만을 행사했다. 하지만 인터넷의 보급과 함께 이들은 보다 직접적이고 폭넓은 영향력을 행사하며 때로는 불매운동이나 사이버 시위 같은 과격한 방법으로 자신들의 의견을 반영하기도 한다.

생비자(生費子)는 기업의 생산자(producer)와 소비자(consumer)를 합성한 말로, 상품개발의 주체에 관한 개념을 나타낸다. 미래학자 앨빈 토플러가 저서 『제3의 물결』에서 제2의 물결 사회인 산업사회의 양 축인 공급자와 소비자 간의 경계가 점차 허물어지면서 소비자가 소비는 물론 제품개발과 유통과정에도 직접 참여하는 '생산적 소비자'로 거듭날 것이라고 주장한 데서 창안되었다.*

이것은 기업들이 과거에 신제품을 개발할 때 소비자들의 욕구를 파악한 후 신제품을 개발하던 방법에서 발전한 형태이다. 즉 고객만족 경영전략으로 소비자가 직접 상품개발을 요구하며 아이디어를 제안할 때 기업이 이를 받아들여 신제품을 개발하는 것이다. 고객만족 경영에 대한 중요성이 커지면서 컴퓨터·가구·의류와 관련된 기업에서 공모작품을 통해 적극적으로 소비

*생산자와 소비자가 결합되었다는 것은 소비자이기는 하지만 제품 생산에도 기여한다는 의미이며, 전문가와 소비자가 결합된 경우는 비전문가이지만 타 전문가의 분야에 기여한다는 의미이다. 프로슈머는 기존 소비자와는 달리 생산활동 일부에 직접 참여하는데, 이는 각종 셀프 서비스나, DIY(Do It Yourself) 등을 통해서 나타나고 있다. 또한 이들은 인터넷의 여러 사이트에서 자신이 새로 구매한 물건(특히 전자제품)의 장단점, 구매가격 등을 다른 사람들과 비교, 비판함으로써 제품개발과 유통과정에 직간접적으로 참여할 수 있다.

〈그림 2.9〉 LG싸이언의 프로슈머 운영 사례

자의 아이디어를 수용하고 있으며, 또한 소비자의 취향을 살린 자가조립 방식의 DIY(Do It Yourself) 상품도 나오고 있다.

얼리어답터(early adopter)는 제품이 출시될 때 가장 먼저 구입해서 평가를 내린 뒤 주위에 제품의 정보를 알려 주는 성향을 가진 소비자군(群)을 말한다. 그들은 고객 자신이 사용할 휴대폰의 제작과정에 직접 관여하고 의견이 반영된다는 점에서 자부심을 느끼며 기업 입장에서는 고객의 요구사항과 의견을 최대한 반영한, 고객 우선의 실용적이고 독창적인 제품을 만들 수 있다는 점에서 프로슈머 마케팅은 서로 상생하는 전략이라고 할 수 있다.

프로슈머 마케팅의 가장 큰 장점은 상품의 충성고객이 적극적으로 참여하기 때문에 제품개발 시에 자발적인 입소문 마케팅 활동을 보장받을 수 있다는 것이다. 즉 충성도가 높은 단골고객을 자연스럽게 확보할 수 있고, 제품개발에 따른 위험이나 사고를 미연에 방지할 수도 있다. 이러한 장점 때문에 많은 기업들은 고객이 마케팅 활동에 참여할 수 있도록 제품 동호회, 평가단, 모니터 요원, 고객제안, 아이디어 공모전 등의 다양한 고객 참여 프로그램을 운영하고 있다.

아이프로슈머, 혼다 SCR110 체험단 발대식 진행

SK마케팅앤컴퍼니(http://www.skmnc.com)는 21일(토), 혼다코리아(http://www.hondakorea.co.kr)와 함께 혼다코리아 강남 딜러에서 '아이프로슈머'(http://www.iprosumer.co.kr)의 '혼다 SCR110 체험단 발대식'을 진행했다고 밝혔다.

이번 행사에서 SK마케팅앤컴퍼니와 혼다코리아는 혼다의 스쿠터 신제품인 'SCR110'을 체험단에게 전달하고 체험 미션 오리엔테이션을 진행했다. 앞서 '아이프로슈머'는 지난 3일(화)부터 15일(일)까지 'SCR110'의 체험단을 모집했으며 5명을 모집하는 행사에 5,000여 명이 몰려 1,000 : 1이라는 높은 경쟁률을 기록했다.

이날 발대식을 진행한 체험단은 22일(일)부터 12월 15일(화)까지 체험 미션을 수행하며 특히 제품 리뷰 작성, 제품을 이용한 여행 후기 작성 등의 과정을 통해 제품을 체험할 예정이다. 아이프로슈머 측은 19일(토) 최종 시상식을 열어 베스트 리뷰어(1명)에게 'SCR110'을 증정하는 등 체험단 전원에게 다양한 상품을 지급할 계획이다.

SK마케팅앤컴퍼니 임성식 CBI 전략그룹장은 "젊은이들이 선호하는 트렌디한 제품의 체험을 진행하게 되어 참여 열기가 뜨거웠다"라며 "앞으로도 아이프로슈머는 소비자들에게 우수한 제품을 먼저 사용해볼 수 있는 기회를 제공하는 한편, 소비자와 기업이 소통할 수 있는 진정한 창구로 나아갈 것"이라고 말했다.

'아이프로슈머'는 온라인 기반의 체험 및 리

뷰 전문 사이트로 지난 6월 론칭한 이후 내비게이션, 유모차, 카메라, 프로야구 관람 등 다양한 체험을 진행하며 네티즌들에게 큰 인기를 얻고 있다. 현재 약 15만 명의 회원들이 활발하게 활동 중이다.

한편 이번 체험 제품인 혼다의 'SCR110'은 PGM-FI(전자제어 연료분사장치)가 새로이 탑재되어 고효율 연비를 구현한 제품이다. 기존 스쿠터 대비 연비가 16%가량 향상되어 연료 1L로 52.9km를 주행할 수 있는 한편, 공냉 108cm^3 엔진을 탑재해 출력도 뛰어나다. SCR110은 경제적이고 파워풀한 주행을 즐길 수 있는 스쿠터로서 이달 초 출시 후 스쿠터 라이더들의 인기를 끌고 있다.

— 아크로팬, 2009. 11. 23

소비자가 최고 상품을 만든다

한국 핸드폰을 세계 최고로 만든 것은 까다롭고 활동적인 프로슈머들이다. 디지털 카메라 열풍의 숨은 공신도 일반인이 사용자 편의를 위해 만들어 놓은 인터넷 사이트 '디시인사이드'이다. '프로슈머' 바람이 국내서도 거세다. 미래학자 앨빈 토플러가 일찌감치 예언했던 '프로슈머'가 지식사회 속에서 본격적으로 각광받고 있다. 경제 평론가, 유통업체 CEO, 경제학과 교수 등을 인터뷰하며 엮은 '프로슈머 부자학'(한경비즈니스 엮음, 선암사)은 프로슈머가 인터넷 지식 경제 사회에 미치는 영향을 다양한 업체의 사례 중심으로 풀어 냈다.

생산자와 소비자가 결합된 형태인 프로슈머는 크게 신제품 개발 참가형, 정보 공유형, DIY(Do It Yourself)형으로 나눌 수 있다. 정보 공유형은 인터넷 댓글을 통해 자신의 구매만족도와 상품평을 나누면서 인터넷 쇼핑몰의 성공을 이끌었다. "써본 사람이 알려 준다오"라는 헤드카피로 소비자들에게 어필했던 GS이숍은 "소비자들이 직접 만든 정보를 충실하게 제공하는 것이 최고의 전략"이라며 프로슈머 마케팅의 중요성을 강조했다.

기업이 프로슈머의 활동을 기업 경쟁력과 본격적으로 연결시킨 것은 신제품 개발 참가형 프로슈머들이 '초콜릿폰' 개발에 적극 참여하면서부터. LG텔레콤 공전의 히트를 기록하고 해외에서도 호평을 받은 초콜릿폰은 50여 명의 '싸이언 프로슈머 그룹'에서 8,000여 건의 아이디어가 쏟아져 나왔다. 기술지향적인

핸드폰 시장에서 복잡한 기능을 없애고, 디자인을 심플하게 한 초콜릿폰의 성공은 "소비자의 니즈는 소비자가 가장 잘 안다"는 평범한 진리를 다시금 일깨워 준 것이다.

정보 공유형이나 신제품 개발 참가형에 비해 기업의 관심을 받지 못하고 있는 DIY형은 최근 '와이프로거' 열풍으로 대표된다. 경험자가 직접 가구 만드는 법, 제품 튜닝 노하우 등을 블로그에 올리면서 DIY가 새로운 프로슈머 활동 영역이 되고 있다. 일본은 이미 소비자가 직접 마음에 드는 가구를 만들어 쓸 수 있도록 DIY 재료를 모아 놓은 '도큐한즈' 같은 매장이 인기를 얻고 있다. 한국은 DIY 재료나 중간 완성재 시장이 아직 무주공산이지만 기업에서는 미처 이를 기회로 인식하지 못하고 있다.

경제 전문가들은 "DIY에 관심을 보이는 프로슈머들은 시장 경제와 비시장 경제를 넘나들며 활동한다"며 아토피 치료약을 스스로 개발해 낸 소비자 등의 예를 들며 DIY 시장의 중요성을 강조한다.

– 헤럴드 경제, 2008. 2. 2

1) 문화콘텐츠 마케팅의 개념과 특성

일반적으로 마케팅이란 '어떤 상품이나 용역이 생산자로부터 소비자에게 전달되는 과정에 포함된 모든 활동들'이다. 따라서 문화콘텐츠 마케팅이란 문화콘텐츠 상품이나 용역이 생산자로부터 소비자에게 전달되는 과정에 포함된 모든 활동들을 말한다. 마케팅이란 기본적으로 생산한 상품을 소비자에게 효율적으로 전달하기 위한 방법이다. 따라서 소비자에게 상품을 잘 어필하는 것이 중요한데, 상품의 특성에 맞는 마케팅 방법이 필요하다. 문화콘텐츠는 스토리와 주제가 있는 상품(themed product)이다. 문화콘텐츠 마케팅은 상품의 스토리와 주제를 소비자에게 잘 전달할 수 있는 방법이어야 하는 것이다.

〈표 2.7〉에서 보는 바와 같이 현대 마케팅의 추세가 개인 고객을 중심으로 하는 일대일 마케팅화가 되어가고 있다는 것을

〈표 2.7〉 마케팅 개념의 변화

구 분	대중 마케팅 mass marketing	표적 마케팅 target marketing	일대일 마케팅 one-to-one marketing
대 상	대중	표적집단	개인
시장 접근방법	비차별적 마케팅	차별적 마케팅	데이터베이스 마케팅
마케팅 목표	시장점유율, 매출액, 고객만족도		고객점유율, 고객만족도, 매출액
경제원리	규모의 경제		범위의 경제
관 리	제품관리		고객관리
커뮤니케이션	일방향		쌍방향

〈그림 2.10〉 필립 코틀러

알 수 있다.

문화콘텐츠 마케팅은 '콘텐츠가 기획되는 단계부터 혹은 완성된 뒤, 소비자에게 널리 알리거나 시장을 확대하기 위해 행하는 모든 활동들'이다. 특히 콘텐츠란 용어 속에 본디 다양한 활용가능성이 내재되어 있으므로 OSMU(One Source Multi-Use) 방식이 아주 유용하다.

문화콘텐츠 마케팅은 코틀러*의 마케팅의 고전적인 정의를 빌어 문화콘텐츠 산업에 적용시켜 문화콘텐츠 산업에 있어 "수익성 있는 고객을 찾고 유지하는 과학과 예술"이자 문화콘텐츠 산업의 "다른 경쟁사보다 뛰어난 방식으로 고객을 만족시키는 예술행위"로 정의할 수 있다. 즉 문화콘텐츠 고객의 니즈를 만족시키는 합리적이며 심미적인 활동 모두를 총괄하는 것이다. 즉, 문화콘텐츠 마케팅은 코틀러의 마케팅 개념을 이문화적인 차원에서 조금 더 구체화시킨 것이다. 따라서 문화콘텐츠 마케팅의 특징을 정리하면 다음과 같다.

① 수익성 있는 고객을 찾고 유지하는 과학과 예술이자 문화콘텐츠 산업의 다른 경쟁사보다 뛰어난 방식으로 고객을 만족시키는 예술행위 (전통적)
② 다양한 디지털 문화콘텐츠를 판매하고자 하는 대상 국가의 소비자의 문화적 배경이나 소비심리나 행동 패턴을 분석하여 다른 경쟁사의 디지털 문화콘텐츠보다 더 나은 방식으로 소비자의 구매 욕구를 충족시키는 데 목적을 둔 소비자와 공급자 간의 커뮤니케이션 행위 (전통적＋체험적)

과거에 마케팅은 단지 생산된 상품을 소비자에게 전달하고 이윤을 창출하기 위한 수단이었다. 가능한 한 많은 상품을 다수의 소비자에게 팔기 위한 도구적 가치가 전부였다. 하지만 현대의 마케팅은 소비자가 원하는 감성적인 욕구를 충족시켜 주는 역할도 하고 있다. 특히 문화콘텐츠는 상품의 특성상 소비자가 원하는 정서적인 욕구를 채워줄 수 있는 마케팅이 필요한 것이다.

기술과 감성의 융합시대가 부상함에 따라 문화와 기술, 창의성이 결합된 소프트 파워로서 융합 기술이 중요하게 대두되고 있다. 따라서 문화콘텐츠 마케팅 환경도 품질에서 품격으로, 사용가치에서 문화가치 등으로 변화될 전망이다.

이와 같은 마케팅 환경의 변화는 소비자의 욕구에 맞춘 다양한 플랫폼의 등장과 이들 간의 융합으로 인해 더 가속화되고 있다. 특히, OSMU를 최대한 활용할 수 있는 서비스 플랫폼의 등장이 가속화될 것이다. 이로 인해 향후 문화콘텐츠 산업 마케팅 전략의 기반은 최신 정보통신 서비스와 디지털 기기의 효율적

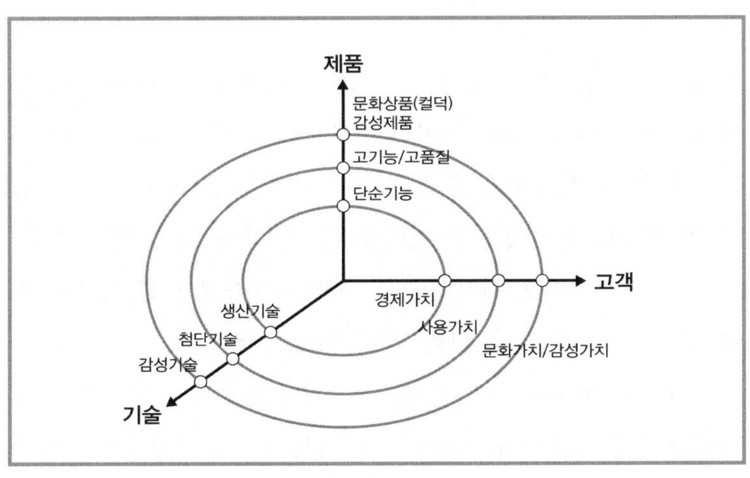

〈그림 2.11〉 마케팅 환경의 변화

활용을 통해 소비자 접근을 시도해야 할 것이다.

마케팅 환경의 또다른 변화는 새로운 소비층인 C세대의 등장이다. 문화콘텐츠의 소비는 다매체·다채널화에 따라 빠르게 증가할 것이고, 싸이월드 등의 온라인 콘텐츠 소비 또한 대중화되어 C세대(contenets genera- tion)* 출현이 본격화될 전망이다. 얼리어답터가 기업의 생산과정에 적극 참여하는 프로슈머의 역할도 일반화될 것이다.

2) 문화콘텐츠 마케팅의 유형

정보화와 세계화는 마케팅의 환경을 빠르게 변화시키고 있다. 세계는 디지털 기술에 의해 네트워크 커뮤니케이션 환경으로 진입하면서 다양한 마케팅 방법들이 등장하고 있는 것이다. 우리나라의 많은 문화콘텐츠가 디지털 기술에 기반을 두고 있기 때문에 문화콘텐츠의 마케팅도 디지털의 속성을 활용한 인터넷 마케팅이 주로 활용되고 있다.

인터넷 마케팅이란 개인이나 조직이 인터넷을 이용하여 연결과 쌍방향 커뮤니케이션을 바탕으로 마케팅 활동을 하는 것이라 할 수 있다. 인터넷 마케팅은 사이버 스페이스를 이용한다는 점에서 PC통신과 같지만, 사이버 마케팅이 연결(link)과 쌍방향 커뮤니케이션을 활용한다는 점은 기존 마케팅과 다른 점이다. 소비자와의 지속적인 연결은 인터넷 마케팅의 필요조건이다. 따라서 자사의 웹사이트 제한성을 보완하기 위하여 관련 정보의 종합 창구로서의 역할을 하는 것이 바람직하다.

인터넷 마케팅의 또 다른 특징은 인터넷이 갖는 본원적인 성격인 쌍방향 커뮤니케이션에 있다. 쌍방향 커뮤니케이션 방법들

*C세대(contenets generation) 자신이 직접 콘텐츠를 생산하고, 이를 인터넷상에 저장해 다른 사람들과 자유롭게 공유하면서 능동적으로 소비에 참여하는 세대를 말한다. 컴퓨터 사용이 일반화되고 초고속 정보통신망의 보급이 빠르게 확산되면서 나타난 세대 개념이다. 각종 디지털 기기 사용자를 소비자로 보고 '소비자가 콘텐츠를 창조한다'(cosumer's creating contents)는 뜻으로 쓰이기도 한다. 이 경우 C세대는 소비자가 신제품 개발에 직접 관여하는 프로슈머가 된다.

업체명	무료 내용	조 건
미국 고비(Gobl)	셀러론 PC, 전자우편	인터넷 서비스 가입(월 25.99 달러, 의무 가입기간 3년)
영국 딕슨	전자우편, 홈페이지 공간, 소프트웨어	인터넷 서비스 가입 (가입비 및 월 사용료 무료)
미국 엑사트23b.com	자사 주식	홈페이지 접속 후 개인정보 제공(상품판매에 활용)
스웨덴 그라티스텔 인터네셔널	이동전화 요금	통화 후 광고 청취

을 적극 활용하여 고객을 전략적으로 일대일 관리함으로써 인터넷의 장점을 살릴 수 있어야 한다.*

대량생산 시대에는 마케터들이 소비자의 소득, 교육수준 등 인구학적 속성에 의존해 마케팅을 했다. 그러나 점차 확대되고 있는 인터넷 세상에서는 대중에게 개별적으로, 그리고 감성소구에서 경제적으로 접근할 수 있도록 해주기 때문에 상품에 맞는 소비자를 선택하는 것이 아니라 소비자의 기호에 맞는 상품을 선택하는 방향으로 변화하고 있다.

프리 마케팅은 물건을 구입하면 하나 더 주는 '덤 마케팅' 또는 '보너스 마케팅' 같은 수동적 마케팅이 아닌, 보다 적극적인 마케팅 이론이다. 경제 주체인 소비자의 공짜심리를 역(逆)으로 이용해서 마케팅 영역을 극대화시키려는 의외성 마케팅 이론으로 정리할 수 있다. 프리 마케팅은 주로 벤처기업들이 초기 고객을 끌어들이기 위해 내놓은 좀 엉뚱하고, 일반 상식을 파괴한 사업 아이디어에서 출발한다. 인터넷 기업들이 적잖은 가입비와 사용료의 대납까지 자청하면서 펼치고 있는 프리 마케팅은 당사자인 ISP(Internet Service Provider, 인터넷 서비스 제공자)뿐만 아니라, 상품 제공자와 광고주들의 동일한 고객 목표에서 출발한다.

*인터넷 마케팅의 강점을 살린 예로는 인터넷 서점 '아마존'을 들 수 있다. 아마존은 인터넷이라는 특수한 환경에 기인하여 재고를 처분하기에 급급한 상황은 고려하지 않았다. 오프라인 서점의 경우 빠른 구매회전율에 상응하기 위해 재고정리가 필수불가결하다. 그러나 아마존에게는 그저 큰 창고 하나에 잘 팔리지 않는 책들이라도 보관만 하고 있으면 인터넷을 통해 언제든 수요가 있을 때 판매할 수 있다. 따라서 다수의 다양한 욕구를 충족시켜줄 수 있는 마케팅이다.
"아마존은 이처럼 인터넷을 이용함으로써 상위의 매출은 낮을지라도 엄청나게 폭넓은 상품을 진열할 수 있는 서점을 실현했다. 정말로 매상고와 상품 종류의 관계를 그래프로 나타내보면 매출이 좋은 소수의 상품의 뒤를 이어, 매상고가 나쁜 상품이 줄줄이 늘어서 있는, 말하자면 롱테일 상태인 것이다."

인터넷 서비스 분야의 프리 마케팅은 앞에서 거론한 3자의 적극적인 업무제휴에 의해 이루어진다. 우선 ISP들은 PC나 인터넷 서비스를 공짜로 주더라도 인터넷 광고주에게 받은 광고수입과 영업에서 막대한 수익을 올릴 수 있다. 광고주들도 불특정 다수를 상대하는 매스 마케팅에서 탈피해 인터넷 이용자의 신상정보를 데이터베이스화해 이들의 장바구니를 훤히 들여다보면서 고정고객으로 관리할 수 있다.

구전 마케팅은 네티즌들이 클릭과 클릭으로 얻어 낸 정보와 자료를 그대로 모니터상에 올려놓게 하는 마케팅 기법이다. 구전 마케팅이 소비자, 혹은 관련인의 입에서 입으로 전달되는 제품과 기업 이미지에 대한 모든 것에 의한 마케팅이라고 정의한다면, 소비자의 입의 역할을 컴퓨터 모니터가 그 역할과 위력을 대신하는 것이라고 볼 수 있다. 넷전 커뮤니케이션은 대중 커뮤니케이션에 비해 인터렉티브한 장점을 지니고 있고 그 정보 전달자에 따라 정보의 신뢰도가 극대화될 수 있다.

구전 마케팅의 다른 이름인 넷전 마케팅의 효율성의 가장 큰 근원은 메아리 효과(echo effect)라고 하는 확장 및 파장의 과정에 있다. 넷전 마케팅은 콘텐츠 시대에서 발생하는 각종 정보를 자사 제품과 서비스로 흡수해 좋은 이미지를 얻어 내려는 마케팅 전술이다. 오픈 네트워크인 인터넷을 통해 넷전 마케팅을 적극적으로 이용하면 콘텐츠 기업들은 좋은 매출을 올릴 수 있을 것이다.

최근 기업은 소비자에게 다가가기 위해 단순한 사실 중심의 광고 커뮤니케이션을 넘어 감성적이고 이야기 중심의 스토리텔링 마케팅 기법이 점차 널리 활용되고 있다. 넘쳐나는 제품의 정보 속에서 상품 그 자체보다 상품이 주는 상징적 의미나 이야

기에 주목하게 함으로써 하나의 스
토리가 소비자들의 이성을 무력화하
고 호감을 자극하기 때문이다. 즉 브
랜드를 이야기를 통해 알림으로써
사람들을 이야기 속으로 몰두하게
만들고 관객 스스로가 이야기를 창
조하며 동시에 이야기 속의 참여자
가 된다.

〈그림 2.12〉 온라인 마케팅
사례, 넷전

스토리텔링은 'story'와 'telling'의
합성어로서, 상대방에게 알리고자 하는 바를 재미있고 생생한
이야기로 설득력 있게 전달하는 것을 말한다. 스토리텔링 마케
팅은 상품 자체를 소개하는 것이 아니라 상품에 담겨 있는 의미
나 개인적인 이야기를 통해 몰입과 재미를 불러일으키는 감성지
향적 마케팅 활동이다. 스토리텔링을 통해 소비자는 상품이 아
닌 그 상품에 담긴 이야기를 즐기고, 그 문화와 감성을 소비하는
것이다. 곧 '상품에 담겨 있는 의미나 개인적인 이야기를 제시'
함으로써 몰입과 재미를 불러일으키는 주관적이고 감성적인 의
사소통 방식을 통해, 단순히 물건을 사는 것이 아니라 그 물건에
담겨 있는 이야기를 공유하도록 하는 마케팅 활동이다.

스토리텔링 마케팅은 제품 및 서비스를 무미건조하게 설명하
기보다 제품이 가진 특성을 고객들이 관심을 가지고 흥미진진하
게 반응하도록 이야깃거리를 만들어 나가는 과정이다. 고객이
공감하는 다양한 이야깃거리는 자연스럽게 고객의 머릿속을 쉽
게 떠나지 못하고 꾸준하게 맴돌아 감성을 자극하여 제품 및 서
비스를 상기하도록 만들어 준다.

체험 마케팅은 소비되는 분위기나 이미지, 브랜드를 통해 고

객의 감각을 자극하는 체험을 창출하는 데 초점을 맞춘 마케팅이다. 고객은 단순히 제품의 특징이나 제품이 주는 이익을 나열하는 마케팅보다는 잊지 못할 체험이나 감각을 자극하고 마음을 움직이는 서비스를 기대한다. 즉 제품생산 현장으로 고객을 초청하여 직접 보고, 느끼고, 만들어볼 수 있도록 하는 것이다. 그러므로 단순히 제품 또는 서비스보다는 경험에 초점을 맞추어 훨씬 더 많은 부가가치를 얻을 수 있다는 것이 장점이다.

이 마케팅에는 다섯 가지 유형이 있다. 첫째, 감각 마케팅의 형태이다. 고객의 감각을 자극할 때 미적인 즐거움에 초점을 맞춘다. 감각 마케팅(sense marketing)은 고객들에게 감각적 체험을 창조할 목적으로 오관(五官; 시각, 청각, 미각, 후각, 촉각)을 자극하여 호소한다. 백화점을 비롯한 유통업체는 소리(청각), 향기(후각) 등을 이용한 마케팅을 흔히 사용한다.

둘째, 감성 마케팅이다. 고객의 기분과 감정에 영향을 미치는 감성적인 자극을 통해 브랜드와 유대관계를 강화한다. 감성 마케팅을 수행하기 위해서는 어떤 자극이 어떠한 감정을 유발할 수 있는지 이해해야 할 뿐만 아니라 감정의 수용과 이입에 참여하려는 소비자의 자발성도 필요하다.

셋째, 지성 마케팅이다. 고객의 지적 욕구를 자극하여 고객으로 하여금 창의적으로 생각하게 만든다. 인지 캠페인은 흔히 신기술 제품에 사용된다. 전자제품이나 소프트웨어 전시회를 찾는 잠재고객은 도우미들로부터 신제품에 대한 친절하고도 자상한 인지적 정보를 제공받을 것이다.

넷째, 행동 마케팅이다. 체험 행동을 하는 데 다양한 선택권을 알려 주어 육체와 감각에 자극되는 느낌들을 극대화하고 고객으로 하여금 능동적 행동을 취하도록 한다. 행동 마케팅은 고객의 육체적 체험을 강화하고, 그렇게 할 수 있는 다양한 방법, 다양한 라이프스타일과 상호작용을 보여 줌으로써 고객의 삶을 풍요롭게 할 수 있다. 이러한 행동 마케팅은 오지탐험 사냥과 낚시 등 관광 분야 등에서 자주 나타난다. 나이키가 유명한 운동선수(마이클 조던 등)를 모델로 등장시켰던 광고 캠페인은 행동 마케팅의 전형이다.

다섯째, 관계 마케팅이다. 브랜드와 고객 간의 사회적 관계가 형성되도록 브랜드 커뮤니티를 형성하는 데 중점을 둔다. 관계적 마케팅(relate marketing)은 감각 마케팅과 감성·인지·행동 마케팅 등 다른 네 가지의 차원들을 모두 포함하고 있다. 현지인과 함께 하는 국내외에서의 외국어 합숙 캠프 같은 것이 그 예이다.

맺음말

문화상품은 물적·자연적 재화와는 달리 사회적 혹은 문화적 재화로 환원될 수 있기 때문에 문화콘텐츠 마케팅을 수행함에도 산업적 마인드보다는 문화적 마인드가 선행되어야 한다. 즉 문화 리터러시(cultural literacy)를 전제로 해야 하는 것이다. 따라서 문화콘텐츠 마케팅은 상품 소비와 함께 문화 소비의 촉매자로서의 역할을 한다.

문화콘텐츠는 생산자와 소비자가 서로 간의 소통을 통해 소비되는 쌍방향적인 특징을 가지고 있다. 예를 들어 게임의 경우, 일방적으로 정해진 이야기(narrative)대로 게임이 진행−소비되는 것이 아니라 소비자가 자신의 의도대로 퀘스트를 선택-수행하고 아이템을 구입함으로써 각기 다른 새로운 이야기를 창조해 나간다. 몇몇 게임에서는 문화콘텐츠의 이런 특성을 살려서 퀘스트나 아이템을 통해 소비자에게 직접 마케팅을 하고 피드백을 받는 쌍방향적 마케팅을 사용하고 있다.

초국적 영상산업 마케팅은 세계문화를 형성하는 문화 활동이 되고 있다. 또한 UCC 제작과 소비가 일반화되면서, UCC는 한 나라 안에서만 문화를 형성하는 것이 아니라 동시 다발적으로 세계 시장의 문화를 형성하고 있다. 국내에서 월트 디즈니의 디즈니 캐릭터가 인기를 끌면서 부정적인 이미지였던 쥐가 귀엽고 친근한 이미지로 바뀌었다. 이처럼 문화콘텐츠 마케팅은 일반 산업 이상으로 그 전달력이나 파급력이 강하다. 따라서 문화콘텐츠 마케팅은 보편적인 세계 문화를 생산하고, 이에 따라 문화콘텐츠 소비자의 문화 리터러시의 가독성을 증가시키는 효과를 지닌다.

문화소비는 개인의 가치와 소득수준 및 소비 행태의 변화와 사회적 트렌드 등의 영향에 무척 민감한 감성적 요인과 개인이 속해 있는 국가적·조직적인 문화의 차이가 주요 변수에 의해 작용되고 있다. 일반 상품과 달리 문화상품은 한 나라의 정서, 가치 등이 종합적으로 함축되어 있어 상품 소비가 단순히 양적인 시장 확대를 가져오는 효과와 함께 그 상품을 소비하는 사회 구성원의 정체성과 생활양식에도 커다란 영향을 미치게 된다. 이를테면 영화는 상업적인 측면에서 한 국가나 기업에 상당한 부를 축적해 주기도 하지만 수많은 관객의 문화 향유를 충족시키는 매개체 역할을 하므로 좋지 않은 영화는 때로 사회에 폐해를 미칠 수 있다. 뿐만 아니라 자국의 문화를 생산하기보다는

외국의 문화를 단순히 소비만 할 경우 단순히 경제적인 차원을
넘어서 자국의 문화체계가 본질적으로 변질될 수 있는 결과를
초래할 수 있을 것이다.

참고문헌 및 자료 ─────────────────────────

김선영(2005). "패션브랜드 플래그십 스토어로 본 실내 전시연출과 브랜드 아이덴티티의 조형성".『기초조형학연구』제6권 제4호, 한국기초조형학회, 116–174쪽.

김영순(2008).『문화산업과 에듀테인먼트 콘텐츠(문화경영학 총서 2)』. 한국문화사.

김유리(2006).『문화콘텐츠 마케팅』. 한국문화사.

박장순(2005).『문화콘텐츠 해외 마케팅』. 커뮤니케이션북스.

안종배(2008).『나비효과 콘텐츠 마케팅: 11가지 문화콘텐츠를 이용한 원 소스 멀티유즈 마케팅 전략』. 미래의창.

이명천 외(2006).『문화콘텐츠 마케팅』. 커뮤니케이션북스.

임명환(2009), "CT R&D 진흥기관 추진 정책방향". 통합콘텐츠진흥원 비전 수립을 위한 세미나 발표.

최연구(2006).『문화콘텐츠란 무엇인가(살림지식총서 217)』. 살림.

문화체육관광부 · 한구콘텐츠진흥원(2009).『2008 문화산업통계』. 문화체육관광부.

문화체육관광부 · 한구콘텐츠진흥원(2007).『2006 문화산업통계』. 문화체육관광부.

뉴스엔 〈http://www.newsen.com〉

데이터넷 〈http://www.datanet.co.kr〉

아크로팬 〈http://www.acrofan.com〉

위키백과 〈http://ko.wikipedia.org/wiki/문화콘텐츠기술〉

한자마루 〈http://www.hanjamaru.com〉

헤럴드 경제 〈http://www.heraldbiz.com〉

더 읽어 볼 거리 ─────────────────────────

김만수(2006).『문화콘텐츠 유형론』. 글누림.

김영순(2006).『축제와 문화콘텐츠』. 다할미디어.

전충현(2009).『문화콘텐츠 전략기획론(전주대학교 문화산업총서 4)』. 글누림.

최혜실(2006).『문화콘텐츠 스토리텔링을 만나다』. 삼성경제연구소.

3장

문화콘텐츠 마케팅 전략

방선이

Marketing Strategy of Culture Contents

교통과 통신의 발달로 시작된 정보화 사회는 정보통신 분야의 발전으로 점점 더 가속화되고 있다. 통신과 컴퓨터의 결합으로 인터넷이 만들어지고 발전·확산되면서 정보를 수집하는 시간이 짧아짐과 동시에 누구나 정보를 수집하는 것이 가능해졌다. 또한 전자상거래의 발달로 누구나 집에서 물건을 사고파는 것이 가능해졌다. 전자상거래는 소비자 선택의 폭이 넓고 편리해서 최근 그 시장이 급속히 확장되고 있다. 전자상거래는 소비자의 의견을 개진할 수 있어 소비자의 힘이 이전에 비해 커지게 됨은 물론, 소비자가 원하는 대로 주문이 가능하여 이전 사회의 소품종 대량생산을 다품종 소량생산 체제로 전환시켰다.

이처럼 미디어의 발달로 인해 마케팅의 개념도 변화되고 있는 실정이다. 이 장에서는 현대사회에서 마케팅을 이해하기 위한 기본적인 개념들에 대하여 논의해 보고, 문화산업과 마케팅의 상관성을 고찰해 보고자 한다.

1) 마케팅 전략이란

기업의 제품이 시장에서 성공하기 위해서는 훌륭한 마케팅 전략을 개발하고 이것을 실행에 옮겨야 한다. 즉, 제품의 성공과 실패에 있어 마케팅 전략(marketing strategy)은 무엇보다도 중요한 요소이다. 마케팅 전략이라는 용어에서 전략이란 단어는 1960년대 이후 업계와 학계에서 흔히 사용되고 있는 용어로서, 이에 대한 정의와 해석은 다양하다.

(1) 마케팅 전략의 정의

전략에 관한 다양한 견해를 종합해 보면 다음과 같이 요약할 수 있다.

① 전략은 장기 목표를 설정하고 이 목표 도달을 위한 일련의 활동을 수행하며 이 활동에 사용될 자원들을 배분하는 것이다(Chandler, 1962).

② 전략은 기업의 기본적 목표를 달성하기 위한 종합적인 활동 계획이다(Gluek, 1980).

③ 전략은 기업의 경쟁우위를 구축하고 구체적인 경쟁방식을 선택하는 의사결정이다(Porter, 1996).

④ 전략은 한정된 경영자원을 효과적으로 배분하는 의사결정의 패턴이다(Barney, 1997).

⑤ 전략의 핵심은 고객을 위한 가치창조에 있다(Ohmae, 1988).

이러한 견해들을 종합해 보면, 전략이란 기업이 어떤 목표를 설정하고 이를 달성하기 위해 효과적인 자원들을 활용해서 의사를 결정하고 활동을 실행하는 과정을 말한다고 할 수 있다. 특히 기업은 고객을 대상으로 마케팅을 펼치기 때문에 마케팅 전략의 핵심에는 항상 고객의 니즈가 포함되어야 한다.

(2) 마케팅 전략의 목적

마케팅 전략의 주요 목적은 특정 제품 시장에서 마케팅 목표를 달성하기 위해 마케팅 자원을 효과적으로 할당하여 마케팅 활동을 조정하는 데 있다. 여기에 마케팅 자원이란 활용 가능한 인력과 자금, 그리고 기타 자원들을 의미하는데, 명확한 목표와 이에 맞는 자원의 효과적인 활용이 마케팅의 성패를 좌우한다고 할 수 있다.

2) 전략의 구성요소

우수한 마케팅 전략은 기업이 성취해야 할 비전과 목표, 기업의 사업 영역(산업 혹은 제품 시장), 선정된 영역에서의 경쟁방식 등을 구체적으로 제시할 수 있어야 한다. 마케팅 전략을 효과적으로 제시하기 위해서 필요한 전략의 구성요소들은 다음과 같이 요약할 수 있다.

(1) 사업 영역의 범위

기업이 진출한 혹은 진출해야 할 산업, 제품 라인, 세분 시장의 수와 형태(유형)를 말한다. 예를 들어, 문화콘텐츠 기업이라면 여러 가지 문화콘텐츠, 즉 영화 · 드라마 · 게임 등에서 한 가지

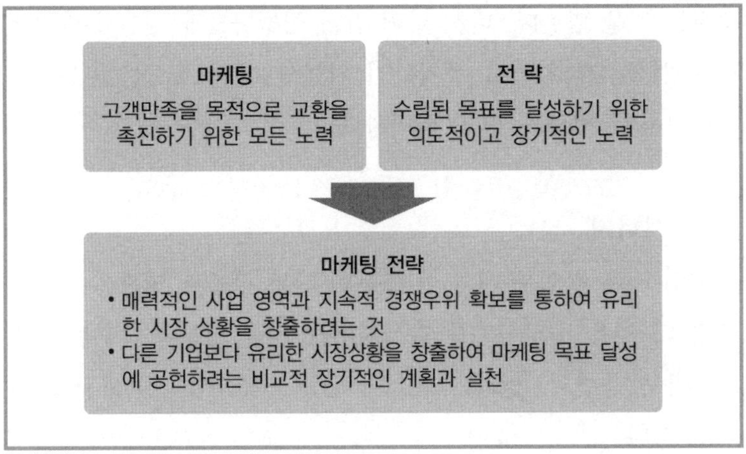

<그림 3.1> 마케팅 전략의 개념

사업 영역을 정해야 하며, 한 영역에서도 세부적인 영역이 다시 나누어질 수 있다.

(2) 기업의 목표

기업이 진출한 혹은 진출할 사업과 제품 시장에서 일정기간 동안 성취되어야 할 구체적인 경영성과를 말한다. 고객과 시장을 정확하게 이해하고 구체적인 목표를 설정하는 것은 마케팅 전략의 가장 중요한 토대라고 할 수 있다.

(3) 자원의 배분

제한된 재무와 인적자원을 각 사업단위, 제품시장별로 어떻게 배분할 것인가를 의미한다. 효과적인 자원의 배분은 마케팅 전략을 성공적으로 추진해 나가는 원동력이 된다.

(4) 지속적 경쟁우위의 파악

각 사업 분야와 제품 시장에서 어떻게 경쟁해야 할지를 구체

화하는 것을 말한다. 다시 말해 잠재 경쟁자들과 경쟁하여 차별
적 우위를 획득하거나 유지하기 위해서 어떤 포지션을 유지할
것인가를 결정하는 것을 의미한다.

(5) 시너지

기업 혹은 사업부 내의 한 부분이 다른 부분과 연관을 맺음으
로써 더 높은 경영성과를 발생시키는 것을 말한다. 예를 들어,
드라마는 음반과, 영화는 게임과 관련 맺어 시너지 효과를 낼
수도 있다.

마케팅 전략 수립 절차

1) 마케팅 관리

(1) 마케팅 관리

마케팅 관리(marketing management)는 고객의 욕구충족과 기업
의 목적을 달성하기 위해 관련 자료를 수집 분석하여 마케팅 전
략을 수립하고 실행하며 그 성과를 평가하고 통제하는 행위를
말한다.

마케팅 관리는 마케팅 상황 분석에서부터 출발한다. 마케팅
의 본질이 고객의 관점에서 생각하고 행동하는 것이므로, 마케
팅 관리는 소비자와 관련된 각종 자료를 수집하여 면밀하게 분
석하고 해석하는 것으로부터 출발한다. 즉, 기업의 목적을 달성

시키면서 파악된 소비자의 욕구를 경쟁사보다 우월하게 충족시키기 위해서는 마케팅 환경 분석, 자사 분석, 경쟁사 분석 등의 상황 분석에 기초하여 마케팅 전략이 수립되어야 하는 것이다.

(2) 마케팅 전략 단계

마케팅 관리를 위한 마케팅 전략은 크게 시장 세분화, 표적 시장 선정, 그리고 제품 포지셔닝 결정의 세 단계로 구성된다. 즉, 마케팅 전략을 위해서는 첫째, 소비자의 행동을 분석하고 이해하여 동질적인 욕구를 가진 소비자들의 소집단으로 세분화하고, 둘째, 세분 시장들을 평가하여 공략할 시장을 선정하며, 셋째, 선정된 시장에서 자사의 제품을 어떠한 자리에 위치시킬 것인가를 결정해야 한다. 이 세 단계의 과정이 마케팅 전략 수립의 가장 기본적인 틀이라고 할 수 있다.

2) 마케팅 전략 수립 절차

마케팅 전략 수립 절차는 마케팅 전략 관계를 토대로 전체적인 마케팅을 관리하는 절차를 모두 포함한다.

일반적으로 마케팅 전략 수립 절차는 조사, 시장 세분화, 마케팅 믹스, 실행, 통제의 다섯 가지 절차를 가진다. 이를 영문 약자로 간단히 표기하여 R, STP, MM, I, C로 표현하기도 한다.

(1) R = 조사

R은 조사라는 뜻의 영어단어 'Research'의 약자로서 해당 제품이 목표로 하는 시장을 조사하는 것을 말하는데, 이것은 환경 분석에 해당한다. 즉, 시장의 외부 환경과 내부 환경 등 시장

환경을 분석하는 것을 의미한다. 이러한 환경 분석을 토대로 기업의 강점, 약점, 기회, 위협 등을 분석하는 이른바 SWOT* 분석을 실시한다.

(2) STP = 세분화, 목표 시장, 포지셔닝

STP는 세분화(segemenation), 목표 시장(targeting), 포지셔닝(positioning)을 합친 용어이다. 세분화는 시장의 소비자들이 어떠한 욕구를 가지고 있는지를 파악하고 전체 시장을 몇 개의 세부 시장으로 분류하는 것을 말한다. 목표 시장은 세분화된 여러 시장 중 하나의 표적 시장을 정하는 것을 말한다. 마지막 포지셔닝은 그 시장에서 타사와 구별될 수 있는 차별적 위치를 선점하는 것을 의미한다. 즉, 이 절차는 제품에 따라 목표로 하는 시장을 세분화하여 정확한 목표 시장을 정하고 이것을 토대로 상품을 전략적인 위치에 적절하게 위치시키는 것을 의미한다고 할 수 있다.

(3) MM = 마케팅 믹스

MM은 마케팅 믹스(marketing mix)의 약자이다. 이것은 마케팅 목표를 달성하기 위해 사용되는 마케팅 도구들을 말한다. 여기에는 기본적으로 제품(product), 가격(price), 촉진(promotion), 유통(place)이 포함되며, 문화콘텐츠 상품과 같이 서비스형, 지식집약형 산업의 경우 기존의 제품과 다른 특성을 지니고 있기 때문에 여기에 세 가지 요소 즉 사람(people), 물리적 증거(physocal evidence), 프로세스(process)를 더하여 전략을 구축하기도 한다.

*SWOT
• S(strength) : 강점
• W(weakness) : 약점
• O(opportunity) : 기회
• T(threat) : 위협
전략 수립을 위한 상황분석도구이다. SW는 내부 상황, OT는 외부 상황에 대한 분석을 의미한다.

(4) I = 실행

I는 실행(implementation)의 약자로서, 수립한 마케팅 전략을 실행에 옮기는 것을 의미한다.

(5) C = 통제

C는 통제(control)의 약자로서, 실행 중에 있는 마케팅 전략을 효과적으로 통제하여 관리하는 것을 말한다. 즉, 현재의 전략으로 발생하는 결과를 분석하고 평가하여 STP 전략이나 마케팅 믹스 전략을 수정하고 개선하는 과정에 해당한다.

문화콘텐츠 마케팅 전략

1) 환경 분석

환경 분석은 조사 과정에서 이루어지는 분석 전략이다. 환경 분석은 마케팅 전략 수립의 출발점이라고 할 수 있다.

마케팅 전략 수립을 위해 분석해야 하는 환경적 요인에는 미시환경과 거시환경이 있다. 미시환경은 목표에 직접적으로 영향을 미치는 환경으로서 문화콘텐츠 기업이 속한 사업의 주요 구성요소들을 말한다. 경쟁자, 소비자, 유통기관, 기업 내부 환경 등과 같이 목표 달성에 직접적인 영향을 미치는 요인들이다. 거시환경은 정치, 법률, 경제, 인구변화 등과 같이 기업이 속한 산업의 외부에서 발생하여 영향을 미치는 요인들을 말한다. 이것은 장기간에 걸쳐 발생하게 되고, 간접적으로 영향을 미치는 경우가 많다.

(1) 문화콘텐츠 산업의 거시환경 분석

거시환경 분석은 정치, 사회, 경제 등 문화콘텐츠 산업이 속한 시장의 외부 환경을 분석하는 것이라고 할 수 있다. 〈그림 3.2〉에서 볼 수 있듯이 현재 우리 사회에서 일어나고 있는 전반적인 변화들은 문화콘텐츠 산업에 영향을 미칠 수 있다.

예를 들어, 주5일제의 확대로 인해 늘어난 여가시간의 증가는 영화, 공연예술, 게임 등과 같이 여가와 직접적으로 연결된 문화

〈그림 3.2〉 문화콘텐츠 산업의 거시환경 분석사례

	환경 변화	변화 내용
시장환경	인구구조의 변화	노년층의 증가, 출산율 저하, 새로운 세대
	여가시간의 증가	콘텐츠 소비시간 증가, 마니아적 소비 증가
소비환경	시청자 환경의 변화	개인이 중시되는 미디어 시청 환경, 불법 다운로드
기술환경	UCC 유행	네티즌의 콘텐츠 생산 참여, 수익 모델
	방송통신의 융합	신규 분야 탄생, 주도권 경쟁 치열, 인프라 구축
경쟁환경	이업종 간의 진입	전면경쟁, 구조조정

기 회	− 여가시간의 증가는 문화콘텐츠의 고객 계층을 확대하고 체류시간을 증대시킴으로써 국내 문화콘텐츠 산업의 활성화에 기회의 요인이 될 것이다. − 개인이 중시되는 미디어 시청 환경은 소비자의 시청 환경과 수익 모델의 변화를 가져올 것이다. 즉, 점차 방송콘텐츠를 개별적으로 판매하는 비즈니스 수익원이 창출되어 기회요인이 될 것이다.
위 협	− 유년인구는 문화콘텐츠 수요에 적극적인 반면 고령인구는 문화콘텐츠 수요에 소극적이기 때문에 고령인구의 증가와 유년인구의 감소는 문화콘텐츠 사업에 위협적 요인이 될 것이다. − 방송통신사의 융합은 서로 다른 분야의 업종 간 진입을 가져와 시장 경쟁이 치열해져 위협요인이 될 것이다.

콘텐츠 산업에 영향을 미칠 수 있다. 그리고 개인이 중시되는 미디어 환경은 고객이 직접 자신의 구미에 맞는 콘텐츠를 자유롭게 선택할 수 있는 디지털 온라인 구매를 촉진시킬 수도 있다.

해외 시장의 변화도 문화콘텐츠 산업에 영향을 미친다. 예를 들어, 2008년 해외 글로벌 시장의 침체와 같은 변화는 소비자의 구매력을 감소시켜 문화콘텐츠 기업의 매출목표 달성에 타격을 줄 수 있다. 반면, 중국에서의 빠른 인터넷의 보급은 온라인 게임과 같은 관련 산업의 활성화와 수출에 좋은 영향을 미칠 수 있다.

즉, 외부 환경은 마케팅에 위협요인으로 작용하기도 하고 기회를 제공하기도 한다. 따라서 이와 같은 외부 환경을 정확히 분석하여 전략을 세워야 마케팅 목표를 성공적으로 달성할 수 있다.

(2) 문화콘텐츠 산업의 미시환경 분석

미시환경은 문화콘텐츠 기업이 속한 산업과 관련된 환경요인을 의미한다. 산업이란 유사한 고객을 대상으로 서로 대체관계에 있는 제품을 생산하는 기업들로 이루어져 있다. 그러므로 마케팅이 성공하기 위해서는 이러한 문화콘텐츠 산업 자체가 얼마나 매력적인지를 파악해야 하고 그 산업 안에서 자사와 경쟁사를 비교·분석하여 자사의 강점과 기회를 찾아내야 한다.

미시환경 분석 방법은 산업구조 분석, 제품수명 주기 분석, 경영자원 분석, 경쟁우위 분석 등 매우 다양하고 광범위하다.

특히 이 중에서 산업구조 분석이란 산업 내의 다양한 구성 집단들의 상호관계를 분석하여 경쟁의 강도를 파악하고 이를 근거로 산업의 전반적인 매력도를 평가하는 것으로서, 기업전략, 요

고려 요인	영향 요인
수요조건	– 시장 규모는 세계 시장 규모의 1.5%로 작지만 성장률은 10% 내외로 매우 빠른 성장을 하고 있음 – 까다로운 소비형태, 신규 콘텐츠에 대한 빠른 수용도, 콘텐츠 제작에의 적극적인 관심 등 적극적인 소비 형태를 보임
기업전략	– 세계적인 브랜드 파워를 가진 문화콘텐츠 관련 전문기업이 없고 경쟁자의 수가 많지는 않으나 치열한 경쟁 환경을 보이고 있음
요소조건	– 인력은 풍부하나 창의적인 인력 부족 – 다양한 전통문화의 보유로 아이디어 소재로 활용 – 기획력과 창작력의 부족
연관 산업	– 전 세계적으로 인정받는 정보통신 강국으로 발달된 통신 인프라 – 문화사업의 생산 및 소비를 위한 인프라 구축 미흡
정부정책	– 문화콘텐츠 산업을 미래 유망사업으로 국가적 육성 – OECD 9개국 중 6위로 낮은 문화예산

강 점	– 한국민의 역동성 – 인터넷 등 우수한 인프라 – 치열한 경쟁환경 – 정부의 적극적인 지원 – 신규 분야에서의 경쟁력 확보
약 점	– 기획 및 창작력 부족 – 세계적인 브랜드 파워 부재 – 협소한 국내 시장 규모 – 고급인력 부족 – 대형 기업의 부재

소조건, 수요조건, 연관 산업과의 지원산업, 정부정책의 다섯 가지의 요인들에 의해 영향을 받게 된다.

예를 들어, 문화콘텐츠 산업의 산업구조를 분석해 보면 〈그림 3.3〉과 같다. 그림에서 설명된 바와 같이 국내 문화콘텐츠 산업의 수요조건은 시장 규모는 작지만 매우 가파른 성장세를 보이고 있으며, 월트 디즈니와 같이 세계적인 브랜드 파워를 지닌 기업은 아직 국내에 없기 때문에 새로운 제품을 출시하는 데 있어 매력적인 요인을 가지고 있다고 분석해볼 수 있다. 그러나 기획력과 창의력은 아직 부족한 실정이므로 탄탄한 기획 및 창조적인 아이디어를 내세우는 것이 유리함을 알 수 있다.

이러한 분석은 기업이 진출할 산업이 처한 세부적인 환경을 파악하게 해줌으로써 그 분야의 강점과 약점을 알 수 있게 해준다. 이러한 환경적 상황들을 꼼꼼히 점검할 때 더 성공적인 마케팅 전략을 수립할 수가 있다.

2) SWOT 분석

SWOT 분석이란 문화콘텐츠 산업의 거시환경 분석을 통한 기회와 위협 요인을, 미시환경 분석을 통한 강점과 약점 요인들을 일목요연하게 정리하여 제시하는 방법이다. 이를 토대로 구체적인 대응전략을 수립하게 된다.

먼저 앞에서 실시한 환경 분석을 토대로 분석한 문화콘텐츠 산업의 강점과 약점, 기회와 위협 내용을 정리하면 〈표 3.1〉과 같다.

도출된 SWOT를 기초로 하여 강점, 약점, 기회, 위협을 정리하여 SWOT 전략을 도출 한다. SWOT 전략에는 다음과 같은 네 가지가 있다.

- 강점을 가지고 기회를 살리는 SO 전략
- 강점을 가지고 위협을 회피하거나 최소화하는 ST 전략
- 약점을 보완하여 기회를 살리는 WO 전략
- 약점을 보완하면서 위협을 회피하거나 최소화하는 WT 전략

구 분	내 용
강 점 (strength)	− 역동적인 문화 소비 파워 − 치열한 경쟁환경 및 기업의 해외 시장 개척 노력 − 새로운 기술과 제품에 대한 빠른 적응력 − 온라인 서비스 강국 − 정부의 적극적인 산업육성 정책
약 점 (weekness)	− 기획 창작력 부족 − 세계적인 브랜드 파워 부재 − 글로벌 대형 기업의 부재 − 국내 기업의 콘텐츠 경영기법의 부족 − 고급 전문인력 양성기능 미흡 − 문화시설의 부족 − 정부의 문화 지출 예산의 미흡 − 문화콘텐츠 시장 규모의 협소 − 해외 시장에서의 시장점유율 미약 − 산업계 전반의 영세성으로 인한 마케팅 능력 부족
기 회 (opportunity)	− 문화콘텐츠 시장의 빠른 점유율 − 여가시간의 증가 − 중국, 일본 등 잠재적 시장 인접 − 중국, 일본, 동남아 등 인접 시장에서의 문화적 유사성 − 방송통신 융합에 따른 신규 서비스 등장 − 모바일 콘텐츠 시장 확대 − 새로운 유통채널의 등장에 따른 시장 변화
위 협 (threat)	− 인구의 고령화 − 중국, 일본 등의 자국 콘텐츠 육성정책 강화 − 외국에서의 반한류 정서와 문화적 장벽 − 국내 자체적인 기술투자와 기술개발 활동 미약 − FTA 체결 등으로 외국 선진 기업의 국내 시장 진출 − 불법복제 만연

3) STP 전략

기업이 갖고 있는 자원, 즉 자금, 기술, 인력 등은 유한하기 때문에 제한된 자원을 갖고 모든 고객을 상대로 마케팅 전략을 펼친다는 것은 현실적으로 매우 어려운 일이다. 특히 문화콘텐츠 산업과 같이 창의성을 기반으로 하는 산업은 변수가 많고 규

미시환경 거시환경	Strength(강점) - 한국민의 역동성 - 우수한 인프라 - 정부의 적극적인 지원 - 신규 분야의 경쟁력 확보	Weakness(약점) - 기획 및 창작력 부족 - 세계적인 브랜드 파워 부재 - 협소한 국내 시장 - 고급인력 부재 - 대형 기업 부재
Opportunity(기회) - 산업의 빠른 성장 - 여가시간 증가 - 방통융합 서비스 등장 - 신규 산업단지 조성 - 개인 위주의 미디어 환경	SO 전략 - 소프트 파워 활용 - 새로운 디지털 분야 개척 - 여가콘텐츠 적극 개발	WO 전략 - 대형 브랜드 육성 - 창의적인 인력 확보 - 정부의 신규 분야 투자 지속
Threat(위협) - 인구의 고령화 - 반한류 감정 - 불법복제 만연	ST 전략 - 저작권 관리 - 새로운 해외 시장 개척 - 신규 시장 개척	WT 전략 - 소비연령층 확대 - 글로벌 마케팅 능력 개발 - 국내 진입 해외기업 노하우 활용

전 략	- OSMU 전략 - 글로벌화 전략 - 클러스터 전략 - 창조적인 조직 육성 전략 등

〈그림 3.4〉 문화콘텐츠 산업의 SWOT 전략 사례

모가 작은 기업들이 많기 때문에 더욱 효율적이고 세밀한 전략이 필요하다. 그러므로 자원을 효율적으로 활용하여 마케팅 목표를 달성하기 위해 시장을 세분화하고, 세분화된 시장의 소비자들의 욕구를 정확히 파악하여 목표 고객을 선정하며 그 시장에 포지셔닝하는 STP 전략은 문화콘텐츠 마케팅에 있어 매우 중요한 절차이다.

(1) 시장 세분화

시장 세분화(segementation)는 다양한 욕구를 가진 고객층을 어느 정도 유사한 욕구를 가진 고객층으로 분류하는 방법을 말한다. 즉 특정의 제품에 대해서 시장을 구성하는 고객을 어떤 기준에 의해 유형별로 나누어 간다. 시장 세분화를 통해 고객의 욕구를 보다 정확하게 만족시키는 제품을 개발하고, 세분화된 고객의 욕구를 보다 정확하게 충족시키는 광고, 그밖에 각종 마케팅 전략을 전개하여 경쟁상의 우위에 서려는 것이 시장 세분화 전략의 목표다.

시장 세분화의 기준이 되는 변수는 지리적 세분화(geographic segmentation), 인구특성적 세분화(demographic segmentation), 심리적 세분화(psychographic segmentation), 행동적 세분화(behavioral segmentation)로 나눌 수 있다.

① 지리적 세분화

지리적 세분화는 지리적 위치에 따라 기후가 다르며 역사와 문화가 다르고 지리적 경계에 따라 소비자의 선호도와 취향이 크게 다르게 나타나기 때문에 중요한 의미를 갖는다.

지리적 변수를 중심으로 문화 마케팅 시장을 구분해 보면 다음과 같다.

- 지방별 기준 : 서울, 경기, 강원, 경상, 충청
- 인구밀도별 기준 : 특별시, 광역시, 각 지자체, 대도시, 중소도시, 읍면
- 산업 여건별 기준 : 수도권, 대구, 울산, 창원, 부산, 광주

② 인구특성적 세분화

시장 세분화에서 가장 쉽게, 자주 사용되는 것이 인구특성적 세분화다. 성별, 나이, 직업, 교육수준, 결혼여부, 수입 등을 기준으로 세분화를 하는 것을 의미하며 인구특성은 상대적으로 조사하는 것이 쉽기 때문에 많이 이용되고 있고 그 효과 또한 아주 뛰어나다.

여자와 남자는 많은 것에 있어서 선호도가 분명하게 나뉘는 경우가 많다. 나이나 직업, 결혼을 했느냐의 여부에 따라서도 선호도가 분명하게 구분되고 동일한 마케팅 액션에 대해 전혀 다르게 반응할 수도 있다.

인구특성적 세분화에서 매우 중요한 것은 목표로 하는 그룹이 커지는 그룹인가 아니면 줄어드는 그룹인가 하는 것이다. 인구의 고령화가 급속히 진행되고 있기 때문에 60세 이상 인구의 크기는 빠르게 성장해가는 그룹이라 판단할 수 있다. 따라서 다른 조건이 비슷하다면 성장하는 그룹에 더 집중해야 한다.

인구통계학적 변수를 중심으로 문화 마케팅 시장을 구분해 보면 다음과 같다.

- **성별 기준** : 사람들의 정보습득, 메시지에 대한 반응, 의사결정 과정 등은 성별에 따라 영향을 받는다. 잘 알려져 있듯이 여성은 가장 규모가 크고 중요한 세분 시장 중 하나이기 때문에 문화콘텐츠 마케터들은 여성에게 접근할 수 있는 가장 효과적인 방법이 무엇인지 심각하게 고려해 보아야 한다.
- **연령별 기준** : 문화콘텐츠 산업은 노년층, 베이비붐 세대, 30~40대, X세대, Y세대별로 문화에 노출된 정도 및 예술에 관한 관심이 다르다. 문화행사에 참여하는 성향에 영향을 미치는

생활주기도 다르며 어떠한 마케팅 메시지와 미디어가 홍보에
가장 효과적인지를 결정하는 라이프스타일도 다르다.
- **소득별 기준** : 100만 원 이하, 100만~200만 원, 200만~300만
  원, 300만~400만 원, 400만 원 이상 등 소득별로 시장을 구분
  한다면 문화콘텐츠 상품을 소비할 수 있는 그룹을 찾아낼 수
  있다.

③ 심리적 세분화

가치관이나 태도, 라이프스타일, 성격, 특성 등에 따라 구분하
는 것을 의미한다. 성별이 다르더라도 비슷한 가치관을 갖는 층
을 묶어서 구분할 수 있으며, 마찬가지로 나이가 다르더라도 유
사한 라이프스타일에 따라 구분할 수도 있다. 최근에는 나이나
성별 혹은 지리적으로 분류하는 것보다 심리적 세분화를 통해서
소비층을 구분하는 방법이 훨씬 더 중요해지고 있다.

심리적 변수를 중심으로 문화 마케팅 시장을 구분해 보면 다
음과 같다.

- **계층별 기준** : 서민층, 중산층, 상류층
- **개인의 성격별 기준** : 양심적 성격, 호감적 성격, 신경과민적
  성격, 개방적 성격 등 다양한 성격별 기준으로 구분할 수 있다.
- **라이프스타일 기준** : 원칙 지향적 스타일, 지위 지향적 스타
  일, 행동 지향적 스타일
  - 원칙 지향적 스타일 : 가치를 중시하는 층
  - 지위 지향적 스타일 : 다른 사람이 나를 어떻게 생각할 것
    인가를 중시하는 층
  - 행동 지향적 스타일 : 무엇인가를 경험해 보고자 하는 적극
    적인 성향의 층

④ 행동적 세분화

어떤 제품을 어떻게 사용하는가, 얼마나 자주 사용하는가에 따라 세분화하는 것을 말한다. 예를 들어, 같은 정장일지라도 평일 직장 근무를 위해 구입하는 사람이 있는 반면 모임에 나갈 때 입기 위해 구입하는 사람은 서로 다르게 분류된다. 같은 컴퓨터라도 직장에서 업무를 위해 사용되는 경우와 소비자 개인의 즐거움을 구해 구입되는 경우는 별개의 그룹으로 보아야 한다. 문화콘텐츠의 일종인 뮤지컬을 예로 들자면, 가족과 함께 관람을 하느냐 연인과 함께 관람을 하느냐에 따라서도 고객의 분류가 달라질 수 있고, 단순히 여가시간을 위해 관람한 것인지 아니면 평소 뮤지컬에 깊은 관심이 있어 꾸준히 관람을 하는지에 따라서도 달라질 수 있다.

(2) 시장 표적화

시장 세분화를 통해 몇 개의 잠재적 세분 시장을 구분한 다음에는 표적 시장을 선정하는 절차를 거쳐야 한다. 표적 시장을 선정하기 위해서는 각 세분 시장별로 매력도를 평가해야 하는데, 평가 시 반드시 고려해야 할 사항은 고객(customer), 경쟁사(competitor), 자사(company)의 3C이다. 따라서 시장 표적화(targeting)는 시장을 세분화한 뒤 그중 한 시장을 선택하여 공략하는 것으로, 더 자세히 말하면 3C 분석과 수요예측을 통해 기업에 가장 유리한 시장을 선정하는 것이라고 설명할 수 있다.

3C에는 다음과 같은 평가요소들이 포함된다. 고객 요소에서는 시장 규모와 시장 성장률을, 경쟁 요소에서는 현재의 경쟁사와 잠재적 경쟁사를, 자사 요소에서는 기업의 목표와 자원, 시너지 효과 등이 포함된다. 이러한 요소들을 분석하여 세분 시장

별로 매력도를 평가하고 가장 적합한 시장, 즉 표적 시장을 선정하는 것이다.

(3) 포지셔닝

문화콘텐츠 상품의 포지셔닝(positioning)은 소비자들의 마음속에 어떤 주어진 위치를 차지하기 위하여 문화상품과 마케팅 믹스를 계획·설계하는 활동이라고 정의할 수 있다.

포지셔닝의 근본적인 접근방법은 전혀 새로운 것을 만들어 내는 것이 아니라 소비자의 마음속에 존재해 있는 것을 조정하는 방법이라는 시각에서부터 출발하여야 한다. 즉 소비자의 마음을 전혀 새로운 것으로 바꾸려고 시도하는 것이 아니라 기본적으로 지니고 있는 필요나 욕구를 더 세분화시켜 집중적으로 커뮤니케이션해야 함을 의미한다.

마케팅 전략에 있어서 포지셔닝의 기본 방향은 시장에서의 틈을 발견하는 것이고 시장에서의 틈은 항상 존재하고 있다. 포지셔닝은 이러한 틈을 합리적이고 체계적으로 발견하여 목표로 하는 예상고객과 무엇인가 관련지어야 하고 차별화를 유도해야 한다.

실제로 마케팅 활동에 있어서 포지셔닝은 제품과 함께 출발해야 한다. 기업이 표적 시장을 선정하여 고객이 원할 것으로 판단되는 새로운 제품을 출시하였다 하더라도 표적 시장 내의 소비자들이 자신에게 적합한 제품이 아니라고 생각한다면 마케팅 노력은 모두 허사가 되고 마는 경우를 흔히 볼 수 있다.

많은 문화 관련 기업들은 틈새 또는 특정 시장들을 개발하고 있다. 예를 들어 아동극장은 고객을 특화한 것이고 셰익스피어 극단은 상품을 특화한 것이다. 주요 대도시 지역에 있는 대규모

심포니 오케스트라는 질적인 측면에서 특화하여 수준 높은 클래식 음악과 음악가라는 상품을 제공하는 것을 내세운다. 이처럼 포지셔닝은 문화 관련 기업이 가진 무수히 많은 다른 속성에 의해서 이루어질 수 있다. 예를 들어, 감독의 카리스마나 명성, 공연 분류에 의한 포지셔닝(최고의 모차르트, 바로크 음악, 6월엔 재즈 등) 출연진에 의한 포지셔닝, 관람자에 의한 포지셔닝 등이다.

4) 마케팅 믹스

마케팅 믹스(marketing mix)는 기업이 표적 시장에서 마케팅 목표를 달성하기 위해 사용하는 마케팅 도구들의 집합이다. 일반적으로 이것은 4P라고 일컫는다. 이것을 레이저(Lazer)와 켈리(Kelly)가 대표적인 마케팅 변수들인 제품(product), 가격(price), 유통(place), 촉진(promotion)을 기억하기 쉽도록 모두 영문자 'P'로 시작하는 영역으로 구분한 것에서 유래한다. 따라서 마케팅 믹스는 표적 고객의 욕구를 충족시키기 위해 마케팅 관리자가 제품, 가격, 유통, 촉진 등의 네 가지 변수를 결합하여 이를 통합시키는 계획을 말한다.

(1) 전통적인 마케팅 믹스

전통적인 마케팅 믹스는 4P로 구성되어 있으며, 그 내용은 〈표 3.2〉와 같이 요약할 수 있다.

(2) 확장된 개념의 마케팅 믹스

전통적인 마케팅 믹스 모형이 주로 유형의 제품들에 초점이 맞추어진 것이라면 확장된 개념의 마케팅 믹스인 7P는 서비스

마케팅 믹스	내 용
Product	품질 특징과 선택, 양식, 상표명, 포장, 제품계열, 보증 서비스 수준, 기타 서비스
Price	가격 수준, 할인과 공제, 지불 조건
Place	유통경로, 유통범위, 점포입지, 판매영역, 재고수준 및 입지, 운송수단
Promotion	광고, 인적판매, 판매촉진, 홍보

산업, 지식집약형 산업, 문화 관련 산업에 초점을 맞춘 것이다.

문화 관련 산업 및 서비스산업은 상품이 무형적인 것이 특징이며, 고객은 서비스 생산과정 안에서 종업원이나 다른 외부 고객들과 접촉, 호응 등 상호작용을 경험하는 경우가 많다.

문화상품의 이러한 무형성과 상호작용성은 상품에 대한 유형적인 가시화 작업과 사람 간 커뮤니케이션의 중요성을 부각시킨다. 이에 따라 전통적 마케팅 믹스에 사람(people), 물리적 증거(physical evidence), 프로세스(process)를 포함시키게 되었다. 이에 대한 내용은 〈표 3.3〉과 같다.

마케팅 믹스	내 용
Product	공연, 교육 프로그램, 특별행사 등
Price	입장료, 스폰서십, 예산, 할인 등
Place	지리적 위치, 공간적 특징, 입장권 구매 경로 등
Promotion	광고, 판촉 홍보, 보도 등
People	공연 전문인력, 고객과의 의사소통, 자원봉사자 등
Physical evidence	설비, 프로그램, 안내원 복장, 명함, 팸플릿, 소식지, 문화상품 등
Process	서비스 활동의 흐름, 서비스 전달 단계의 수, 공연 진행

(3) 문화콘텐츠 산업의 마케팅 믹스 7P 요인

① 상 품

㉠ 개념 : 문화상품은 개발, 제작, 생산, 유통, 소비 등과 이에 관련된 유무형의 재화와 서비스로 정의할 수 있다. 문화상품의 범위는 상품 자체가 속해 있는 문화산업들이 다양하게 관련되어 있기 때문에 산업의 개념적 시각에 따라 상품의 범위도 다양하게 나타날 수 있으나 문화산업과 관련하여 발생된 부산물로 상품을 규정할 수 있다.

㉡ 문화콘텐츠 상품 유형 : 문화콘텐츠 상품은 영화, 게임, 공연 등 콘텐츠의 유형에 따라 다양한 상품이 있으며, 장르에 따라 세부 유형도 다양하다. 유형에 따른 특징도 다양하기 때문에 정확한 구분을 통해 상품을 구체화하는 것이 필요하다.

무형 상품군	중간 상품군	유형 상품군
음악, 영상, 설화 등	영화, 연극, 오페라, 무용, 광고 등	시나리오, 소설, 인쇄물, 전통의상 등

〈표 3.4〉 상품의 형태별 유형 사례

㉢ 상품 차별화 : 상품과 관련한 결정 중에서 가장 중요한 것은 차별화에 관한 것이다. 차별화란 소비자가 가치 있게 생각하는 어떤 것을 제공하기 위하여 독특한 특성을 갖추는 것으로서, 독특한 점을 통해서 경쟁사보다 더 높은 가격을 받을 수 있거나 같은 가격에 더 많은 상품이 팔릴 수 있으면 차별화에 성공했다고 볼 수 있다.

상품 차별화를 위한 방법에는 다음과 같은 것이 있다.

- 상품에 새로운 특징을 첨가한다.
- 소비자의 특성에 맞게 제품을 맞춤화한다.
- 디자인을 변경시킨다.
- 보증기간, 환불제도를 강화해서 신뢰를 높인다.
- 포장이나 외장의 색깔, 모양, 재질을 바꾼다.
- 크기를 바꾼다.
- 서비스를 첨가한다.
- 브랜드를 강화한다.

그러나 문화콘텐츠 상품의 경우는 무형재가 많고 콘텐츠 자체의 질에 의해 평가받는 경우가 많다. 따라서 창의력이나 디자인, 서비스 등이 차별화를 위한 적절한 전략이 될 수 있을 것이다.

② 가 격

가격(price)은 소요된 비용, 즉 원가에 일정한 이윤을 덧붙이는
방식으로 소비자들이 상품이나 서비스를 구매하고 지급하는 화
폐가치를 의미하는 것이다. 문화상품에서의 가격은 관객들이 제
품이나 서비스를 구매하고 지급하는 화폐가치를 의미하는 것으
로서 단순히 유형적 제품뿐만 아니라 이에 부가되는 여러 서비
스나 제품을 구매함으로써 얻을 수 있는 효용가치가 포함되어
결정된다. 가격은 그 자체가 제품 차별화를 시킬 수 있는 요소
가 되기도 한다.

공연 상품의 경우 가격이라고 할 수 있는 입장권 요금은 공연
예술단체의 재정 상태에 영향을 미치게 되며 수요가 탄력적인
시장에서는 구매에 큰 영향을 미치는 중요한 요소가 된다.

그러므로 공연시간대에 따라서 가격을 할인하는 정책을 적용
한다든가, 좌석의 위치에 따라 가격을 다르게 적용한다든가, 공
연극장의 정기회원인 관객은 서비스 차원에서 가격을 할인해 주
는 등 다양한 전략을 통해 관람객에게 매력적이면서도 수익을
창출할 수 있는 가격을 책정해야 한다. 적절한 가격을 정하기
위해 고려해야 할 요소들로는 장소의 규모, 할인제도, 편의성,
수요, 경쟁력 등 여러 요소가 있다.

문화산업 분야의 가격정책 수립에서 티켓 가격을 얼마로 책정
하느냐 하는 문제보다는 관객들로 하여금 무형적·유형적 가치
를 반영한 가격이라는 점을 충분히 납득시키는 것이 중요하다.

㉠ **가격결정 전략** : 가격을 결정하기 위한 전략으로는 다음과
  같은 종류들이 있다.
  - **원가플러스** : 원가를 산정하고 여기에 희망하는 마진을

부가하는 단순한 방식이다.

- 소비자 인지가치 : 원가에 상관없이 제공된 가치만큼 소비자에게 부과하는 방식이다.

- 초기 고가 : 초기엔 고가 정책을 취함으로써 높은 가격을 지불할 의사를 가진 소비자들로부터 큰 이익을 흡수한 뒤 제품 시장의 성장에 따라 가격을 조정해 가는 방식이다.

- 침투가격 : 어떤 시장을 선점하거나 시장점유율 확보를 1차적 목표로 저가 정책을 펴는 것이다. 침투가격 전략을 채택한 기업은 저원가를 바탕으로 시장을 장악하려는 의도를 가지고 있기 때문에 생산량을 늘려 단위당 원가를 낮추는 것이 최대의 목표이다.

- 가격-품질 관련성 : 소비자의 제품에 대한 인식은 반드시 물리적 특성에 기초하지 않으며 인지된 품질은 제품 가격에 의하여 영향을 받기도 한다.

- 경쟁대응 : 경쟁적 시장하에서 마케팅 관리자는 시장점유율 제고를 위하여 제품의 가격을 경쟁제품과 동등하거나 낮은 수준에서 결정한다.

- 시장 규모를 감안한 이익목표 추구 : 시장의 규모가 한정되어 있다면 가격은 판매 및 제조에 소요된 비용을 흡수하고 이익을 남길 수 있도록 책정되어야 한다.

- 가격탄력성에 기초한 가격 설정 : 가격탄력성은 가격 변화에 따라 소비자 행동이 어떻게 변화하는가를 설명해 준다. 탄력적 수요를 지닌 구매자는 가격 인상을 쉽게 받아들이지 않으며 가격 변화에 따라 그 수요가 증가하거나 감소한다. 반면에 비탄력적 수요를 지닌 구매자는

가격 인상에 개의치 않는다. 즉 가격이 변화해도 구입수
량이나 빈도를 줄이는 일이 없다.

③ 장소/유통

장소(place)는 상품과 관련된 장소, 예를 들어, 판매처나 상점
같은 것을 의미하며, 유통이란 특정 제품이나 서비스가 소비 또
는 사용될 수 있도록 하는 과정과 관련된 일체의 상호의존적인
조직으로 제품이나 서비스가 생산자에서 최종 소비자에게 전달
되는 과정을 말한다. 문화 관련 상품의 유통경로는 통상적으로
서비스 제품의 유통구조와 유사하며, 공연이나 영화의 경우 소
비자가 정해진 시간에 특정 장소로 직접 도착해야 한다는 점에
서 일반 소비재와는 차이가 있다.

문화산업에서 장소 혹은 유통의 개념은 몇 가지로 나누어볼
수 있다.

㉠ 공간과 관련된 장소 : 공연장과 영상상품을 위한 극장이
  여기에 해당되며 이벤트가 벌어지는 다양한 공간 개념의
  유통 장소를 의미한다. 상품 판매를 위하여 상품의 특성,
  소비자의 특성 등을 고려할 때 비용 면에서 큰 비중을 차
  지하며 우선적으로 고려되어야 한다.
  예를 들어, 공연장의 규모에 따라 무대의 조건과 공연의
  형식이 결정된다. 즉, 공연장의 무대구조, 음향시설, 조명,
  영상설비 등은 공연과 직간접적으로 연관되어 있는 것이
  다. 또한 공연을 얼마나 편리하고 용이하게 접근할 수 있
  는가를 결정하는 지하철, 버스 등과 같은 대중교통 이용의
  편리성, 셔틀버스 운행, 자가용 고객을 위한 주차공간의

확보 여부 등도 공연 관람을 결정하는 데 영향을 미치게
되는 장소적 특징이다.

ⓛ 재화와 관련된 장소 : 일반 공예품이나 출판문화상품, 음
반, 미술품, 캐릭터 상품 등 다양한 문화 상품을 위한 아트
숍도 재화와 관련된 장소의 예다. 이러한 재화 상품은 장
소와 관련한 임대료, 상품의 특성, 수요자의 특성, 인지도
등 또한 고려되어야 한다.

ⓒ 유통채널 선택의 기본 요소 : 유통채널을 선택하는 데는
다양한 요소가 개입된다. 일반적으로 채널 전략에서는 한
가지 이상의 전략을 선택하게 된다. 선택된 여러 가지 유
통전략이 성공을 거두기 위해서는 상호지원적이고 내부적
인 일관성이 있어야 한다.

- 제품 특성 : 유통채널을 선택할 때는 판매에 요구되는
  수준을 고려해야 한다. 이는 제품의 복잡성이나 참신성
  혹은 가격의 수준과도 관계가 된다. 제품에 따라서는 높
  은 비용을 감수하고서라도 자체 판매력을 확보하여야
  하는 경우가 있다.

- 통제의 필요성 : 유통채널을 통해 제품을 효과적이고 적
  절하게 취급하도록 동기를 부여하는 능력은 유통 의사
  결정과 관련이 높다. 제조업자와 소비자들과의 거리가
  멀수록, 즉 분배업자와 도매상의 유통경로가 많을수록
  제품판매 방법에 대한 제조업체의 통제력은 감소한다.

- 희망 마진 : 유통채널을 분석하는 것은 확보가 가능한 잠재
  이익을 결정하는 데 도움을 준다. 각 유통 단계의 마진은

어느 정도인가? 유통채널을 통하여 경쟁력 있는 가격으로 제품을 판매하면서 충분한 마진을 확보할 수 있는가? 채널의 선택은 마진의 규모에 따라 결정될 수 있다.

④ 판매촉진

판매촉진(promotion)이란 공급자가 소비자에게 제품과 관련된 다양한 내용을 알려서 제품을 구매하도록 정보를 제공하는 행동을 말한다.

㉠ 촉진의 목적
- **정보 제공** : 잠재고객에게 제품을 알리기 위함이다. 제품의 수명주기 중 비교적 초기에 이루어진다.
- **설득** : 고객의 구매행동을 변경하도록 하기 위함이다. OB 맥주를 마시는 고객에게 하이트 맥주를 마시도록 설득하거나 농심 신라면을 먹는 고객이 계속 신라면을 사 먹도록 설득하는 것을 의미한다. 제품의 수명주기 중 비교적 성장기에 이루어진다.
- **회상** : 소비자들이 자사 제품을 구매한다고 가정하고 자사 제품을 다시 한 번 각인시키기 위함이다. 제품의 수명주기 중 비교적 성숙기에 이루어진다.

㉡ 촉진의 도구 : 촉진의 도구로는 광고, 인적판매, 홍보, 판매촉진 등의 방법이 있다. 이러한 도구들은 어느 하나 단독으로 사용되는 것이 아니라 상호연결되어 시너지 효과를 낼 수 있도록 일관성을 유지하고 상호보완적이어야 한다.
- **광고** : 기업이 돈을 지불하고 제품, 서비스 아이디어를

비인적 매체를 통해 널리 알리고 촉진하는 모든 형태의 커뮤니케이션 수단을 말한다. 광고는 상품을 알릴 뿐만 아니라 이와 더불어 잠재고객 창출 및 판매를 원활하게 해주는 토대를 마련해 준다. 그러나 고객에게 전달되는 정보의 양이 제한적이고 고객을 원하는 만큼의 정보의 양과 종류 면에서 만족시키기 어려운 점도 있다. TV, 라디오의 방송광고, 신문·잡지의 광고, 우편물 등이 이에 해당되며 시각적·청각적·공개적인 것이 특징이다.

- 인적판매 : 인적판매란 판매원을 이용하는 것을 말한다. 인적판매의 장점으로는 고객에게 직접 메시지를 전달하므로 고객마다 적절한 메시지를 다양하게 전달할 수 있고, 또 쌍방향 커뮤니케이션이므로 고객을 정확히 이해시키고 의문점을 즉시 해소할 수 있다는 점이 있다. 이 방법은 구매의 최종 단계에서 매우 효과적일 수 있지만, 판매원에 대한 주기적인 교육과 성과급 관리 등의 인력관리로 인해 비용이 너무 많이 든다는 단점이 있다.

- 홍보(PR) : 기업이 다양한 이해관계자들로 하여금 호의를 갖도록 하는 데 활용하는 커뮤니케이션 도구라고 할 수 있다. PR의 수단으로는 언론보도, 회견, 특별행사, 공공 캠페인 활동, 간행물 발행 등이 있다.

- 판매촉진 : 판매촉진이란 소비자로 하여금 자사 제품을 즉각적으로 구매하도록 유도하기 위하여 추가적인 인센티브를 제공하는 활동을 말한다. 판매촉진은 단기적으로 즉각적인 매출의 증대를 목적으로 한다는 점에서 기타 마케팅 활동과 구별된다. 예를 들어, 광고가 일반적으로 소비자의 구매를 설득하기 위한 심리적 과정에 영

향을 미친다면 판매촉진은 직접적인 구매를 유도하기 위해 경품 등의 추가적인 인센티브를 제공한다. 즉, 소비자들에게 가치가 있는 쿠폰, 프리미엄, 할인과 같은 특전이나 인센티브를 제공함으로써 상품 혹은 서비스의 구매를 장려하는 것이다.

⑤ 사 람

사람(people)은 관객과 직접 소통이 이루어지는 현장의 직원들을 의미한다. 특히 공연 상품의 경우 생산과 소비가 동시에 이루어지기 때문에 관객의 만족은 소비과정에서 만나는 공연장 직원들과의 상호작용에 의해 영향을 받는다. 따라서 관객들을 감동시킬 수 있는 외부 마케팅을 하기 위해서는 먼저 내부 직원들을 대상으로 하는 내부 마케팅의 현황부터 살펴봐야 한다.

내부 마케팅에서 고려할 사항은 다음과 같다.

- 내부 인적자원(이사, 경영진, 직원) 관리는 잘 이루어지고 있는가?
- 더 많은 자원봉사자들이 필요한가?
- 관객과 직접 대면하는 직원들이 친절하게 응대하며 좋은 이미지를 전하는가?

예를 들어, 이와 같은 점검에 의해 직원의 불친절이 문제로 제기되었다면, 그것은 직원 개인의 문제일 수도 있으나 보이지 않는 내면에 노동집약적인 공연산업의 특성, 불안정한 근무조건, 정서적 노동에서 일상적으로 겪는 스트레스와 갈등 등 열악한 근무환경이 원인일 수도 있다. 따라서 이러한 원인 분석을 통해 내부 인재를 잘 관리하는 것이 외부 마케팅에도 큰 영향을 미친다고 할 수 있다.

⑥ 물리적 증거

물리적 증거(physical evidence)는 가시성을 말하는데, 이는 무형의 상품이나 서비스를 가시화시키는 것을 말한다.

예를 들어, 공연장과 관객의 상호작용 과정에서 무형의 공연예술을 관객에게 전달하는 홈페이지, 로고, 안내 표지판, 티켓발매기, 공연장 건축물, 주차장, 화장실, 로비, 안내 창구, 직원들의 유니폼 등과 같은 물리적 증거들은 관객의 인지도와 가시성 모두에 영향력을 행사한다. 공연장과 공연장 주변의 식당이나 레스토랑에 쌓여 있는 전단지, 거리를 오가며 무심히 눈길을 주게 되는 포스터와 육교에 걸린 광고판 등도 일상생활에서 쉽게 접할 수 있는 물리적 증거에 해당된다.

이러한 물리적 증거는 관객들이 공연장의 존재를 아는 인지 상태에서 한걸음 더 나아가 공연장과 프로그램에 대한 흥미와 호기심을 지속적으로 불러일으켜서 관객으로 하여금 티켓을 구입하고 공연장을 찾아나서는 행동을 하도록 이끄는 힘이라고 할 수 있다.

⑦ 과 정

과정(process)이란 소비자가 하나의 상품을 구매하기 위해 거치는 일련의 과정이다. 공연을 예로 들면, 정보 탐색 및 티켓 예매, 공연 관람 전 식사, 셔틀버스 이용, 공연장 방문, 팸플릿 구입, 공연 관람, 화장실 이용, 공연 후 귀가 등의 일련의 과정이 이에 해당된다.

일부 공연 관계자들은 "최고의 마케팅은 좋은 작품을 만들어서 보여 주는 것이다"라는 믿음을 갖고 작품 제작에 공을 들이지만, 관객의 입장에서는 공연뿐만 아니라 일련의 프로세스를 포함한 종합적인 체험을 거쳐 공연에 대한 최종 평가를 내린다. 즉, 공연시간은 2시간이지만 공연 이상의 의미를 부여하여 특별한 날을 보내기 위해 관객들은 그 모든 상황들이 특별하기를 원한다. 그래서 공연관계자들에게는 작품만 좋으면 눈감아줄 수 있는 소소한 불편들이 관객에게는 작품이 좋았어도 참을 수 없는 사건으로 확대되는 일이 종종 일어난다. 소비자의 불만족 요인들은 대체로 공연의 질이 아닌 공연 외적인 요인들에 의해 발생하는 것을 종종 볼 수 있다. 따라서 이런 모든 과정들에 있어서 고객 중심의 철저한 서비스만이 최종적으로 고객에게 만족을 가져다줄 수 있다는 점을 놓쳐서는 안 된다.

참고문헌 및 자료

고정민(2007). 『문화콘텐츠 경영전략』. 커뮤니케이션북스.
김유리(2008). 『문화콘텐츠 마케팅』. 한국문화사.
안광호 · 권익현 · 임병훈(2007). 『마케팅 관리적 접근』. 학현사.
안광호 · 김동훈 · 김영찬(2007). 『시장지향적 마케팅 전략』. 학현사.
안광호 · 한상만 · 전성률(2003). 『전략적 브랜드 관리이론과 응용』. 학현사.
이유재(2005). 『서비스마케팅』. 학현사.

더 읽어 볼 거리

고정민(2007). 『문화콘텐츠 경영전략』. 커뮤니케이션북스.
김유리(2008). 『문화콘텐츠 마케팅』. 한국문화사.
안광호 · 권익현 · 임병훈(2007). 『마케팅 관리적 접근』. 학현사.

4장

문화콘텐츠 마케팅 유형

하주용

Marketing Type of Culture Contents

문화콘텐츠는 상업성과 대중성, 오락성과 창조성이 절묘한 조화를 이루는 통합적 문화예술이라고 할 수 있다. 문화콘텐츠가 예술과 다른 가장 중요한 차이는 바로 상업성이라고 할 수 있다. 문화콘텐츠의 상업성이란 주체(콘텐츠 창작자 혹은 서비스 제공자)가 제공하는 서비스를 향유하는 객체, 즉 이용자인 대중을 전제로 한 것이고, 그 결과로 대중들로부터 유무형의 재화를 획득할 수 있을 때 문화콘텐츠가 완성된다. 상업성이 없는 문화콘텐츠는 순수예술이나 순수 창작물일 수는 있어도 진정한 문화콘텐츠로서의 가치는 상실한다(박장순, 2005). 이처럼 문화콘텐츠의 상업성이 대중을 전제로 한 것이라면 서비스 주체는 언제나 객체인 이용자들의 관심을 불러일으킬 수 있는 재미있고 다양한 소재와 형식, 구성요소 등을 찾아내고 가공해서 이를 상품화해야 한다. 뿐만 아니라 상품으로서의 문화콘텐츠를 소비자에게 보다 효과적으로 판매하기 위한 적극적 노력도 필요하다.

일반적으로 상품이나 서비스를 소비자에게 합리적으로 유통시키기 위한 기업의 활동을 마케팅이라고 하는데, 광고, 홍보 및 기타 판매촉진책 등 다양한 방법이 사용된다. 문화콘텐츠 마케팅 역시 일반적 마케팅의 범주와 방법론을 크게 벗어나지 않는다. 이 장에서는 문화콘텐츠 마케팅의 수단으로 이용되는 광고, 홍보, 메세나, 웹마케팅의 특징을 설명하고자 한다.

1) 광고의 정의

우리는 하루도 빠짐없이 광고물과 접촉하고 있다. 신문, 방송, 인터넷은 물론이고 지하철 안에서나 도로변에서도 우리는 항상 광고를 접하며 살고 있다. 그만큼 광고는 우리 생활과 밀접하게 관련되어 있다. 광고(advertising)란 불특정 다수에게 상품이나 서비스의 존재, 특징, 편익성 등을 제시하고 소비자를 설득하여 그들의 욕구나 필요를 자극시킴으로써 그에 대한 구매행동을 촉진시키거나 광고주 자신에 대한 일반적 신뢰도를 높이기 위해 행하는 유료 설득 커뮤니케이션이라고 정의할 수 있다. 즉, 광고는 마케팅 과정의 일환으로 소비자나 일반 대중에게 영향을 미치기 위해 미디어를 이용하여 설득적 메시지를 전달하는 것을 말한다.

광고는 크게 세 가지 차원으로 나누어 이해할 수 있다. 첫째, 광고는 마케팅 커뮤니케이션의 한 형태이다. 미국 마케팅학회는 광고를 "명시된 광고주가 아이디어나 상품, 서비스를 비대인적으로 제시하거나 촉진하는 유료 형식의 커뮤니케이션"으로 정의한다. 둘째, 광고는 설득커뮤니케이션의 한 형태이다. 즉, 광고주라는 정보원이 광고물이라는 메시지를 제작, 대중매체를 통해 전달함으로써 소비자를 설득하는 커뮤니케이션이라고 볼 수 있다. 셋째, 소비자의 관점에서 광고는 상품의 브랜드에 관한 정보나 이미지 등을 얻을 수 있는 모든 브랜드 접촉을 의미한다.

광고를 정의하는 관점의 차이에도 불구하고 광고의 궁극적인

〈대장금〉은 해외에서 많이 팔렸다. 아시아 어디를 가든 〈대장금〉 포스터가 걸려 있었다. 이를 통해 한국을 알리는 기회가 만들어졌다. 이 포스터는 단지 드라마를 알리는 홍보사진이 아니라 한 나라의 문화를 알리는 계기가 되었다.

이처럼 문화콘텐츠를 소개하는 포스터는 단순히 '홍보의 수단'을 넘어 그 나라의 영화 시장과 관객층의 분포, 사회 분위기 등을 알 수 있는 좋은 지표이며, 끊임없이 진행되는 대중문화의 트렌드를 읽어 내는 데 도움을 주는 자료이기도 하다.

– 스포츠서울, 2009. 9. 22

목적은 상품이나 서비스의 판매를 촉진시키는 데 있다. 즉, 상품이나 서비스 등에 관한 정보를 소비자에게 알려 새로운 고객을 창출하고 고객의 수요를 자극하는 동시에 계속해서 사용하도록 신뢰도와 충성심을 형성하고 유지시켜 주는 것이 목표이다.

2) 광고의 기능

자본주의*의 꽃으로 일컬어지는 현대적 광고는 19세기 말에 탄생하였다. 19세기 말부터 본격적으로 대량생산과 대량소비 체제에 들어서면서 광고가 상품정보를 알리고, 경쟁상품과의 우열을 비교하는 등 소비자를 설득하는 기능을 수행하게 되었다. 광

***자본주의**

생산 수단을 자본으로서 소유한 자본가가 이윤 획득을 위하여 생산활동을 하도록 보장하는 사회 경제 체제

고의 기능은 크게 마케팅 기능, 커뮤니케이션 기능, 교육적 기
능, 경제적 기능, 사회문화적 기능 등을 들 수 있다.

① 마케팅 기능

마케팅 기능은 광고를 통해 소비자들에게 상품이나 서비스에
대한 정보를 알려 주고, 그것을 다른 상품과 차별화시키며 궁극
적으로 구매를 유도하는 기능을 말한다. 또한 광고주에 대한 이
미지나 신뢰도를 높여 해당 기업체와 상품에 대한 소비자들의
충성심을 형성하고 유지시키는 기능을 한다.

② 커뮤니케이션 기능

오늘날 대부분의 소비자들은 광고를 통해 상품에 대한 정보
를 얻게 되는데, 광고의 커뮤니케이션 기능은 광고가 소비자나
대중들에게 상품이나 서비스 이용에 필요한 정보를 제공하는 기
능을 말한다.

③ 교육적 기능

광고는 상품이나 소비생활에 관한 교육적 기능을 수행한다.
오늘날 우리는 광고를 통해 여러 가지 상품에 관한 지식과 보다
좋은 상품을 보다 싸고 쉽게 살 수 있는 방법 등을 배우게 된다.

④ 경제적 기능

광고는 경제적 기능을 수행한다. 광고는 상품의 유효수요*를
창출하여 경제성장에 기여하며, 유용한 상품에 관한 정보를 다
수의 소비자들에게 동시에 알림으로써 상품의 효율적 유통을 촉
진시킨다. 또한 미디어에 지출되는 광고비는 미디어의 재정을

*유효수요
실제로 구매력이 있는 수요

뒷받침해 줌으로써 미디어의 경제적 안정을 촉진시키고 건전한 발전에 기여하기도 한다.

⑤ 사회문화적 기능

광고는 사회적·문화적 기능을 수행한다. 현대사회에서 광고는 하나의 문화라고 할 수 있다. 즉, 새로운 문화와 오락을 제공하고, 소비자의 지적수준을 높여 줌으로써 그들의 사회적 가치관과 태도를 바꾸고 변화시키는 기능을 수행한다. 또한 광고는 소비자의 생활수준을 높이는 역할을 하기도 한다.

위에서 살펴본 바와 같이 광고는 자본주의 사회에서 긍정적 기능을 수행하기도 하지만 때로는 역기능이 나타나기도 한다. 광고가 소비문화를 찬양하여 물질주의를 조장하고, 문화수준을 획일화시키며, 과도한 성적 표현이나 성상품화 등 불건전한 내용으로 국민들의 정서를 저해하고, 과장·과대광고로 소비자들을 기만하기도 한다. 또한 과다한 경쟁적 광고는 상품의 가격을 높여 물가를 인상시키는 요인이 되거나 불필요한 상품을 구매하도록 유도하여 가계지출을 늘리게 하는 것도 부정적 기능으로 지적되고 있다. 뿐만 아니라 언론매체가 정보제공보다는 광고에 시간이나 지면을 과다하게 할당하여 경제적 이윤만을 추구하는 경향도 나타나게 된다.

3) 광고 캠페인의 요소

광고 캠페인은 크게 광고주, 광고대행사, 매체, 소비자 등 네 가지 요소로 구성된다. 효과적인 광고 캠페인이 이루어지기 위해

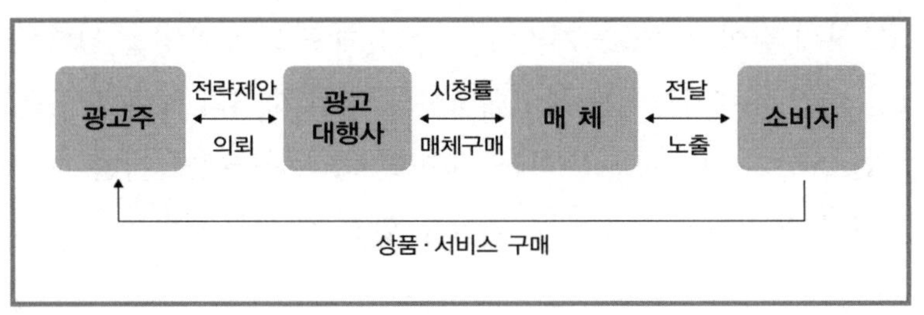

〈그림 4.1〉 광고 캠페인의 요소

서는 이들 요소들 간의 유기적 연관과 상호작용이 필수적이다.

(1) 광고주

광고주는 광고비를 부담하면서 자기 회사의 상품이나 서비스 등을 광고하는 주체이다. 신문이나 방송 등 광고매체의 입장에서는 스폰서로, 광고대행사의 입장에서는 클라이언트(client) 또는 어카운트(account)로 불린다.

광고주로서 기업은 마케팅 담당자나 홍보실을 두고 광고기획 및 예산을 할당하며, 구체적인 광고물 제작이나 광고카피 작성 등과 같은 실제 광고 제작은 일반적으로 광고대행사에 위임한다.

(2) 광고대행사

광고대행사는 광고주를 위하여 소비자에게 상품이나 서비스를 구매하도록 설득하는 전략을 개발하고 집행하는 서비스 조직이다. 즉, 시장조사와 매체조사, 광고계획의 수립, 광고 메시지의 제작, 광고효과의 조사 업무를 대행해 주는 역할을 한다.

오늘날은 기업들이 스스로 광고 캠페인을 기획하고 광고물을 제작하기에는 시장 규모가 커졌고, 소비자의 욕구도 다양해졌으므로 종합 광고대행사가 기업을 대신하여 광고 전략을 수립하

고, 창의적 아이디어를 개발하는 등 실제 광고 캠페인을 진행한
다. 이런 대행사들에는 광고대행사와 기업 사이의 교량 역할을
하는 AE(Account Executive)라는 직책을 두고 이들에게 개별 광고
업무를 통합하고 조정하는 역할을 맡긴다.

(3) 광고매체

광고매체란 광고 메시지를 소비자들에게 전달하는 수단으로
일간신문, 방송, 인터넷 등 다양한 매체가 사용된다. 광고매체는
크게 여덟 가지 유형으로 구분할 수 있다.

- 신문, 잡지, 사보 등 인쇄매체
- 라디오, TV 등 방송매체
- 포스터나 간판 등 옥외매체
- 교통수단을 이용한 교통 광고매체
- 진열품, 견본상품 등 구매시점 광고매체
- 각종 우편물을 이용한 우편매체
- 전화번호부, 증정품, 견본품, 쿠폰 등 판촉 광고매체
- 인터넷, 케이블 TV, 위성방송, DMB, 모바일 등 뉴미디어

이들 광고매체 중 가장 비중 있는 매체는 TV, 신문, 케이블
TV 등인데, 2008년 통계에 의하면 TV에 투입된 광고비는 약
8,013억 원(전체 광고집행액의 51.9%)으로 가장 비중이 높았으며, 신
문에는 약 2,363억 원, 케이블 TV에는 약 1,513억의 광고비가
투입되었다.

1980년대까지만 하더라도 광고매체가 TV, 신문, 잡지 등으로
비교적 단순했지만, 현재는 케이블 TV나 IPTV, 모바일, 인터넷
등 선택의 폭이 넓어졌다. 특히 다매체·다채널 시대가 도래하

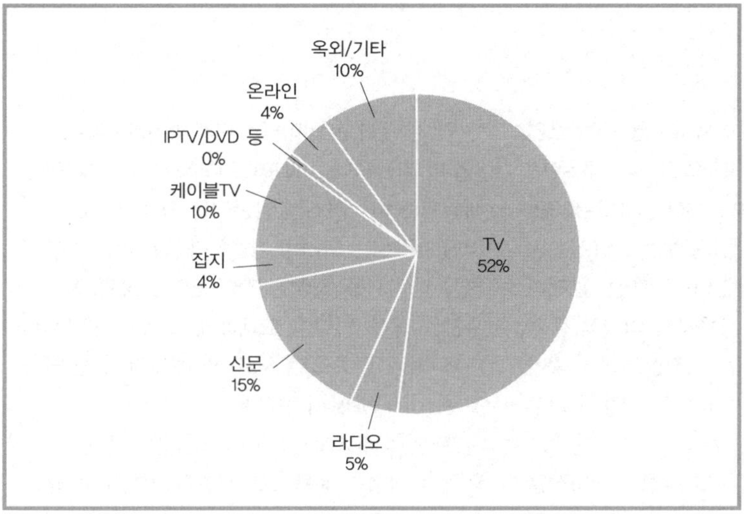

〈그림 4.2〉 2008년 매체별 광고집행 비중

면서 수용자가 자신의 취향에 맞는 매체와 채널을 선택, 소비하는 수용자 분할(fragmentation) 현상이 나타나게 되었기 때문에 목

매 체	광고대행사를 통한 거래	매체사와 직접 거래	전체 광고집행비	직거래 비율
TV	513,661	26,324	539,985	4.9
라디오	52,772	2,725	55,497	4.9
신 문	152,355	34,760	187,115	18.6
잡 지	58,703	8,516	67,219	12.7
케이블	134,571	6,808	141,379	4.8
DMB	4,583	0	4,583	0.0
위성TV	52,598	7,020	59,618	11.8
온라인	1,650	35	1,685	2.1
IPTV	180	11	191	5.8
모바일	1,320	2	1,322	0.2
옥 외	95,932	18,176	114,108	15.9
기 타	6,680	8,743	15,423	56.7
전 체	1,075,005	113,120	1,188,125	9.5

〈표 4.1〉 매체별 광고 집행 비(합계)

(단위 : 백만 원, %)

출처 : 문화체육관광부 · 한국방송광고공사(2010). 『광고산업통계, 2009』. 문화체육관광부.

인터넷 광고

우리나라의 인터넷 이용자수를 살펴보면 1998년 300만 명에 불과하였던 것이 1999년 1,000만 명을 넘어섰으며, 2000년에 2,000만 명에 육박하였고 2008년 6월에는 3,619만 명에 이르게 되었다(한국인터넷진흥원 홈페이지). 이와 같은 인터넷 사용자의 비약적 증가는 인터넷에서 이루어지는 전자상거래의 증가를 초래했다. 이에 따라 인터넷을 이용한 광고가 크게 늘어나고 있다.

광고매체로서 인터넷은 그 탁월한 정보전달 능력과 목표소비자에 대한 정확한 도달, 뛰어난 상호작용성, 비용 효율성, 효과 측정의 용이성 등에서 장점을 갖는다. 인터넷 광고의 가장 흥미로운 점은 상호작용성이라고 할 수 있다. 전통적 매체는 한정된 정보를 공급하지만 인터넷은 양자 간 메시지 교환을 통하여 수용자와 상호작용할 수 있다. 예를 들어 인터넷을 이용한 이메일 마케팅은 기업이 이메일을 이용하여 고객에게 정보나 서비스를 제공함과 동시에 고객으로부터 기업이나 상품에 대한 호의적인 관계 및 반응을 얻는다는 점에서 기업과 고객 간의 상호작용을 촉진할 수 있다. 그러나 이메일 마케팅이 원치 않는 수용자에게 전달될 경우 스팸메일로서 고객의 부정적인 반응을 초래할 수도 있다.

인터넷 광고는 바이러스 마케팅(viral marketing)이 가능하다. 바이러스 마케팅이란 마케팅 메시지가 바이러스의 확산처럼 자생적으로 전파되도록 하는 마케팅 기법이다. 즉, 기업의 마케팅 메시지를 접한 고객이 인터넷상의 여러 수단을 통해 인접한 고객에게 스스로 전달하도록 하는 전략으로 오프라인에서의 구전(입소문) 마케팅과 비슷하다.

뿐만 아니라 배너광고나 팝업광고 등을 이용하면 저렴한 비용으로 광고가 가능하며 클릭 여부를 통하여 광고노출 여부를 쉽게 측정할 수 있다. 그러나 배너광고는 제품에 대한 정보나 이미지를 제대로 전달하기에 너무 크기가 작으며 광고에 대한 클릭률도 낮아 과연 광고효과가 있는지에 대한 의문이 제기되기도 한다.

최근에는 포털사이트를 통하여 특정 주제에 대한 정보를 검색할 때 그 주제와 연관된 광고를 보여 주는 검색광고가 유행하고 있는데, 검색광고는 해당 상품이나 서비스의 잠재 소비자층에 쉽게 도달할 수 있다는 장점을 가지고 있다.

– 오택섭 · 강현두 · 최정호(2005). 『미디어와 정보사회』. 나남, 312–313쪽

표 수용자에게 도달하기 위한 효과적 매체기획의 중요성이 더욱 증대되었다. 효율적인 광고를 위해서는 각 광고매체의 장점과 단점을 꼼꼼히 분석해야 한다.

매 체	장 점	단 점
신 문	넓은 도달범위, 유연성, 신뢰성, 지역성	짧은 수명, 표현의 제약
잡 지	특정 취향의 수용자에 도달, 긴 수명, 신뢰성	전체 수용자에 대한 도달 어려움
TV	대량적 도달, 높은 영향력, 반복성, 신뢰성	짧은 메시지, 높은 비용
라디오	특정 수용자, 즉시성, 반복성, 신뢰성	제한된 감각입력, 낮은 청취율
인터넷	효율적 비용, 개인적, 상호작용적	낮은 도달률

<표 4.2> 광고매체의 장점과 단점

(4) 소비자

광고는 인간이 가진 기본적인 욕구를 자극하는 방법을 통해 그 메시지에 대한 주목을 이끌어 내거나 기억하게 하고, 소비자의 태도를 바꾸거나 제품 및 서비스를 구매하도록 한다. 매슬로(Abraham Maslow, 1965)는 인간의 욕구를 5단계로 나누고 각 단계의 욕구에 대한 특징을 설명했다. 매슬로에 따르면 가장 낮은 단계의 욕구가 생리적 욕구이며, 그 위로 안전에 대한 욕구, 사회적 욕구, 자존감에 대한 욕구 등의 순으로 높아지며 자아실현에 대한 욕구가 가장 높은 단계에 자리 잡고 있다.

생리적 욕구는 의식주와 같이 인간의 삶에서 가장 기본적 욕구들을 말한다. 생리적 접근법을 통해 소비자들에게 호소하고자 하는 광고 캠페인 유형들을 우리 주변에서 쉽게 찾아볼 수 있다. 예를 들어, 식음료 광고에서 자사의 제품이 타사의 제품과 비교하여 특정 영양소가 많이 들어 있어 건강에 좋다는 유형의 광고는 인간의 생리적 욕구에 호소하는 광고 유형이다.

안전에 대한 욕구는 에어백, 타이어, 화재경보기 등 안전성이 중요시되는 제품의 광고에 이용될 수 있다. 예를 들어, 프랑스 타이어 회사 미쉐린은 타이어 위에 앉아 있는 아기의 모습을 광고에 보여 줌으로써 타이어의 품질과 안전성을 효과적으로 제시하고 소비자들의 관심을 끄는 데 성공했다. 또한 자동차 광고나 보험사 광고 등도 소비자의 안전하게 생활하고 싶은 욕구에 호소하는 광고 유형이다.

사회적 욕구는 자신이 중요하고 가치 있는 집단의 구성원이기를 바라는 사람들의 욕구를 말한다. 많은 광고들이 소속감과 애정에 호소하는 방법을 사용하고 있는데, 예를 들어, "요즘 젊은 세대는 이런 제품을 사용한다"고 설득하는 광고 유형이다.

자존감에 대한 욕구는 자신이 다른 사람보다 월등하고 뛰어나다는 것을 나타내고자 하는 욕망을 의미한다. 자사의 제품이 성공의 상징을 뜻한다고 광고하는 것은 이런 욕망에 호소하는 것이다. 예를 들어, 명품 브랜드나 고급 아파트 등의 광고들은 상류사회의 특수계층이 이용하는 상품이라는 이미지를 제시하여 자존감에 대한 욕구에 호소한다.

자아실현에 대한 욕구란 자신의 내면적 가치를 실현하기 위해 노력하는 욕구를 말한다. 예를 들어, 나이키 광고에서 "행동하자!"(Just do it!)라고 표현한 것은 자아실현에 대한 욕구를 자극하기 위한 것으로 볼 수 있다.

4) 광고전략

효과적인 광고를 위하여 여러 단계에 걸친 연구분석과 전략적 선택이 필요하다. 일반적인 광고 캠페인 과정은 상황분석 → 목표설정 → 목표 시장 분석 → 포지셔닝 → 크리에이티브 전략 → 매체계획 → 효과조사 및 평가 등의 단계를 거친다.

① 상황분석

기업이나 제품의 현재 시장 상황과 발전방안, 경쟁상황 등을
조사한다.

② 목표설정

광고 캠페인을 통해 달성해야 할 목표를 설정한다. 예를 들어
제품판매량을 20% 증가시킨다든지, 목표 시장에서 70% 제품 인
지도를 달성한다든지 하는 목표를 설정한다.

③ 목표 시장 분석

제품이나 서비스를 구매할 가능성이 높아 보이는 사람들에
대한 분석으로 나이와 성별 등 개인의 인구학적 속성에서부터
라이프스타일과 같은 심리구조적 요소들을 조사한다.

④ 포지셔닝

자사의 제품이나 서비스를 소비자에게 어떻게 인식시킬 것인
가 하는 전략이다. 가격, 품질, 편리성 등 다양한 방식으로 경쟁
사의 제품이나 서비스와 차별화시킨다.

⑤ 크리에이티브 전략

실제 제품이나 서비스에 대한 묘사로 카피와 이미지 등을 포
함한다. 광고 음향 및 영상 제작, 광고문구 선택, 모델 선택, 메
시지 배열 등을 통하여 소비자의 주목도와 인지도를 높인다.

⑥ 매체계획

광고가 어떤 매체에 의해, 어떤 시간에, 어떤 수용자를 대상으

로, 얼마동안 전달되어야 하는지를 결정한다. 효율적인 매체계
획은 적정한 가격으로 정확하게 목표청중에 도달할 수 있어야
한다.

⑦ 효과조사 및 평가

광고 캠페인의 결과로 나타나는 인지도, 호감도, 태도 변화,
구매율 증가 등 사전에 설정된 목표를 달성하였는지를 조사하고
평가한다.

PR

1) PR의 정의

홍보라고도 불리는 PR(Public Relations)은 기업을 포함한 각종
조직이 그 사회적 환경을 이루고 있는 공중과 원활한 관계(상호
이해와 호의 획득 등)를 유지하고자 하는 제반 노력을 말한다. 1944
년 PR 분야 최초의 정기간행물인 〈PR News〉를 창간한 그리스
올드(Denny Griswold)는 PR을 "공중의 이해와 수용(accept- ance)을
얻기 위해 공중의 태도를 분석하고 개인이나 조직의 전략을 수
립한 뒤 이를 수행하는 일련의 경영기능"이라고 정의하여 기업
이나 조직의 입장에서의 PR을 설명하고 있으며, 영국 PR연구소
는 "조직과 그 공중 간의 상호이해를 넓히고 유지하기 위한 노
력"으로 규정하여 조직과 공중 간의 대등한 상호작용을 강조하

였다.

이처럼 개인과 조직 간의 커뮤니케이션을 관리하는 것을 PR
이라 할 때 그 역사는 수천 년 전으로 거슬러 올라간다. 고대
이라크에서는 농부들에게 효과적 경작법을 안내하려는 시도가
있었고, 인도에서는 여론을 알아내고 왕에 대한 긍정적 정보를
퍼뜨리려는 전문 스파이가 있었다고 한다. 우리나라에서도 공론
형성의 제도적 장치로서 상소제도 등이 있었고, 백성의 의견을
살펴보기 위하여 신문고*나 암행어사와 같은 제도를 운영하기
도 하였는데, 이는 넓은 의미에서 PR 활동으로 분류할 수 있다.

2) PR의 목표

PR은 조직체가 공중(public)과 상호우호적인 관계를 만들어 내
고 이를 유지하는 것을 목표로 한다. PR 활동은 공중별 PR과
상황별 PR로 크게 나누어볼 수 있다. 공중관계 PR은 소비자, 지
역주민, 사원, 정부, 언론, 투자자 등 특정 조직과 관련된 주요
공중을 대상으로 하는 커뮤니케이션 활동을 의미한다. 상황별
PR은 쟁점(이슈)관리, 명성관리, 위기관리 등과 같이 특정 상황에
초점을 두고 수행되는 커뮤니케이션 활동을 말한다.

3) PR의 기능

현대적 의미의 PR은 19세기 중엽에 등장하여 20세기 초부터
사회 여러 부문에서 활용되면서 기능상의 변화와 발전을 거듭해
왔다. 이러한 PR 기능의 변화와 발전을 시대별로 살펴보면 다음
과 같다.

*신문고
조선시대 백성들이 절차를 거
쳐서도 해결하지 못한 원통하
고 억울한 일이 있으면 왕에게
직접 알릴 수 있도록 대궐에
설치한 북

(1) 언론대행기능

언론대행기능은 19세기 말(1850~1900년대)의 PR 모델로서 의뢰
인을 대신해 신문에 의뢰인이 원하는 내용을 기사화해 주고 수
수료를 받는 행위를 말한다. 이 당시 언론대행의 목적은 정보의
사실성보다는 언론에 보도되는 자체와 그 효과를 극대화시키는
데 주력했으므로 선전기능으로 볼 수 있다. 당시 언론과 대중의
관심을 끌기 위해 거짓 이야기를 지어내는 등 수단과 방법을 가
리지 않았기 때문에 많은 비판을 받았다. 현재에도 기자들에 대
한 지나친 접대를 제공하는 행위 등은 이러한 선전기능에 초점
을 둔 잘못된 관행이라고 할 수 있다.

(2) 정보전달기능

정보전달기능은 PR의 주요기능을 정보의 확산으로 보는 것이
다. 주로 20세기 초에 PR의 기능으로 생각했던 정보전달기능은
적극적 정보의 배포를 지향한다. 그러나 공중을 이해하려고 하
기보다는 기업이나 조직이 일방적으로 정보를 전달하는 것을 목
표로 했다는 점에서 한계를 가진다. 오늘날에도 정부조직이나
각종 협회 등에서 이러한 PR을 실시하는 사례가 많다.

(3) 과학적 설득기능

과학적 설득을 추구하는 PR 활동은 조직과 공중 간 양방향적
커뮤니케이션을 특징으로 한다. 즉, PR의 기능이 일방적 선전에
서 과학적 설득으로 진보한 것으로 공중으로부터의 피드백(반응)
을 알아내고 그 필요성을 인정한다. 이러한 PR의 기능은 제1차
세계대전을 겪으면서 선전의 위력을 경험하고 이를 체계적 방법
론에 근거하여 발전시킨 것으로 1960년까지 유행하였다. 그러

나 과학적 설득기능의 PR 역시 커뮤니케이션의 주체를 여전히 조직으로 보고 대중을 변화의 대상으로 설정하였다는 데서 한계를 가진다.

(4) 상호이해기능

1960년 이후 PR의 목적은 조직체와 공중의 상호이해 증진으로 바뀐다. 즉, PR을 설득의 측면보다는 상호 커뮤니케이션 측면에서 이해하는 것이다. 상호이해기능을 수행하는 PR 활동은 공중을 커뮤니케이션의 주체로 인정한다. 공중이 그 조직체를 어떻게 생각하는지, 그리고 PR 활동이 조직체에 대한 공중의 이해도를 얼마나 증진시켰는지를 중시한다.

4) PR 활동의 분류

PR 활동은 크게 언론관계, 광고, 공공관계, 쟁점관리, 위기관리, 투자자 관계 등으로 나누어 살펴볼 수 있다.

(1) 언론관계

언론관계(publicity) 혹은 퍼블리시티는 PR 활동의 하나로서, 자료제공이나 이벤트 등을 통해 미디어의 관심을 유도하는 것을 말한다. 즉, 기업이나 조직의 활동이 미디어의 뉴스거리가 되는 것이다. 이는 정보제공자가 비용을 지불하지 않기 때문에 미디어에 기사화될 때 그 시기나 크기, 위치 등을 통제할 수 없다. 예를 들어 지역 축제의 개막식이 신문에 보도될 경우 이는 언론관계를 이용한 PR이 된다.

보통 기업이나 조직의 홍보부서 및 PR 전문회사는 보도자료나 자료집을 기자회견이나 이메일, 팩스, 웹사이트 등을 통해 언론사에 배포한다. 따라서 효율적인 언론관계를 수행하기 위해서는 언론에 소개될 만한 가치가 있는 사건들의 특징이 무엇인지, 같은 사건이라도 어떤 접근이 기자들과 편집인들의 관심을 끌 것인지, 각 언론매체의 특성에 따라 어떻게 자료를 준비하는 것이 좋은지 등을 이해해야 한다.

(2) 광 고

광고(advertising)는 뉴스 가치와 상관없이 특정 주체(광고주)가 미디어에 유료로 정보를 싣는 행위로서, 언론관계와 달리 광고주가 비용을 지불하고 미디어의 시간이나 지면을 사기 때문에 그 내용, 시기, 크기 등을 통제할 수 있다. PR에서도 마케팅 목적의 소비자가 아닌 일반 공중에게 특정 메시지를 전달해야 할 경우 광고를 이용한다. 예를 들어 미디어에 보도된 내용이 적절하지 않거나 쟁점에 대한 조직의 입장이 정확하게 전달되지 않았을 경우 광고를 통해 기업의 입장을 설명할 수 있다.

(3) 공공관계

공공관계(public affairs) PR은 정부나 지역사회의 공중들과의 관계를 수립, 관리하는 기능을 의미한다. 즉, 공공정책에 영향을 줄 수 있는 이들을 대상으로 기업체에 유리한 방향의 정책결정이나 여론 형성이 이루어지도록 관리하는 활동을 일컫는다. 일반적으로 기업의 공공관계 부서는 정부, 지역사회 및 시민단체 등과의 관계를 관리하는 업무를 담당한다.

(4) 쟁점관리

쟁점관리(issue management)는 조직이 갖는 공중들과의 관계, 특히 여론에 영향을 미칠 수 있는 이슈를 사전에 예측, 발견, 평가하고 대응하는 일련의 활동을 말한다. 쟁점관리에서 가장 중요한 두 가지 요소는 조직에 영향을 줄 수 있는 잠재적 이슈를 조기에 찾아내는 것과 전략적 대응을 통해 그 이슈의 영향력을 완화 또는 강화하는 것이다. 예를 들어, 노조활동이나 폐기물 처리, 환경오염 등 관계 공중이 어떻게 바라보는지가 사태해결에 결정적 변수로 작용하는 이슈에 대하여 체계적으로 관리하는 행위를 들 수 있다.

(5) 위기관리

위기는 조직의 미래 성장과 이익, 혹은 생존에 위협을 가할 수 있는 사건을 말한다. PR의 한 분야로서 위기관리(crisis management)는 위기상황에 대해 체계적으로 대응하는 조직의 활동을 말한다. 즉, 위기가 일어나기 전에 준비하는 것, 위기발생 시 그 피해를 최소화하는 것, 상황이 종결되고 나서 위기를 평가하고 다른 위기상황에 대처하기 위해 조직의 대응체계를 향상시키는 것을 모두 포함한다. 특히 위기에 직면했을 때 조직은 두려움, 혼란, 좌절, 분노와 같은 비정상적 감정 상태에 있는 공중을 상대할 경우가 많다. 이런 감정 상태는 정확한 정보나 이해의 부재에서 오는 경우가 적지 않기 때문에 진지한 자세로 빈번한 커뮤니케이션을 통해 정확한 사실을 알리고 이해를 도모하여 감정을 완화시키려는 노력이 필요하다. 1982년 미국에서 발생한 타이레놀 독극물 투입사건에서 보여 준 존슨앤존슨(Johnson & Johnson)의 대처 방식은 위기관리의 모범사례로 꼽히고 있다.

존슨앤존슨은 1980년대 초만 해도 150개 자회사에, 50개국에 생산 거점을 가지고, 149개국에 제품을 판매하는 국제적인 기업이었다. 1982년 9월 30일 아침, 미국 시카고에서 한 시민이 이 회사가 생산한 해열 진통제 타이레놀을 먹고 사망하는 사건이 발생했다. 첫 사고가 신고된 후 불과 48시간 내에 무려 일곱 명이 같은 이유로 사망했다. 누군가 시판되는 타이레놀 병에 청산가리를 넣었고 이를 사먹은 사람들이 사망한 것이다. 이 사고는 신속한 조치를 취하지 않으면, 많은 사람의 목숨이 위태로워지고, 회사에게는 수억 달러의 손해를 끼치는 존폐와 관련된 중대한 문제였다.

존슨앤존슨은 타이레놀로 사람이 사망하자 더 이상의 사망자가 나지 않도록 하는 것을 목표로 신속하게 여러 가지 매체를 통하여 타이레놀을 먹지 말 것을 알리는 한편 천문학적인 돈을 들여 소매점뿐만 아니라 가정에 팔려나간 것까지 모든 타이레놀을 회수했고, 모든 공정을 점검하여 문제의 원인을 추적했다. 그리고 그 문제의 원인이 외부에서 제품에 독극물을 투입했기 때문임을 밝혀 낸 후에는 외부에서

건드린 흔적을 쉽게 알 수 있도록 약의 포장을 새로 만들고 약의 형태도 캡슐형에서 코팅된 알약형으로 변경했다. 이에 그치지 않고 이를 방지할 수 있는 포장을 의무화하는 법률을 제정하도록 의원들에게 로비 활동을 벌였다. 그리고 이 문제가 어떻게 해결되고 있는지를 빠짐없이 소비자들에게 알렸다. 이로 인해 사건 당시 존슨앤존슨의 시장점유율은 크게 떨어졌지만 그 위기해결 과정에서 도덕적인 기업으로 이름을 알리게 되었고, 타이레놀이 재출시되자 시장점유율* 1위를 회복할 수 있었다.

– 홍성태(1999), 『보이지 않는 뿌리』, 박영사

(6) 투자자 관계

투자자 관계(investor relations)는 재무관계에 영향을 미치는 공중, 즉 개인투자자, 애널리스트, 기관투자자 등을 대상으로 하는 기업 PR의 한 분야를 말한다. 즉, 이들을 대상으로 회사의 가치에 대한 확신을 심어 주고, 주식의 가치를 극대화시키며, 비용을

*시장점유율
한 회사의 특정상품 매출액 국가 전체의 동일상품 매출액 가운데 차지하는 비율

줄여 상호 유익한 관계를 만들고 유지하는 활동이다. 재정적 안
정을 위해서 투자자, 애널리스트들과의 긴밀한 관계를 유지하는
데 필요한 정보를 제공하는 것이 핵심이며, 시장 상황이나 경영
정보 등에 정통해야 한다. 그 외에 회계보고, 소득발표, 웹사이
트 관리 등 재무정보에 대한 커뮤니케이션 행위가 포함된다.

5) PR 캠페인 과정

PR 캠페인의 성격은 조직과 기업에 따라, 상황에 따라, 그리
고 그 대상 공중이 누구냐에 따라 달라질 수밖에 없다. 그리고
조직의 입장, 인원, 예산과 같은 변수들에 따라서도 달라진다.
그럼에도 불구하고 일반적인 PR 캠페인은 조사연구, 기획, 실행,
평가 등 네 단계의 기본 틀로 구성되어 있다.

(1) 조사연구

조사연구(research)는 PR 캠페인의 첫 단계로, 현재의 상황과 문
제점, 환경이나 시장의 변화 등을 조직의 조건과 함께 분석하는
작업을 수행한다. 관계 공중이 가지고 있는 현재의 인식, 이미지,
여론 등에 대한 체계적 연구를 바탕으로 하는 PR 캠페인은 직관
이나 주먹구구식 전략에 의한 캠페인보다 성공가능성이 높다.

조사연구는 목표 공중을 정확히 규정하고, 현재의 상태를 진
단해 기준선을 찾는 작업으로 문제가 무엇인지를 규명하는 과정
이다. 명확한 문제 규명을 위해서는 문제를 구체적으로 진술하
는 것이 필요한데, 이때 5W1H 원칙을 지키는 것이 필요하다.

- What : 문제는 무엇인가?

- Where : 어디에서 그 문제가 발생하고 있는가?•③ When :
- 그것이 문제가 된 것은 언제부터인가?
- Who : 관련 있는 사람들과 영향을 받을 사람들은 누구인가?
- How : 그 사람들은 어떻게 연관되거나 영향을 받는가?
- Why : 왜 그것이 조직과 공중들에게 중요한 문제인가?

(2) 기 획

기획(planning)은 조사연구에서 밝혀진 사실들을 토대로 PR 캠페인의 청사진을 마련하는 것을 말한다. 기획 단계에서는 캠페인의 목표가 무엇인지와 어떻게 그 목표를 달성할 것인지가 정리된 전략을 수립한다. 그리고 기획 단계에서 구체적인 전술, 일정, 예산, 미디어 이용 등의 캠페인 요소들을 논의한다.

(3) 실 행

실행(execution)은 기획 단계에서 설정된 목표를 달성하기 위해 필요한 공중에게 메시지를 전달하는 작업이 진행되는 시점이다. 이때 보도자료를 제작하여 각 언론사에 배포하거나 혹은 광고를 집행하거나 기자회견, 각종 행사, 이벤트 등을 주최한다. 특히 효과적인 PR 캠페인에 영향을 미치는 변수가 워낙 다양하므로 PR 캠페인의 진행은 메시지의 성격, 상황, 시기, 채널, 장소, 공중의 특성 등을 고려하는 종합적인 접근이 필요하다. 예를 들어, 북한이 핵실험을 한 것 같이 정국이 혼란한 상황에서는 축제 홍보 등의 이벤트를 여는 것은 바람직하지 않으므로 그 시기와 내용을 조절하지 않을 수 없게 된다.

(4) 평 가

평가(evaluation)는 PR 캠페인의 실행이 끝나고 조사연구와 기

획단계에서 수립한 목표들이 얼마나 성취되었는지를 점검하는
최종 단계이다. 모든 집행이 끝나고 나면 제반 사항을 정리해
PR 캠페인을 종합적으로 평가해야 하는데, 이는 다음 캠페인과
의 연속적 효과를 위해 반드시 필요한 부분이다. 예를 들어, 실
제 PR캠페인이 언론을 통하여 기사화된 내용이나 횟수, 기사의
양 등을 정리하여 언론관계 활동을 평가할 수 있는데, 그러한
기사와 같은 크기의 광고를 게재했을 때의 비용(광고환산가)을 계
산해볼 수 있다. 또한 캠페인 전후 소비자에 대한 설문조사를
통하여 회사나 조직의 이미지 개선 정도를 측정해볼 수도 있다.

메세나

1) 메세나의 정의

메세나(mecenat)는 문화예술이나 스포츠 등에 대한 후원 또는
사회적 · 인도적 입장에서 공익사업 등을 지원하는 기업의 활동
을 총칭하는 용어이다. 메세나는 문화예술가들에게 지원을 아끼
지 않았던 로마제국의 정치가이자 외교관이며 당대 문예보호가
인 마에케나스(Gaius Clinius Maecenas, BC 76-AD 8)라는 사람의 이름
에서 유래한 프랑스어이다. 메세나는 원래 문화, 예술, 문학, 과
학에 대한 보호와 지원을 의미했지만 현대에 와서는 그 의미가
넓어져 스포츠 후원이나 인도적 입장에서 이루어지는 공익사업
에 대한 지원 등 기업의 모든 지원활동을 포괄한다.

2) 메세나의 목표

21세기는 문화의 시대라고 불릴 만큼 문화가 각광을 받고 있다. 이것은 문화가 고부가가치의 미래형 산업으로서뿐만 아니라 국가, 기업, 지역 그리고 개인의 경쟁력으로 인식되고 있기 때문이다. 1988~2001년까지 코펜하겐 미래학연구소의 소장을 역임한 롤프 옌센(Rolf Jensen)은 정보화 시대에 이어 소비자에게 꿈과 감성을 제공해 주는 것이 핵심이 되는 드림 소사이어티(dream society)가 도래할 것이라고 전망하고 있다. 이제 문화는 단순한 공공재의 영역에서 벗어나 21세기 핵심 테마로 부상하였다(채원호·손호중, 2004).

현대 소비자들은 더 이상 가격이나 품질을 통해 만족하지 않으며 자신들의 문화적·감성적 욕구를 충족시켜줄 수 있고, 즐겁게 소비할 수 있는 제품을 선호한다. 따라서 기업들은 품질 중심에서 품격 중심으로 바뀌고 있는 소비자들의 소비 패턴에 부응하여야 한다. 즉, 소비자들의 문화욕구를 충족시키지 못하면 시장에서 도태될 수 있다는 인식 아래 소비자들의 문화적 욕구와 기호를 반영하는 새로운 마케팅 전략의 필요성이 대두된다. 이에 따라 기업들은 문화를 매개로 한 문화 마케팅을 통해 기업 이미지나 브랜드 이미지를 고급화하고 있다. 이제 기업들은 문화를 매개로 정보 위주의 일방적인 커뮤니케이션을 최소화하고 소비자의 직접적인 경험을 최대화하여 소비자와 호의적인 관계를 구축하고자 한다. 기업과 소비자 사이에 구축된 호의적 관계는 기업 이미지와 제품 및 브랜드에 대한 긍정적 태도를 형성하는 데 도움이 된다. 실제로 메세나 활동이 기업 이미지 제고에 높은 효과가 있는 것으로 나타나면서 최근에는 기업뿐만 아니라 국가 이미지를 제고하는 전략적 마케팅 활동으로까지 발전하였다.

3) 메세나의 종류

메세나 운동은 단체나 기업이 대가를 바라지 않고 문화예술 활동을 지원해 주는 것을 말한다. 예를 들어 기업이나 단체에서 문화예술 행사에 일정 부분 지원을 해주거나 티켓을 제공하여 소외계층이 평소에 경험하지 못한 문화행사를 관람하도록 하는 것도 메세나의 일부이다.

기업이 문화예술을 본격적으로 지원하기 시작한 것은 미국 기업이 전례 없는 이윤을 획득하기 시작한 1960년대 중반 이후부터이다. 록펠러의 제창에 의해 1967년 미국 뉴욕에 BCA(Business Committee for the Arts)가 설립되어 기업의 의한 예술 지원이 본격화되었다. 미국에서의 이러한 움직임은 이후 유럽으로 전파되었고, 유럽 각국에서도 기업에 의한 다양한 예술 지원 조직이 탄생하기에 이르렀다. 한국에서는 1994년 한국기업메세나협의회*가 탄생한 이후 기업의 문화예술 지원에 대한 관심이 높아졌다.

메세나는 문화예술을 지원하는 동기에 따라 크게 두 가지로 나눌 수 있다. 첫 번째 유형은 필랜드로피(philanthropy) 관점의 메세나이다. 이는 기업의 박애정신과 이해관계자들에 대한 사회적 책임을 강조하며, 주로 순수한 자선 또는 기부 형태로 운영되는 메세나를 기업 이윤의 사회적 환원의 한 방법으로 인식된다. 문화재단, 후원회, 협회 등을 통해 공연예술, 문화교육, 미술, 영상, 뉴미디어 등에 대한 지원사업이 그 예인데, 삼성문화재단의 호암아트홀이나 금호그룹의 금호아트홀, 동아일보사의 신문박물관 등이 여기에 속한다.

*한국기업메세나협의회
기업과 문화예술계를 연결해 주는 통로로, 1994년 발족 당시 문화체육관광부와 문예진흥원의 상장기업을 대상으로 적극적인 가입 권유로 167개 기업이 회원으로 참여했고 현재 대기업과 중소기업을 포함해 2010년 4월 기준 206개 사가 회원으로 가입해 있다. 회원사를 중심으로 기업들이 문화예술과의 연대를 확대해 나갈 수 있도록 정보를 제공하고 문화예술계와 기업을 연결해 주는 사업을 펴는 것이 가장 큰 활동이다.

두 번째 유형은 문화 투자라는 마케팅 관점의 메세나 활동이
다. 즉, 기업의 성장과 발전이 그 기업이 축적하고 발전시킨 문화
의 양과 질에 의존한다고 보고 기업 메세나 활동을 문화자본을
축적하고 경영하는 방법으로 이해하는 것이다. 1980년대 후반부
터 기업 메세나는 전반적인 경기침체 속에서 공익성보다는 자사
의 실익에 보다 직접적으로 연관된 방식으로 변모하는데, 메세나
를 기업 이미지 홍보에 활용하기 시작한 것이다. 이전의 자선적
동기가 약화되고, 기업의 이윤창출에 직접적인 도움이 되도록
문화예술을 마케팅 전략에 활용하였다. 마케팅 관점의 메세나는
문화 마케팅이라는 신조어의 시발점이 되었으며, 기업이 주도적
인 역할을 하는 필랜드로피적 메세나와 달리 기업과 문화예술계
가 상호협력 파트너 관계를 유지하는 방식을 활용한다.

4) 메세나 활동과 기업 이미지

메세나는 기업 측에서는 이윤의 사회적 환원이라는 기업 윤
리를 실천하는 것 외에, 기업의 문화적 이미지까지 높일 수 있어
홍보 전략의 수단으로도 활용된다. 즉, 어떤 기업에 대하여 좋은
이미지를 가지고 있으면 그 기업이 생산하는 제품들에 대해서도
좋은 평가를 내리게 되고, 어떤 브랜드에 좋은 인상을 가지고
있으면 품질 등 그 브랜드의 구체적 속성에 대해서도 호의적 반
응을 보인다. 예를 들어, 프랑스제 향수를 애용하는 세계 여성들
이 향수액 몇 방울이 아니라 세련된 프랑스의 이미지를 기대하
는 것처럼 소비자는 품질과 가격 이외에도 생산국의 이미지를
함께 구매한다. 우리나라의 경우에도 최근 드라마와 대중가요
등 대중문화를 중심으로 아시아에서 불고 있는 한류 열풍으로

문화상품 및 국가 이미지가 향상되는 긍정적 효과를 얻었다. 이를 통해 아시아 시장에서 한국 기업과 상품의 위상이 높아졌다.

이미지란 한 개인이 특정 대상에 대해 갖고 있는 신념과 인상의 총체라고 할 수 있다. 기업 이미지는 마케팅 활동에 영향을 미치기 때문에 그 이미지 제고 방법에 대한 관심이 높아지고 있다. 기업 이미지를 형성하는 요인은 크게 세 가지로 구분할 수 있다. 첫째, 비즈니스 행위요인으로 좋은 품질과 서비스의 제공, 적정 가격의 책정, 고품질의 제품 생산 등을 통해 형성된다. 둘째, 사회적 행위요인으로 환경에 대한 관심, 성실한 세금 납부, 공중에 대한 관심 등을 통해 형성된다. 셋째, 공헌요인으로 문화예술이나 보건, 교육, 사회복지 등에 대한 지원을 통한 사회공헌 이미지에 의해 형성된다.

기업 이미지에 영향을 미치는 요인으로서 메세나 운동은 기업 이미지 제고의 측면에서 긍정적인 효과가 있는 것으로 나타났다. 즉, 소비자의 마음속에 호의적이고 강력하면서도 독특한 연상 이미지를 심어 줄 때 비로소 강력한 브랜드 자산이 형성된다. 브랜드에 대한 긍정적인 연상은 호의적인 이미지를 만들어 내고, 결국 브랜드 자체에 대한 소비자의 신념, 태도, 행동을 변화시키며, 궁극적으로는 소비자의 구매의사에 영향을 미칠 수 있다.

물론 문화예술에 대한 지원 효과는 광고처럼 단기적이고 직접적이기보다는 장기적이고 간접적이므로 기업 마케팅으로는 비효율적이라고 생각할 수 있다. 그러나 문화예술 단체와의 협력사업은 광고비보다 훨씬 적은 비용으로 기업이 단기간에 축적하기 힘든 사회적 호의를 구축함으로써 기업의 이미지 제고에 큰 영향을 미칠 수 있다(이수범 · 신성혜, 2005).

1) 웹마케팅의 정의

웹마케팅이란 일반적으로 인터넷을 기반으로 수행되는 모든 마케팅 활동을 의미한다. 특히 인터넷을 통하여 상품이나 서비스에 대한 홍보와 판촉 활동을 전개하는 것을 말한다. 웹마케팅은 기존의 마케팅 영역에 대한 이해와 더불어 인터넷의 기반이 되는 새로운 기술과 이용자의 문화적 특성에 대한 이해로부터 출발한다. 인터넷을 기반으로 한다는 것은 인터넷에서 사용되는 모든 애플리케이션과 도구들을 활용하며, 능동적 정보소비자인 인터넷 사용자들을 대상으로 한다는 것이다.

따라서 웹마케팅은 인터넷 이용자들의 특성을 반영한 정보와 콘텐츠 중심의 소구전략을 필요로 한다. 즉, 정보나 콘텐츠에 대한 능동적 선택과 능동적 판단 등 개인의 능동성이 강화되고 개인주의적 접근 구도가 명확해짐에 따라 웹마케팅에서는 정보와 콘텐츠의 풍부한 양과 고급화된 질적 접근으로 웹 이용자에게 호소해야 한다. 아울러 불특정 다수에게 제공하는 마케팅 전략이 아니라, 특정 개인에게 맞춤화된 전략이 필요하다.

2) 웹마케팅 시 고려사항

인터넷 마케팅 전략 수립 시 다음과 같은 사항을 고려해야 한다.

첫째, 소비자 능동성이 비약적으로 발전하고 있다. 기존 소비자들보다 온라인 소비자인 네티즌은 정보의 선택과 수용에 있어서 매우 능동적이고 주체적이다. 즉, 소비자 개인별 가치를 추구한다는 것이다.

둘째, 기술과 문화의 지속적인 변화에 대비해야 한다. 인터넷에서 활용되는 기술도 급변하며 소비자의 문화 패턴과 선호도도 상당히 짧은 주기를 두고 변화한다. 따라서 인터넷 이용자들의 전반적 트렌드를 상시 분석하고, 이를 마케팅 전략에 반영하여야 한다.

셋째, 상호종속성을 효과적으로 관리해야 한다. 웹마케팅에서 판매자와 소비자의 매개는 사이버 공간에서 이루어지는 경우가 많다. 따라서 사이버 공간을 통해 소비자가 만나게 되는 마케팅 조직과 서비스 운용 조직 등 연관된 조직에 대한 관리가 유기적으로 이루어져야 한다.

넷째, 유통구조의 변화를 이해해야 한다. 인터넷 소비자는 상품에 대한 다양한 정보를 추구하며 상품에 대한 개인적 유용성을 이성적으로 판단한다. 즉, 충동적 구매가 적고 이성적 판단의 비중이 높아지는 등 구매 패턴이 변화하고 있다. 따라서 웹마케팅은 오프라인과 온라인의 유통구조 차이를 이해하고 오프라인보다 더욱 편리하고 인간적으로 접근할 수 있도록 해야 한다.

다섯째, 문화적 세계화에 대비해야 한다. 인터넷은 지리적 한계를 초월하여 시장을 세계화한다. 따라서 콘텐츠 마케팅의 경우에도 소비자의 언어와 문화적 지향성을 고려해야 한다.

3) 웹마케팅의 형태

(1) 정보제공을 통한 차별화

웹사이트를 통하여 양질의 풍부한 정보를 제공하고 고객에 대한 신속한 커뮤니케이션 대응을 통하여 기존 마케팅 전략과 차별화하는 것이 필요하다. 예를 들어 웹사이트를 통하여 영화관에서 상영 중인 영화, 시간, 요금 등 영화와 관련된 정보를 제공할 뿐만 아니라 좌석 예약 등이 가능하도록 하여 기존 서비스와 차별화하면 문의나 발권 등에 들어가는 시간과 비용을 절감할 수 있으며, 영화와 관련된 다양한 자료 제공이나 이용자의 요구사항을 실시간으로 처리할 수 있게 되어 이용자들에게도 긍정적인 반응을 가져올 수 있다.

(2) 고객 관계 구축

웹마케팅은 고객을 세심하게 관리하고 고객으로부터 얻은 의견과 정보를 제품이나 서비스에 반영함으로써 고객과의 긍정적인 관계를 설정하면, 향후 지속적인 방문을 유도하여 안정적인 커뮤니티를 확보할 수 있으며 이를 통해 매출 확대의 기반을 조성할 수 있다.

(3) 유통단계 감소를 통한 비용절감

웹마케팅은 웹어플리케이션을 활용한 거래를 통하여 기존 거래비용을 절감할 수 있다. 특히 생산자와 소비자 간의 직거래나 거래 지역을 확대함으로써 전체적인 수익구조의 향상을 가져올 수 있다. 예를 들어 온라인 서점인 아마존*은 복잡한 서적 유통단계를 웹어플리케이션을 통해 간단히 줄임으로써 재고관리의

*아마존
세계에서 가장 규모가 큰 인터넷 서점(www.amazon.com)

효율화 및 유통비용 절감 등 마케팅 효과를 극대화하였다.

4) 웹마케팅의 기본 과정

웹마케팅의 핵심요소는 3C(Contents, Community, Commerce)로 표현된다. 즉, 바람직한 웹마케팅은 콘텐츠, 커뮤니티, 상거래 등세 가지 요소를 효율적으로 상호연관시켜야 한다. 웹마케팅의 기본 과정을 살펴보면 다음과 같은 다섯 단계로 나눌 수 있다.

① 1단계 : 사용자의 흥미와 참여 유도
흥미 있는 콘텐츠의 개발, 독특한 인터페이스, 양방향 콘텐츠, 이용자에 의한 콘텐츠 생성 등을 통하여 사용자의 흥미와 참여를 유도한다.

② 2단계 : 고정사용자 확보
자주 업데이트되는 동적인 콘텐츠와 차별화된 콘텐츠를 확보하여 고객의 재접근을 유도하고 커뮤니티를 구성하여 고정사용자를 확보한다.

③ 3단계 : 사용자 정보 획득
고객 취향을 이해하기 위해 지속적 분석활동을 전개하고, 분석된 정보를 토대로 다양한 마케팅 전략을 개발한다.

④ 4단계 : 개인별 가치 제공
고객 개인별 맞춤화된 정보제공뿐만 아니라 핵심 고객과의 커뮤니케이션 극대화, 방문횟수에 따른 포인트 적립 등 다양한 가치 부여를 통한 일대일(one-to-one) 마케팅을 전개한다.

⑤ 5단계 : 상거래 활성화

브랜드 인지도를 확보하고 목적 고객을 창출하여 매출을 확대한다.

5) 주요 웹마케팅 방법

(1) 이메일 마케팅

빠른 통신수단 정도로만 여겨져 왔던 이메일이 마케팅의 주요한 방법으로 자리 잡았다. 인터넷 사용 인구가 빠른 속도로 증가함에 따라 기업과 고객과의 강력한 의사교환 수단이 된 것이다. 특히, 이메일 마케팅은 고객의 성향과 구매습관, 취향 등에 따른 개인화된 일대일 마케팅을 가능하게 해준다. 물론 과도한 이메일 마케팅은 스팸메일이라는 문제를 발생시키기도 하므로 반드시 사용자들이 허락하고 동의한 메일링 리스트를 사용하여야 마케팅의 효율성을 높일 수 있다.

(2) 바이러스 마케팅

입소문 마케팅으로도 불리는 바이러스 마케팅(viral marketing)은 네티즌들에게 유용하고 재미있는 정보를 제공함으로써 자발적으로 입소문을 내게 하는 방법이다. 예를 들어, 영화를 제작하면서 네티즌 펀드*를 조성하는 경우 실제 제작 자금을 확보하는 방법이 되기도 하지만 투자자들을 자발적인 홍보요원으로 만드는 방법이 되기도 한다. 즉, 소액으로 출자한 다수의 네티즌은 영화가 개봉되면 자신이 투자한 것에 대한 이익을 실현하기 위

*펀드
투자 전문기관이 일반인들로부터 돈을 모아 증권투자를 하고 여기서 올린 수익을 다시 투자자에게 나누어 주는 것

해서라도 주위 사람들에게 그 영화에 대한 우호적 발언이나 자발적 홍보를 하게 된다. 따라서 영화에 대한 네티즌 펀드는 고액의 소수 출자자보다는 소액의 다수 출자자가 선호된다.

(3) CRM

CRM(Customer Relationship Management, 고객관리)은 기업이 고객을 지속적으로 유지하고, 기업에 대한 고객의 가치를 증진시키기 위해 기업과 고객 간의 상호이익적 관계를 형성, 유지, 강화하려는 일련의 마케팅 과정이다. CRM은 고객 데이터를 세분화하여 신규고객 획득, 우수고객 유지, 고객 가치 증진, 잠재고객 활성화, 평생 고객화 등의 사이클을 통해 고객을 적극적으로 관리하고, 고객의 가치를 극대화시킬 수 있는 전략으로 사용한다. CRM은 다양하고 수많은 고객들의 정보를 기반으로 수행되기 때문에 고객 정보를 파악할 수 있는 시스템 기반이 필요하다.

(4) 온라인 이벤트

온라인 이벤트는 일방적인 광고 메시지의 노출과 달리 네티즌의 관심 유발과 이용자의 참여 등을 통하여 상품이나 서비스에 대한 관심을 촉발해 내는 방법이다. 온라인 이벤트의 장점은 사용자의 능동적 접근이 가능하므로 이벤트로 유인만 된다면 그 효과가 극대화될 가능성이 높다. 또한 오프라인 이벤트에 소요되는 비용보다 상대적으로 저렴하게 동일한 수준의 이벤트 효과를 거둘 수 있어 비용과 인력, 시간 등을 절감할 수 있다. 인터넷 공간에서 이루어지므로 지역적 한계에 구애받지 않고 동일한 이벤트를 전국 혹은 전 세계를 대상으로 실시할 수 있다.

(5) 인터넷 광고

인터넷 광고는 기업이나 개인이 웹을 통해 불특정 다수에게 노출하는 인터넷상의 정보나 웹사이트를 의미한다. 웹사이트에 배너나 팝업 광고, 검색엔진이나 포털(portal)을 통해 디스플레이되는 키워드 광고 등이 인터넷 광고의 예이다.

인터넷 광고는 메시지 전달방식이나 광고의 규격, 형식뿐만 아니라 메시지 수용성에서도 전통적인 광고와 많은 차이를 보인다. 우선 인터넷 광고는 사용자의 적극적 참여를 촉진한다. 고객 스스로 관심 있는 광고를 선택하도록 하기 때문이다. 또한 인터넷 광고는 방문자와 응답자의 추적이 가능하기 때문에 광고효과의 측정이 전통적 매체광고보다 용이하다. 이러한 장점으로 인해 인터넷 광고를 이용하는 기업이나 개인이 늘어나고 있다.

　다양한 미디어의 발전으로 문화콘텐츠 마케팅의 개념이 점차 확장되고 그 수단도 다양해지고 있다. 즉, 미디어 기술의 발전으로 기존의 대중매체와 인터랙티브(interactive) 미디어를 유기적으로 결합시키는 크로스미디어 마케팅이 점차 늘어나고 있는 추세이다.

　이에 따라 예전의 인지도·선호도 제고와 같은 추상적 마케팅 목표는 고객들이 얼마나 인지하고, 참여 혹은 체험하고, 공유하는가와 같은 구체적인 목표로 전환되고 있다. 이러한 목표 달성을 위하여 보이지 않게 은근히 파고드는 무형의 마케팅(invisible marketing), 구전 마케팅, 재미있는 마케팅, 감성 마케팅 등 이용자 개개인과의 연계와 경험을 중시하고 커뮤니티를 활용하는 것과 같이 훨씬 더 고차원적인 기법이 필요하게 되었다(KTF엠하우스, 2005).

　특히 인터넷이나 모바일을 통한 실시간 정보접속이 가능하고 다양한 사용 경험과 브랜드 체험을 할 수 있기 때문에 소비자의 선택 폭이 증대되고, 상품이나 서비스에 대한 합리적 평가 및 구매가 가능하게 되었다. 이에 따라 마케팅 방법도 자연스럽게 다양화되고 있다. 이와 같은 미디어의 발전과 마케팅 기법의 다양화는 마케터들에게 과거에 경험하지 못했던 재미있고 다양한 실험을 할 수 있는 기반을 제공하고 있다. 문화콘텐츠 마케터는 누구(일반인, 프리미엄 고객 등)를 대상으로 할 것인가, 어떤 시장(경쟁 시장, 틈새시장 등)을 대상으로 할 것인가, 어떤 타깃(다수, 동호회, 일대일 등)을 설정할 것인가 등의 목표에 따라 다양한 미디어를 활용할 수 있어야 하며, 경우에 따라서는 크로스미디어(cross media)를 활용한 결합형 마케팅 전략도 구사할 수 있어야 한다.

참고문헌 및 자료 ────────────────────────

박장순(2005). 『문화콘텐츠 해외 마케팅』. 커뮤니케이션북스.

오택섭 · 강현두 · 최정호(2005). 『미디어와 정보사회』. 나남출판.

유재천 외(2004). 『매스커뮤니케이션의 이해』. 커뮤니케이션북스.

이수범 · 신성혜(2005). "기업 PR로서의 문화 마케팅이 기업 및 브랜드 이미지, 구매의사에 미치는 영향". 『광고연구』 제66호, 137–164쪽.

채원호 · 손호중(2004). "기업 메세나의 동기와 공공성", 『한국사회와 행정연구』 제15권 제3호, 525–549쪽.

홍성태(1999). 『보이지 않는 뿌리』. 박영사.

한국문화정책개발원(1995). 『기업메세나 활성화 방안』.

문화체육관광부 · 한국방송광고공사(2009). 『2008 광고산업통계』. 문화체육관광부.

KTF엠하우스(2006). 『모바일 마케팅이 대세다』. 도서출판 보고사.

Maslow, A.(1965). *A Theory of Human Motivation*. Prentice Hall.

스포츠서울. 2009. 9. 22. "한 장에 담는 24부작: 드라마 포스터의 세계".

한국메세나협의회 〈http://www.mecenat.or.kr/〉

한국인터넷진흥원 인터넷통계정보검색시스템 〈http://isis.nida.or.kr/〉

뉴스와이어 〈http://www.newswire.co.kr〉

더 읽어 볼 거리 ────────────────────────────

이명천. 『문화콘텐츠 마케팅』. 커뮤니케이션즈.

안종배(2008). 『나비효과 콘텐츠 마케팅』. 미래의창.

5장

산업별 문화콘텐츠 마케팅

정미강

'문화'라는 것은 인간의 거의 모든 삶에 관여하고 있다고 해도 과언이 아니다. 따라서 문화콘텐츠의 분야 또한 실로 광범위하고도 다양하다. 여기에서 오는 혼동을 막고 산업적인 분류를 편리하게 하기 위해 국내에서는 문화산업의 분야를 법적으로 '영화·비디오물과 관련된 산업, 음악·게임과 관련된 산업, 출판·인쇄·정기간행물과 관련된 산업, 방송영상물과 관련된 산업, 문화재와 관련된 산업, 만화·캐릭터·애니메이션·에듀테인먼트·모바일문화콘텐츠·디자인·광고·공연·미술품·공예품과 관련된 산업, 디지털 문화콘텐츠, 사용자 제작 문화콘텐츠 및 멀티미디어 문화콘텐츠의 수집·가공·개발·제작·생산·저장·검색·유통 등과 이에 관련된 서비스를 하는 산업, 그밖에 전통의상·식품 등 전통문화 자원을 활용하는 산업' 등으로 규정해 놓고 있다.

그러나 여기에 규정되어 있는 문화콘텐츠만 살펴보아도 그 영역이 매우 방대하며, 또한 각기 다른 특색과 개성을 가지고 있음을 알 수 있다. 즉, 문화콘텐츠의 각 영역들은 서로 상이한 특성을 가지며, 이것은 마케팅의 방식에도 큰 영향을 미친다. 특히 트렌드에 민감하고 소비 사이클이 빠른 대중적 성향의 문화산업 분야는 끊임없이 새로운 마케팅 아이디어를 창조해 내야 하고 소비자의 기호를 발 빠르게 읽어 내야 하는 임무까지 주어진다. 따라서 문화산업 마케팅은 각각의 산업 유형에 따라 새로운 전략과 방식을 끊임없이 구상하고 창조해 내야 하며, 이를 위해서는 산업별 특성을 제대로 이해하고 각 분야에 맞는 마케팅 방안을 찾아내는 것이 반드시 필요하다 할 것이다.

따라서 이 장에서는 문화산업 중 가장 대표적인 분야라고 할 수 있는 영상, 음악, 게임의 세 분야에서의 마케팅에 대해 다루어 보고자 한다. 각 산업별로 마케팅이 가지는 의의, 마케팅 목표의 대상, 효과적인 마케팅 방안과 사례를 살펴봄으로써 문화산업의 특수성과 산업별 특성에 맞는 마케팅 기획에 대한 이해를 높일 수 있을 것이다.

1) 영상 마케팅이란 무엇인가

영상 마케팅은 극장, TV, 비디오, 케이블, 위성방송에서 방영되는 영상콘텐츠를 제작하고 방송하는 영상산업 분야에서의 홍보 및 판촉 활동을 말한다. 이 영상콘텐츠에는 영화를 비롯하여 드라마, 애니메이션, 그 외 다양한 방송용 프로그램들이 포함된다.

이 중 가장 대중적이며 사회적 파급력 또한 큰 콘텐츠는 영화와 드라마라 하겠다. 따라서 이들 영화와 드라마들은 문화산업의 대표적 특징인 원 소스 멀티유즈(One Source Multi-Use: OSMU)의 정점에 있는 경우가 많다. 일반적으로 만화책이나 소설에서 대중적인 인기를 끈 콘텐츠들은 영화나 드라마로 다시 제작되어 더 많은 대중들을 만나고자 하는 경향이 크다.

뿐만 아니라, 영화와 드라마는 OST, 패션 스타일 등을 유행시키며 음악이나 의류와 같은 타 산업 분야에 큰 영향을 미치기도 한다. 이러한 영상콘텐츠의 대중적 영향력과 산업적 파워, 경제적 시너지 효과는 이미 우리나라의 영화·드라마 산업에서 여러 차례 증명된 바 있다.

〈그림 5.1〉 대장금의 OSMU 사례. 왼쪽부터 드라마 〈대장금〉, 대장금 테마파크, 애니메이션 〈장금이의 꿈〉, 뮤지컬 〈대장금〉

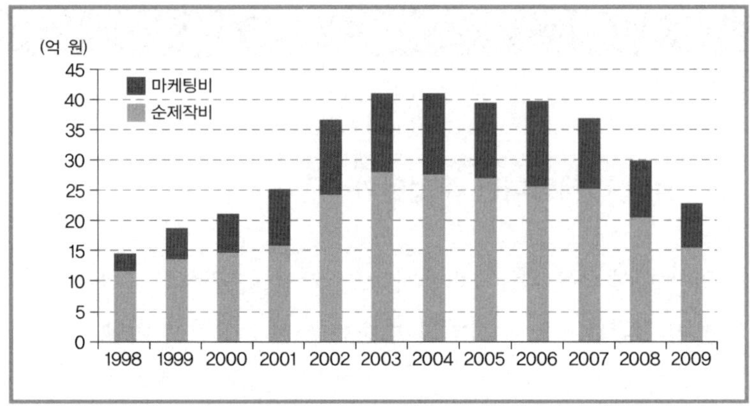

<그림 5.2> 연도별 한국영화 평균 제작비 현황

출처: 영화진흥위원회 영화정책센터(2010). "2009년 한국영화산업 결산".

또한 최근 들어 비디오 및 DVD, 케이블 TV 프로그램, 인터넷, IPTV 등 부수적 시장이 확장되면서 영상콘텐츠의 영역은 점점 더 넓어지고 있다. 이러한 영상콘텐츠의 다각적 활용과 미디어 활성화에 힘입어 영상산업 분야에서 마케팅비가 차지하는 비율 또한 꾸준히 상승하고 있으며, 영화의 경우 마케팅 비용이 순제작비의 30%가량을 차지할 만큼 꾸준히 그 비중이 늘고 있다.

영화나 드라마와 같은 영상콘텐츠는 보급되는 주기가 짧고, 특히 영화의 경우 개봉 3일 만에 성패가 판가름 난다고 하는 상품이기 때문에 마케팅이 무엇보다 중요한 요소이다. 따라서 보다 체계적이고 효과적인 마케팅 방법을 통해 명확한 목표와 전략을 세우고 관객을 설득해낼 수 있어야 한다.

2) 영상 마케팅의 목표와 대상

영화와 드라마는 영상콘텐츠라는 공통점을 제외한다면 제작되는 환경과 유통되는 과정이 다르기 때문에 마케팅의 목적이나 방법도 달라진다. 따라서 우선 이 두 분야의 특징을 살펴보고,

이들의 마케팅 목표와 대상을 알아보기로 하자.

영화산업은 일정한 의미를 갖고 움직이는 대상을 촬영하여 영사기로 스크린에 재현하는 대표적인 영상종합예술이자 엔터테인먼트 산업이다. 이것은 배우나 감독의 예술정신을 표현하는 매체이기도 하면서 관객을 위해 만족스러운 오락 서비스를 제공해야 하는 일종의 문화서비스산업이다. 따라서 시나리오, 감독, 배우를 영화의 3요소라고 볼 수도 있지만, 실제로 상품으로서는 제작자(프로덕션), 도매업자(배급사), 소매업자(극장), 소비자(관객)로 구성된다고 볼 수 있다. 영화와 같은 영상산업은 흥행 성공 시 막대한 고수익을 올릴 수 있는 반면, 실패할 경우 큰 위험성을 가지고 있으며, 주기가 매우 짧다는 특징을 가지고 있다. 이를 보완하기 위해 비디오 및 DVD 시장이 있으나 불법 다운로드 등으로 위축된 상태이다. 그러나 IPTV, 디지털 케이블 등 VOD* 서비스가 시작되면서 합법 다운로드가 크게 늘어났고 이를 통해 수익을 올리는 경우가 증가하고 있다.

방송산업은 방송 상품의 제작, 유통, 서비스 제공, 전송 등을 포함하는 산업이다. 우리나라 방송산업은 지상파 방송(KBS, MBC, SBS, EBS), 케이블 TV, 위성방송 및 기타 매체와 관련된 사업으로 구성된다. 1995년 이전까지 우리나라 방송산업은 지방파 방송과 지상파 방송의 재전송을 담당하는 중계유선방송사업으로 한정되었다. 그러나 1995년 도입된 케이블 TV는 2005년까지 1,470만 명 이상의 가입자를 확보하여 방송산업의 또다른 강자로 떠오르고 있다. 또한 우리나라는 2012년 10월 31일에 아날로그 방송이 완전히 폐지되고 디지털 방송으로 모두 전환될 예정인데, 이렇게 급변하는 방송산업의 환경으로 더욱 다양하고 새로운 콘텐츠가 제공될 전망이다.

*VOD(Video On Demand)
맞춤영상정보 서비스, 주문형 비디오 조회 시스템이라고도 한다. 기존 공중파 방송이나 케이블 TV에서처럼 프로그램을 일방적으로 수신하는 것이 아니라 가입자의 요구에 따라 원하는 시간에 원하는 내용을 이용할 수 있는 쌍방향 서비스이다. 사용자의 선택권이라는 특성으로 인해 앞으로 기존 TV와 VCR을 대체하는 중요한 매체가 될 것으로 보인다. 또한 방송 외에도 원격교육, 홈쇼핑, 재택근무 등 다양한 방면에서 활용될 것으로 기대된다.

방송산업은 방송사, 제작사, 유통사라는 세 개의 주요 구성원으로 이루어진다. 방송사는 전파를 이용하여 자기 채널에 프로그램을 송출하는 역할을 하고 직접 프로그램을 제작하기도 한다. 제작사는 방송사 자체 제작 이외의 콘텐츠 제작을 담당한다. 유통사는 콘텐츠의 국내 지상파 방송을 제외한 다른 모든 형태의 유통을 맡게 되는데, 여기에는 콘텐츠의 해외 영업도 포함된다.

지금까지 살펴본 특징에 따르면, 영화의 경우는 마케팅의 목적을 관객이 영화를 보기 위해 영화관으로 오도록 유도하는 것

'다매체 시청' 시대의 도래, TV 프로그램을 지상파로만 보던 시대는 지났다

이제 하나의 프로그램은 지상파를 비롯해 케이블, 디지털멀티미디어방송(DMB), 인터넷TV(IPTV), 방송사 홈페이지, P2P 사이트 등 최소 5~6개 통로로 유통된다. 특히 활동성이 크고 뉴미디어에 익숙한 젊은 세대일수록 지상파 이외의 경로로 프로그램을 보는 '다매체 시청족'이 많다.

TNS미디어코리아에 따르면 지난달 14일 KBS2에서 방송한 〈아이리스〉 첫 회의 개인 시청률은 10.7%로 이를 전국 시청자 수로 환산하면 약 484만 400명이다. 같은 방식으로 집계한 17일 재방송 시청자 수는 약 100만 1,000명으로, 모두 584만 1,400여 명이 지상파로 첫 회를 보았다. 케이블 채널 OCN은 17~22일 첫 회를 여덟 번 방송했는데, 이 기간 시청자 수는 약 97만 6,100명으로 추산된다. 케이블 채널 KBS드라마는 24, 25일 첫 회를 세 번 방송했고 예상 시청자 수는 49만 4,200여 명이며, 지상파 DMB로 본 사람은 약 3만 8,500명이다. 또한 지상파 방송 후 30분이나 1시간 뒤면 웹하드 및 P2P 사이트에 해당 방송분이 올라와 유료로 볼 수 있다. 이 드라마의 온라인 유통사인 씨네21i와 계약을 한 사이트는 94곳인데, 씨네21i에 따르면 첫 회의 합법 다운로드는 약 25만 건에 이른다. IPTV 3사를 통해 집계한 주문형 비디오(VOD)의 첫 회 다시보기 수는 약 57만 5,600건이다. 통상 P2P 불법 다운로드가 합법 다운로드보다 많다는 점을 감안하면, 지상파 이외의 매체로 〈아이리스〉 첫 회를 본 시청자는 약 350만여 명으로 추산되며, 이는 시청자 세 명 중 적어도 한 명은 지상파 이외의 매체로 방송을 본 셈이 된다.

이러한 다매체 시청족의 급증은 프로그램의 마케팅 방식도 바꾸고 있다. 시청시간이 고정된 지상파와 달리 비(非)지상파를 통한 시청은 시간이 지날수록 계속 늘어난다. 〈아이리스〉 공동 제작사인 에이치플러스의 조현길 대표는 "제작비 수급을 위해서는 여러 매체로 프로그램을 노출해야 어느 정도 수익이 나온다"고 말했다. 〈아이리스〉는 KBS와 편성 논의가 오갈 시점에 케이블 채널 OCN과 먼저 계약을 마쳤고, 현재 일본 지상파로 수출 계약도 마쳤다.

올해 초 방영해 10, 20대 사이에 큰 인기를 누린 KBS2 〈꽃보다 남자〉는 이색 마케팅을 시도했다. 제작사인 그룹에이트는 젊은 층이 자주 찾는 웹사이트 다음과 싸이월드에 10분 단위로 편십된 부료 농녕상을 올렸고, 농녕상에 붙은 광고로 수익을 올렸다. 그룹에이트의 전규아 차장은 "이 드라마는 주 타깃층이 뉴미디어에 익숙한 10대였다. 그만큼 P2P 다운로드, 모바일 다시보기와 같은 방식으로 올린 수익이 다른 프로그램 평균치의 7~10배 정도 된다"고 말했다.

한국콘텐츠진흥원 권호영 박사는 "올해 초 미국에서 발표한 연령대별 영상콘텐츠 이용 현황을 보면 인터넷을 통한 프로그램 시청은 18~24세가 제일 많았고, 휴대용 기기로 보는 것은 12~17세가 가장 많았다. TV 시청은 나이가 많을수록 늘어나는 추세를 보였다"고 말했다. 권 박사는 "방송 콘텐츠의 2차 유통 시장이 형성된 지 오래됐지만 대부분 콘텐츠를 저가(低價)에 유통하고 있다. 바람직한 수익 모델로 자리 잡으려면 제값을 받고 판매할 수 있는 시장이 형성되어야 한다"고 지적했다.

— 동아닷컴, 2009. 11. 12 참조

으로 이해할 수 있다. 즉, 영화라는 상품은 소비되는 장소가 특별히 정해져 있다는 특수성을 가진다. 이 영화관은 지금은 많이 대중화되어 쉽게 접근 가능하기는 하나, 일단 고객을 특정 장소로 유인해야 하고 따로 개별 비용을 지불해야 한다는 측면에서 고객들이 보다 신중하게 소비를 결정할 가능성이 크다. 따라서 영화 마케팅은 콘텐츠에 대한 기대감 및 신뢰감 형성, 입소문, 할인과 관련된 판촉행사가 마케팅에 있어 중요한 부분을 차지한다.

반면, 방송은 전파를 통해 보급되어 시청률을 높이는 것으로 이해할 수 있다. 방송영상은 TV 시청으로 이루어지므로 보통 가정에서 소비되며 개별 비용을 지불할 필요가 없다. 따라서 시청자들은 보다 가벼운 마음으로 콘텐츠를 선택할 수 있으며 마음에 들지 않을 경우 금방 다른 콘텐츠를 선택할 수 있는 등 선택의 폭도 넓어진다. 따라서 방송영상의 판촉에 있어서는 홍보나 광고도 중요하지만 시청자를 몰입시킬 수 있는 요소를 비롯해 계속해서 시청자와 관계를 맺을 수 있는 방안이 중요하다. 따라서 특정 계층, 예를 들어 주부, 20·30대 여성, 남자 성인 등 비교적 정확한 시청자 목표를 설정한 후 충성고객을 만들 수 있는 전략을 펼치는 것도 필요하다.

그러나 최근 영상콘텐츠의 디지털화와 디지털 매체의 확산으로 인해 한 가지 경로로만 통해서 영상콘텐츠를 소비하는 경우가 점점 줄어들고 있다. 이른바 다매체 시대의 도래로서 극장 또는 TV만을 통해 영상콘텐츠를 소비하는 소비자는 이제 인터넷, 디지털 기기, 케이블, 유선방송 등을 통해 다양한 유통경로를 이용하고 있다. 따라서 이러한 시장의 확장을 고려한 마케팅 방법 또한 적극적으로 고려해야 할 것이다.

3) 효과적인 영상 마케팅 방안과 사례

영상콘텐츠는 그 특성에 따라 목표로 하는 주요 관객층이 달라진다. 따라서 이에 맞추어 가장 효과적인 경로를 선택하여 더 많은 관객과 시청자들이 콘텐츠를 선택하게 해야 하는 것이 마케팅의 임무이다. 또한 시시각각 변하는 사회문화적 환경과 맞물려 대중들에게 어필하기 위한 가장 효과적인 방안을 찾아야 한다. 특히 최근에는 소셜 네트워크 서비스(social network service)의 발달로 이를 이동한 바이럴 마케팅(viral marketing, 입소문 마케팅) 등이 강화되고 있다. 2~3년 사이에는 초고속 인터넷망의 급속한 보급으로 온라인 마케팅이 강화되고 있다. 또한 주연배우들이 홍보를 위한 방송 출연을 당연한 의무로 받아들이는 등 관객이나 시청자와 적극적으로 소통하고자 하는 노력들도 확산되고 있다. 물론 콘텐츠의 질이 흥행이나 시청률을 위해서는 가장 중요한 부분이기는 하나, 콘텐츠의 기획 단계에서부터 철저히 준비된 홍보와 광고활동 또한 흥행에 큰 영향을 미친다.

일반적으로 가장 흔히 활용되는 홍보 전략은 유료의 광고지면을 이용하지 않고 언론의 기자회견 형식이나 이벤트 실시 등을 통해 영상물을 알리는 것이다. 주연배우가 방송 프로그램에 출연하여 영화를 알리거나, 뉴스를 통해 영화의 정보를 알리는 것은 지면이나 전파를 통해 방영하는 광고에 비해 상업성이 배제된 객관적 정보로 인식되기 때문에 소비자들의 신뢰도가 높다. 특히 영화정보는 생활정보로 다루어지므로 이러한 홍보가 효과적이다. 따라서 영화나 드라마는 개봉이나 방영 전에 시사회, 기자회견을 거쳐 보도자료를 배포하는 것이 일반적이다. 특히 영화의 경우 영화잡지나 인터넷에 게재되는 비평가의 평가

<그림 5.3> 영화 〈괴물〉

등이 중요한 홍보 방식으로 사용되고 있다.

최근에는 인터넷으로 인한 네트워크가 강화되면서 포털사이트나 블로그 등에 네티즌들이 직접 영화평을 올리고 정보를 교환하는 활동이 활발해졌는데, 특히 상영이 시작되면 그 파급효과가 더욱 강력하게 나타나기 때문에 온라인 홍보 및 입소문 효과도 무시할 수 없는 요소가 되고 있다. 봉준호 감독의 〈괴물〉은 홍보 전략과 네티즌들의 힘을 효과적으로 활용한 예로 꼽힌다. 감독은 그가 유년 시절 원효대교 다리 밑에서 본 괴물체에 대한 인터뷰를 홍보자료로 이용함으로써 대중의 호기심을 자극하는 데 성공하였다. 또한 우리 영화의 그래픽 기술에 대한 불신을 불식시키기 위해 해외 제작팀들과의 제작과정을 일부 공개하기도 하였으며 해외 영화제에 먼저 출품하여 이룬 쾌거를 홍보에 적극적으로 이용하였다. 물론 이 홍보의 가장 큰 출구는 인터넷이었다. 그러면서도 절대적으로 핵심 콘텐츠는 숨겨 왔는데, 이러한 홍보 전략은 관객의 호기심을 증폭시키는 결과를 가져왔고 성공적으로 관객을 끌어들이는 데 주효하였다.

영화의 경우 극장으로 관객을 유도해야 하기 때문에 프로모션 활동 또한 중요하다. 프로모션은 관객을 늘리기 위해 하는 모든 활동을 말하는데, 직접적인 프로모션 활동으로는 영화를 보러 오는 관객들에게 사은품 증정이나 가격할인 등 특정 혜택을 줌으로써 관객을 유인하는 것이다. 간접적인 프로모션 활동은 영화 내용이나 영화에서 특징적으로 나타나는 현상을 매개로 한 퀴즈 프로그램 등이 해당된다. 또 다른 기업들과 협력하여 영화를 알리는 행사를 개최하는 제휴 마케팅 전략도 사용되고 있다.

드라마의 경우는 일정한 방영기간이 있기 때문에 영화와 같이 사전 홍보도 중요하지만, 꾸준히 시청자를 관리하는 측면도 중요하다. 이러한 방안으로 특히 인터넷이 중요한 마케팅 수단으로 활용되고 있다. 드라마를 인터넷으로 알리는 인터넷 드라마 마케팅은 단순한 온라인 홍보 이벤트에 그치기보다는 활동성 있는 커뮤니티를 찾아 흥행에 연결하는 전략이 접목되고 있다. 이 외에도 포털 사이트에 프로그램 홍보, 하이라이트, NG 영상 등의 동영상을 유포하는 마케팅도 펼치고 있다. 또 홈페이지를 제작하여 네티즌과 제작진들이 함께 공유할 수 있는 공간을 마련하거나 PPL로 활용한 제품들을 이용한 경품 이벤트를 펼치는 제휴 마케팅, '다모 폐인'처럼 커뮤니티 공간에 네티즌의 참여를 유도하여 충성고객을 만드는 커뮤니티 마케팅도 시도되고 있다. 그리고 앞서 언급했듯이 이제 지상파 방송으로만 드라마를 시청하는 경우가 줄어들고 있기 때문에 다양한 유통경로를 확보하고 이를 통해 유료 수익을 올리는 전략 또한 반드시 구사해야 한다.

또한 드라마와 영화는 다른 상품의 마케팅 수단으로 활용되기도 하는데, 특히 몇 주에서 몇 달까지 장시간에 걸쳐 내용이 진행되는 드라마는 높은 시청률을 유지할 경우 그 파급력이 엄청나다. 이러한 이유로 시청률은 드라마 콘텐츠에서 무시할 수 없는 요소이자 중요한 수익창출 원동력이 된다. 즉, 시청률이 높

은 드라마는 각종 홍보와 광고의 매체로 이용되는데, 드라마 속
에 등장함으로써 인지도를 높이고 광고효과를 노리기 위한 PPL
이 대표적인 사례이다. 또한 드라마의 배경이 됨으로써 지역적
홍보를 노리는 지자체들도 계속 늘어나는 추세인데, 이러한 효
과를 제대로 보여 준 사례가 〈겨울연가〉의 배경이 되었던 춘천
이라고 할 수 있다. 특히 일본에서 〈겨울연가〉의 대성공으로 춘
천은 일본인 관광객까지 꾸준히 유치하기도 하였다. 이는 특히
이 지역의 문화를 알리고 소비를 촉진하며 수출하는 데까지 이
어지는 긍정적인 효과를 가져왔는데, 이는 영상콘텐츠가 단지
시청에서 끝나는 것이 아니라 하나의 강력한 마케팅 도구로서
특정 문화를 수용하고 소비하는 것까지 큰 영향을 미치게 됨을
보여주는 예라고 할 수 있다.

음악 마케팅

1) 음악 마케팅이란 무엇인가

음악 마케팅은 음악산업에서 음반, 음원, 가수 등을 홍보, 판
촉하는 활동이다. 일반적으로 음악 마케팅은 청각, 소리, 음악을
활용하여 고객의 감성요소를 자극하는 마케팅 전략과 같은 의미
로 사용되기도 하는데, 이는 음악을 마케팅의 도구로 활용하는
것이므로 그 영역이 다른 것이라 할 수 있다.

음악산업은 과거 음반산업과 거의 동일한 의미를 가지고 있

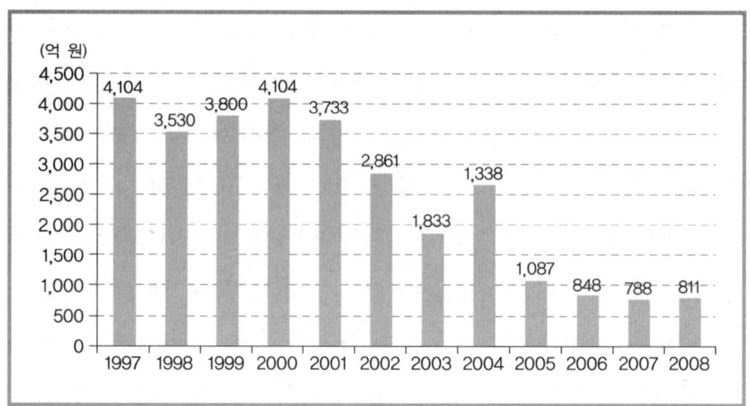

〈그림 5.4〉 국내 음반산업 규모(1997~2008)

출처 : 문화체육관광부 · 한국콘텐츠진흥원(2010). 『2009 음악산업백서』. 한국콘텐츠진흥원.

었다. 음악은 LP레코드에서 시작하여 카세트테이프, CD에 이르기까지 그 기록 매체를 달리했지만 여전히 하드웨어를 통해 전달되었다. 그러므로 음악 마케팅은 이러한 음반을 판매하기 위한 활동을 의미했다. 그러나 최근의 음악산업은 새로운 매체와 환경 속에 놓이면서 큰 변화를 겪고 있는 중이다. 그 원인은 바로 디지털의 등장이다. 디지털의 특징이 무엇인가. 바로 자유로운 복제와 전송의 가능이다. 이로 인해 이제 CD 플레이어나 카세트 플레이어는 점차 자취를 감추게 되었다. 특히 과거 디지털 파일을 복제, 전송하고 실행할 수 있는 유일한 기기였던 컴퓨터가 이제 모든 기기로 확장되고 통합되기 시작하면서, 더 이상 휴대용 아날로그 플레이어조차 필요 없게 되는 상황이 도래했다. 이로 인해 사실상 음반 시장은 전에 없는 침체기를 맞이하고 있으며, 각종 저작권 소송이 난무하는 힘든 시기를 겪으면서 점차 새로운 방향을 모색하고 있다.

이러한 실태를 수치상으로 살펴보면 2008년 국내 음반산업의 규모는 1,000억 원 미만으로 축소되어 811억 원으로 집계되었는데, 이는 2000년도 4,104억 원의 음반산업 규모와 비교해 8년

세계 음반 시장의 쇠퇴와 디지털 기기의 강세

36년 전통의 영국 오디오 종합제조사로서 '린덱'이라는 턴테이블로 잘 알려진 '린 프로덕트'는 2010년 1월 1일부터 CD플레이어 생산을 중단할 예정이라고 밝혔다. 대신 린 프로덕트는 MP3 플레이어 등 디지털 음악 재생기기에 생산력을 집중하기로 했다. 이와 함께 레코드 재생을 위한 턴테이블 생산은 지속한다.

린 프로덕트가 이 같은 결정을 내린 것은 고객들이 초고음질 디지털 음악을 원한다는 것을 파악했기 때문이다. 린 프로덕트의 디렉터는 "우리 고객은 이미 CD플레이어의 한계를 깨달았으며 디지털 음악을 보다 더 잘 다루고 언제 어디서나 즐길 수 있기를 바라고 있다"며 "우리의 CD플레이어 판매는 연간 40%씩 급감하고 있는 반면 디지털 음악 재생기기는 전례 없는 성장을 거듭하고 있다"고 설명했다.

린의 CD플레이어 생산 중단은 음반 산업 변화의 신호탄으로 해석되고 있다. 지난 1982년부터 상용화된 CD는 레코드와 카세트테이프를 대체했다. 이제는 디지털 음악이 다시 CD 시장을 잠식하는 시대가 온 것이다.

실제 CD에서 디지털 음악으로의 이동은 두드러지게 나타나고 있다. 2009년 현재 린의 디지털 음악 재생기기는 CD플레이어 판매 숫자를 넘어섰다. 이와 함께 CD의 음반 시장점유율이 눈에 띄게 줄어들고 있는 반면 디지털 음악 다운로드는 급증하고 있다. 영국음반산업협회(BPI)는 지난달 합법적인 음악 다운로드 숫자가 이미 지난해 전체 숫자를 돌파했다고 발표했다. 1억 1,700만 곡 중 99% 가까이가 디지털 음악 다운로드를 통해 판매된 것이다.

이와 같이 디지털 음악이 음반을 대신하는 현상은 곧 전 세계적으로 가시화될 것이다. 이러한 패러다임의 전환을 발 빠르게 인식하고 대비하는 것이 필요한 때이다.

– 전자신문, 2009. 11. 25 참조

사이 무려 80.2% 감소된 것이라 할 수 있다.

이러한 상황으로 인해 국내 음악산업계에서는 새로운 시장, 즉 디지털 음악산업 분야에서 새로운 이익창출 모델을 찾고 있으며, 이제 음악 마케팅에서 판촉해야 할 상품도 더 이상 음반이 아니라 음원으로 탈바꿈하고 있는 중이다.

실제로 국내 디지털 음악산업은 2001년을 기점으로 매년 큰 폭으로 성장하였으며 이미 2004년 음반 시장의 규모를 넘어섰다. 특히 2005년 유료 온라인 음악 서비스의 시작과 불법 사이

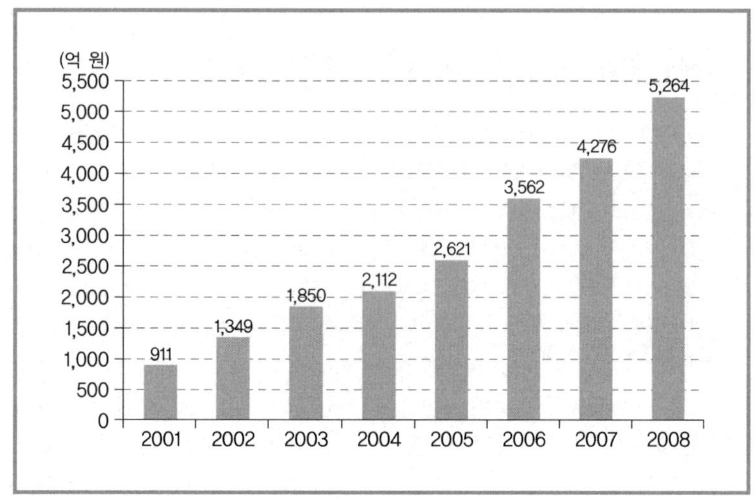

트들의 폐쇄 및 유료화를 전환점으로 온라인 음악서비스산업 성장이 큰 폭으로 이루어져 2006년에는 약 21.2%, 2008년에는 약 23.1%로 높은 성장률을 보였다. 이렇게 쇠퇴하는 음반 시장을 대신하여 등장한 디지털 음악 시장은 음악 마케팅에 있어서도 큰 변화를 가져왔다.

2) 음악 마케팅의 목표와 대상

과거 음반 중심 산업체제였을 때의 음악 마케팅은 음반 판매량을 높이는 것에 초점이 맞추어져 있었다. 특히 음반 판매를 위해 가장 중요한 것은 음악콘텐츠 그 자체였다. 음악이 고객의 감성을 자극하여 구매를 이끌어낼 수 있는지 여부에 따라 음반의 성공이 판가름 났던 것이다. 그러나 시간이 점점 흐르면서 대중의 반응에 따라 큰 이익을 창출할 수 있었던 대중음악산업은 트렌드 반영, 대중들에게 다가가기 쉬운 감성, 무대 퍼포먼

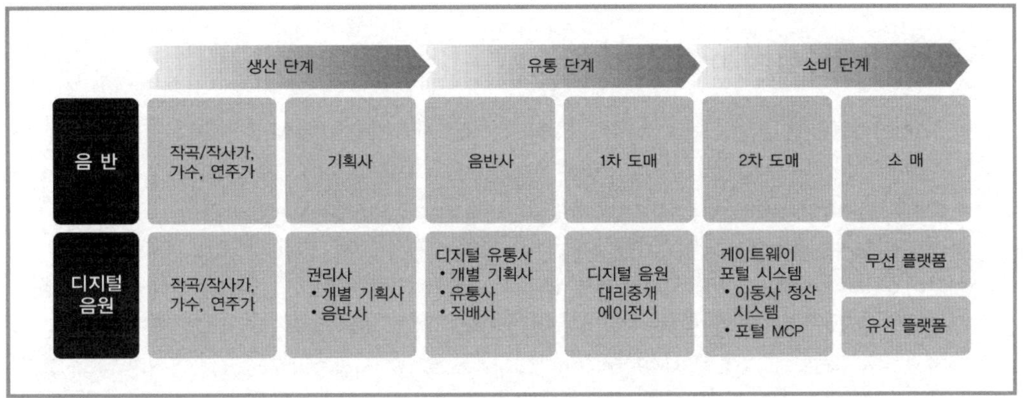

스, 멋진 스타 등 여러 가지 요소들을 이용해서 마케팅을 수행하기에 이르렀다. 즉, 음악콘텐츠만이 아닌 다른 요소들이 음악 마케팅에 큰 영향을 미치게 된 것이며, 음반 시장이 거대해질수록 이 같은 경향은 커지게 되었다.

특히 거대 기획사의 출현은 가수를 노래만 하는 직업인이 아니라 일종의 엔터테이너로 전환시켰는데, 이를 통해 소위 '스타'가 된 가수들의 대중적 파급력은 그야말로 엄청나다. 따라서 이제 음악 마케팅은 음악콘텐츠만을 마케팅하는 것이 아니라 가수의 마케팅을 포함하고 있으며, 오히려 후자에 더 막대한 투자금이 들어가고 있다고 할 수 있다. 이와 함께 점점 심화되고 있는 디지털화는 음악콘텐츠를 유통시키는 체계에 큰 변화를 가져왔으며 스타 마케팅과 함께 디지털 음원 마케팅을 음악 마케팅의 가장 핵심적인 두 축으로 만들어 놓고 있다.

음반 시장은 작사가, 작곡가, 가수, 연주가 등이 기획사를 통해 음반을 기획하고 음반사를 통해 음반을 제작하여 도소매상을 통해 유통시키는 구조를 가지고 있었다. 그러나 디지털 음악 시장은 전형적인 도매와 소매를 통한 유통 시장과는 성격이 다른

〈그림 5.6〉 **음반과 디지털 음원의 생산·유통·소비 단계 비교**

출처 : 문화체육관광부 · 한국콘텐츠진흥원(2008). 『2007 음악산업백서』. 한국콘텐츠진흥원.

디지털 싱글의 전성시대

요즘 가수들이 정규 앨범보다 디지털 싱글을 더 많이 내놓는다는 사실은 더 이상 놀라운 일이 아니다. 국내 최대 온라인 음악 사이트인 '멜론'을 운영하는 로엔엔터테인먼트에 의하면, 지난해 6월부터 올해 6월까지 국내에서 발매된 순수한 가요 앨범 2,600여 개 중 10곡 이상이 수록된 정규 음반으로 발매된 앨범은 780여 개로 30% 수준에 불과했다. 반면, 디지털 싱글로만 발매된 경우는 1,300여 개로 전체 음반의 50%에 육박해 정규 음반을 크게 앞질렀다. 나머지 520여 개의 음반은 다섯 곡 내외만 수록된 미니 앨범으로 발매됐다.

싱글과 정규 음반의 격차는 앞으로도 더 커질 것이라는 게 유통업계의 대체적인 전망이다. 로엔엔터테인먼트 측은 "음반 판매를 촉진하기 위해 DVD · 포토앨범 패키징 등 소장가치를 극대화하기 위한 노력이 잇따르고 있지만 소수의 아이돌 그룹을 제외하고는 효과가 미미하다"면서 "재즈, 클래식 등 오디오 마니아를 위한 음반은 향후에도 매출에 큰 영향이 없겠지만 대중가요 부문에서 정규 음반의 입지는 꾸준히 하락할 것"이라고 내다봤다.

이렇게 디지털 싱글이 폭발적으로 성장하는 데는 다음과 같은 이유가 있다. 첫째로, 온라인 중심의 음원 시장이 시작되면서 가수들의 활동 주기가 대폭 짧아진 것이다. 정규 음반 한 장으로 1년간 활동이 가능했던 과거와 달리 음원 환경에서는 소비가 빨라져 톱가수라도 활동기간이 3~4개월 밖에 되지 못한다. 둘째, 싱글이 가진 저비용 고효율의 경제적인 특성이다. 최근 몇 년간 음악산업이 크게 위축되고 장기 불황에 접어들면서 제작비를 아끼기 위해 싱글을 선택하게 된 것이다.

이러한 디지털 싱글의 증가세는 비용적인 진입장벽이 낮아져 가요계에 음악적 다양성을 가져오는 긍정적인 측면이 있지만, 긴 호흡으로 질적 완성도를 높이기보다 음악을 쉽게 만들고 빨리 소비하게 만드는 단점도 가지고 있다.

– 스포츠서울, 2009. 8. 18 참조

디지털 유통사가 개입한다. 디지털 유통사에는 SKT · KT와 같은 통신회사, 벅스뮤직과 같은 인터넷사이트 유통사, 네이버 · 싸이월드와 같은 각종 포털사이트들이 있는데, 이들은 모두 온라인을 매개로 음악을 배포한다.

온라인을 매개로 유통되는 음악은 음반을 단위로 할 필요가 없으므로 음원을 단위로 하게 된다. 따라서 디지털 음악 시장에서는 음원 판매량을 높이는 것에 집중하게 되었고, 굳이 10곡 내지 20곡이나 되는 많은 음악을 하나의 음반을 위해 제작해야 하는 수고를 하지 않아도 되게 되었다. 이러한 추세로 탄생한 것이 디지털 싱글 앨범이다. 물론 지금까지 유독 싱글 앨범이 인기가 없었던 국내 음악 시장에서는 되도록 많은 음악콘텐츠로 팬들에게 서비스를 하는 것이 통례였다. 그러나 이러한 환경 변화로 디지털 싱글과 같이 한두 곡만으로도 음반을 만들어 출시하고 상대적으로 적은 투자비로 이익을 창출하는 효과적인 마케팅 방법이 각광을 받기 시작한 것이다.

이렇게 음반 판매에서 음원 판매로 패러다임이 전환되고 있는 음악 시장에서 마케팅은 과거 뮤직비디오 제작, 방송·행사에서의 음반 홍보 등에 국한되었던 범위를 벗어나 이제 온라인과 디지털 환경에 맞추어 다양한 방식으로 혼합되고 있다. 또한 연예기획사가 대형화·기업화되면서 탄생한 스타 시스템, 그리고 한류 열풍으로 활발해진 한국 가수들의 해외 진출로 인해 음악산업은 철저하게 분업화·전문화된 시스템을 구축하고 있으며, 이를 따라 마케팅 또한 전문적이고 전략적으로 실행되고 있다.

3) 효과적인 음악 마케팅 방안과 사례

일반적으로 음악 소비자들이 음악을 구매하게 되는 동기는 가수, 장르, 음악 자체에 대한 선호도로 볼 수 있다. 그러나 이러한 선호도는 음반과 음원에서 약간의 성격적 차이를 보인다. 듣고 싶은 음악을 구매하고 싶을 때 예전에는 레코드 판매점에서 CD나 카세트테이프를 사는 것을 떠올렸지만, 지금은 인터넷에서 디지털화된 음악파일을 구매하는 경우가 더 흔하듯이 유통과정과 소비되는 패턴이 달라졌기 때문이다.

음원 판매에 비해 상대적으로 가격이 높았던 음반은 선뜻 구입하고 소비해 버리는 성격의 상품이라기보다 소장하는 가치가 있는 상품의 성격이 강했다. 따라서 소비자는 보다 신중한 선택을 하기 원했고, 가창력이 뛰어나고 콘텐츠가 우수한 가수를 우선 선호하는 경향이 강하였다. 이 같은 경향은 디지털 음악 시장으로 전환되고 있는 시점에도 강하게 드러나지만, 현재의 가수 선호도는 콘텐츠 자체보다는 스타의 매력에 의해 형성된 팬들의 충성도에서 기인하는 성격이 더 강하다고 볼 수 있다.

이와 같은 스타에 대한 충성도는 대형 스타 가수들을 전략적으로 육성하는 연예기획사의 스타 마케팅과 육성 시스템이 강화될수록 심화되고 있는데, 특히 SM엔터테인먼트는 이 분야의 선두적인 사례로 손꼽힌다. 이들은 신인가수를 발굴한 뒤 수년간 철저한 트레이닝을 통해 우수한 실력과 뚜렷한 이미지를 만들고 이를 토대로 치밀한 마케팅을 펼치는 방법을 도입했다. SM엔터테인먼트의 가수인 '보아'는 이러한 철저한 전략 아래 육성된 가수의 대표적 사례이다. 애초부터 해외를 공략하기 위해 외국어 트레이닝부터 춤·노래·퍼포먼스에 이르기까지 전략적으로 육성된 보아는 철저한 현지화 전략으로 1,000억 원대 매출을 올리며 일본과 아시아의 스타로 급부상하였고 현재 미주 시장에도 진출한 대형 스타의 사례로 손꼽힌다.

이와 같이 가수나 스타에 의해 음악을 선택하는 것이 아니라 장르나 음악 자체에 대한 선호도로 음악을 구입하게 되는 경우는 음원 시장에서 그 동기 자극이 더 강하다고 볼 수 있다. 마음에 드는 한두 곡을 선택하기 위해 가격이 높은 음반 전체를 구입해야 하는 부담감보다 음원 구입이 훨씬 부담이 적기 때문이다.

따라서 음반 시장에서는 가수를 중심으로 이루어지는 마케팅이 큰 비중을 차지한다. 잡지, 방송, 라디오 등 매스미디어를 통해 이루어지는 홍보, 음반 포스터 제작을 비롯하여 CD 재킷 디자인, 팬 서비스 등이 중요한 요소가 된다. 반면 디지털 음원 시장의 마케팅은 달라진다. 스타 파워나 가수 충성도에 의해 고정층으로 형성된 팬들을 제외한 나머지 소비자들에게 온라인상으로 음원을 판매하기 위해서는 이를 경로로 하는 홍보방법과 다양한 서비스가 필요하기 때문이다.

따라서 음원 판매는 다양한 상황에 따라 소비자가 원하는 곡을 판매하기 위한 전략이 중요하다. 고객의 특성과 취향 분석을 통한 타깃 마케팅이 중요하게 부각되는 것이다. 예를 들어 유행에 민감한 소비자를 위한 '순위차트별 듣기', 단지 기분전환용으로 음악을 듣고 싶은 소비자를 위한 '랜덤 듣기', 특정 장르를 선호하는 소비자를 위한 '장르별 음악', 그때의 기분과 상황에 따라 음악을 선택하고 싶은 소비자를 위한 '테마 음악' 등이 이러한 타깃 마케팅의 방식이다. 곡의 특성을 파악하여 분류함으로써 쉽게 하나의 음반과 같은 구성이 가능한 온라인상에서는 이와 같은 콘텐츠의 그룹핑이 매우 중요한 판매 전략의 하나라고 할 수 있다.

음원 마케팅에서는 상품의 형태도 다양하다. 디지털 음원은 여러 형태로 변환 가능하여 여러 기기와 융합될 수 있기 때문이다. 따라서 음원 상품은 MP3 기기를 통해 플레이가 가능한 파일 형태부터 미니홈피나 블로그 등 온라인 커뮤니티를 위한 배경음악, 벨소리, 통화연결음 등 다양한 상품이 존재한다. 특히 핸드폰이 다양한 디지털 기기의 성능을 가지게 되면서 모바일상에서의 유통도 점점 증가하고 있는데, 이처럼 현대 음악콘텐츠들은

<그림 5.7> 디지털 음원 상품 유형

출처 : 문화체육관광부 · 한국콘텐츠진흥원(2008). 『2007 음악산업백서』. 한국콘텐츠진흥원.

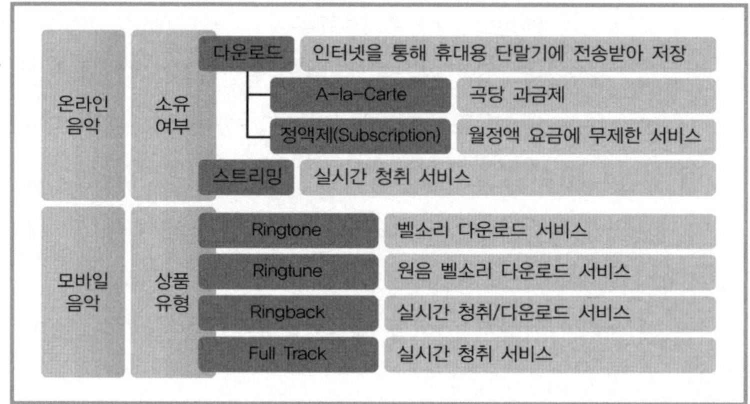

인터넷과 모바일을 가장 큰 유통 시장으로 하고 있다.

이와 같은 음악 시장의 변화는 실제 콘텐츠와 가수의 마케팅에 온라인을 활발히 접목하는 현상 또한 가져왔다. 예를 들어, 가수 출신인 박진영이 설립한 JYP는 지속적으로 새로운 온라인 마케팅을 도입한 사례로 꼽힌다. JYP는 가수 '노을'과 '한나'를 SK텔레콤과 제휴해 온라인으로 데뷔시키는 등 통신회사 대기업과의 마케팅을 시도한 바 있는데, 이는 가장 많은 가입자를 보유한 휴대전화 서비스 업체와 온라인이라는 강력한 유통업체를 마케팅에 활용한 첫 번째 사례였다. 또한 이 소속사 여성 그룹인 '원더걸스'는 인터넷상에서 팬들의 구전을 통해 큰 인기를 얻은 사례이다. 당시 이들의 타이틀 곡인 '텔미'는 독특하고 귀여운 안무를 따라 하는 팬들의 UCC가 전국적인 열풍을 가져왔다. 군장병 버전, 경찰관 버전, 여고생 버전에 이어 스튜어디스 버전과 아나운서 버전 등 많은 직종의 국민들이 함께 이 UCC에 연속적으로 참여함으로써 전국적으로 텔미의 인기를 밀어올리는 구조를 선보였는데, 이 같은 성공을 발판으로 JYP에서는 가수 홍보에 UCC 공모를 활발히 벌여 네티즌들의 참여와 동시에 마케팅 효과를 얻으려는 시도를 하기도 하였다.

특히 현대 음악 시장에서는 이와 같은 고객과의 소통을 위한 커뮤니티를 통해 인지도와 신뢰도를 쌓아가는 마케팅 또한 선보이고 있다. 대표적인 사례로 YG엔터테인먼트는 초기 힙합이라는 특정 장르를 전문적으로 내세워 힙합 뮤지션 양성과 함께 힙합 문화의 대중화에 앞장서는 이미지를 전략적으로 내세웠는데, 이를 대중적으로 각인시키기 위해 음악뿐만 아니라 힙합 카페나 잡지를 발간하여 힙합 문화를 소통하는 마케팅을 구사하였다. 특히 1999년 10월부터 국내 최초로 창간된 힙합 전문 매거진 〈The BOUNCE〉는 이제 온라인으로 그 자리를 옮겨 힙합 포털사이트를 구축하고, 힙합 문화 A to Z는 물론 힙합 공동구매, 힙합 오디션, 힙합 관련 이벤트 등을 네티즌과 함께 공유하고 있다.

<h2>게임 마케팅</h2>

1) 게임 마케팅이란 무엇인가

산업적 관점에서 게임은 컴퓨터 프로그램 등 정보처리기술이나 기계장치를 이용하여 오락을 할 수 있게 하거나 이에 부수하여 여가 선용, 학습 및 운동효과를 높일 수 있도록 제작된 영상물을 말한다. 특히 우리나라에서 중요한 국가전략산업의 하나로 각광받고 있는 게임산업은 창의적 아이디어, 멀티미디어 기술, 스토리텔링학이 복합적으로 결합된 결정체로서 여타 제조업 상품에 비해 비교적 적은 투자비용으로 높은 부가가치를 창출할 수 있다. 또한 영화, 애니메이션 캐릭터 등 다양한 문화산업과 교류하면서 큰 시너지 효과를 창출할 수 있는 잠재력을 가지고 있고 강한 오락성과 대중성을 특징으로 하기 때문에 사용자들에게 끊임없는 호기심을 불러일으켜 지속적인 수요 창출이 가능하다. 그러나 성공으로 인한 부가가치 창출 능력이 큰 만큼 리스크가 높은 것도 특징이라고 할 수 있는데, 그 이유는 시장에서 얼마나 소비자를 창출할 수 있을지 사전에 판가름하기가 다른 산업에 비해 매우 불확실하기 때문이다. 특히 온라인 게임이 발달한 우리나라의 게임 시장은 이와 같은 특징이 더욱 두드러진다.

따라서 게임 마케팅은 무엇보다 정확한 마케팅 타깃을 설정하여 소비자의 놀이 욕구를 충족시켜 줄 수 있는 게임을 개발하는 데서부터 시작한다. 그리고 베타테스트를 거쳐 미리 고객들의 평가를 접하고 이를 반영하는 과정이 매우 중요하다. 테스트를 통해 완성된 게임은 광고 등 다양한 채널을 통해 대중과 커뮤니케이션해야 한다.

게임산업에서 대중을 대상으로 하는 마케팅 역할을 담당하는 구성원은 주로 퍼블리셔이다. 퍼블리셔(publisher)는 본래 출판사란 뜻인데, 게임산업에서는 완성된 게임을 소비자에게 전달하는 전 과정을 책임지는 유통 및 배급업자를 의미한다. 이들은 게임의 제작비를 조달하고 완성된 게임의 마케팅을 펼치는 일을 하는 적극적 개념의 배급과 유통 업무를 담당한다. 국내 게임 시장이 점점 거대해지고 전문화되면서 제작과 유통을 함께 담당하는 게임업체뿐 아니라 전문적으로 퍼블리셔만을 담당하는 거대 유통업체도 빠르게 성장하고 있는 추세이다.

2) 게임 마케팅의 목표와 대상

앞에서 언급한 바와 같이 게임 마케팅의 기본은 목표로 하고 있는 타깃을 결정하고 이들을 둘러싼 시장 상황, 트렌드를 찾아내어 시장에서 유리한 포지션을 잡기 위한 프로모션 전략을 세우는 것이다. 이를 위해서는 자사 게임콘텐츠의 강점과 장점을

한국 게임의 대표 '온라인 게임'

한국의 온라인 게임이 전 세계 방방곡곡으로 파고들고 있다. 현재 국산 온라인 게임을 이용하는 국가는 중국, 일본, 미국을 비롯해 80여 개국에 달한다. 지난해 게임 수출액은 전년에 비해 40.1% 증가한 10억 6,729만 달러에 달했다. 이는 영화와 음악, 출판 등의 여타 문화산업 수출규모를 크게 앞지르는 규모다. 업체별로도 국내 대표 게임업체인 엔씨소프트와 NHN 한게임은 올해 해외에서 3,000억 원, 1,800억 원, 네오위즈게임즈는 530억 원을 벌

2009 해외매출액 (단위 : 억 원)

CJ인터넷	100
NHN	1,800
게임하이	50
그라비티	350
네오위즈게임즈	530
넥 슨	3500
액토즈소프트	1,330
엔도어즈	280
엔씨소프트	3,000
엠게임	250
위메이드	710
한빛소프트(T3)	500

어들일 것으로 예상된다. 온라인 게임을 운용해 온 지난 20년간 한국 온라인 게임 업체들은 독보적인 기술력을 축적했다. 게임엔진도 자체 개발해 사용하는 업체들이 갈수록 늘고 있으며, 안정적인 서버 및 네트워크의 원활한 운영 노하우, 법적인 문제의 해결방식 등은 이미 중국 등 후발주자들이 노력만으로는 따라잡기 힘든 부분이다. 현지에 진출해 있는 국내 퍼블리셔들의 네트워크도 게임 한류의 원동력이다. 최근 위메이드엔터테인먼트가 〈미르의 전설〉을 우즈베키스탄에서 서비스하는 등 온라인 게임의 불모지로만 여겨졌던 곳에서도 토종 온라인 게임사들의 네트워크가 속속 깔려 나가고 있다. 먼저 진출한 한국 업체를 통해 게임을 유통시키는 사례도 늘고 있다. 버그가 발생하는 등의 급작스러운 상황에 신속하게 대응해야 하는 온라인 게임의 경우 외국 업체보다는 국내 업체와 작업하는 것이 훨씬 수월하기 때문이다. 이렇게 한국의 온라인 게임은 우수한 기술력과 운영 노하우, 탄탄한 네트워크를 통해 세계 시장에서 크게 도약하고 있다.

– 파이낸셜 뉴스, 2009. 12. 7 참조

최대한 살리고 경쟁 업체들이 아직 접근하지 못한 고지를 찾아내야 한다. 그리고 온라인 게임이라면 자사의 게임을 다운로드 받고 설치하여 로그인하기까지의 과정을 책임져야 하며, 콘솔 게임이라면 콘솔 게임기를 구입하도록 유도하여야 한다.

특히 국내 게임산업에서 가장 큰 비중을 차지하고 있는 온라인 게임은 수많은 인터넷 사용자를 대상으로 한 마케팅이 진행되기 때문에, 성공할 경우 지속적이면서도 엄청난 이익 창출이 가능하다. 따라서 이러한 과정을 책임져야 하는 퍼블리싱 과정은 전문적인 노하우와 막대한 비용을 필요로 하게 된다.

이러한 온라인 게임 마케팅에서 가장 중요한 것은 회원을 확보하는 것이다. 게임 개발을 완료하면 게임을 홍보하고 회원가입을 받아 상용화를 진행해야 하는데, 이 과정에서 인지도가 낮거나 투자금이 부족한 게임 개발사들은 회원을 확보하기 어려워진다. 따라서 전문 퍼블리셔가 이러한 마케팅 업무를 대신해 주게 된다. 대표적인 국내 전문 퍼블리셔에는 네오위즈, CJ 등이 있다. 예를 들어, 네오위즈는 '피망'이라는 게임 포털을 보유하고 있는데, 이는 이미 엄청난 회원 수를 보유하고 있다. 따라서 네오위즈를 통해서 게임을 서비스하게 되면 기존 피망의 회원들에게 자연스럽게 게임을 홍보하고 서비스할 수 있게 된다. 퍼블리셔에게 게임의 유통을 전담할 때 일반적으로 개발사는 계약금을 받아서 개발비로 사용할 수 있고 마케팅 비용은 퍼블리셔가 모두 부담하는 경우가 대부분이므로 중소 개발사들에게는 좋은 퍼블리셔와의 계약이 무엇보다 중요하다. 또한 퍼블리셔들에게는 좋은 콘텐츠를 개발하고 보유한 개발사를 발굴하고 계약을 하는 것이 또한 중요한 일이다.

게임이 큰 인기를 끌어 충분한 회원 수를 확보하게 되면 퍼블리셔와 계약을 하지 않고 자체 서비스를 시도하는 경우도 많다. 회수된 수익금으로 게임 포털을 만들고 개발에서부터 제작, 퍼블리싱까지 모두 자체적으로 소화할 수 있는 시스템을 확보하는 것은 게임 개발업체에 있어 가장 이상적인 수익 모델이 될

것이다.

일명 비디오 게임이라 불리는 콘솔 게임의 경우는 전용 게임기와 게임팩을 판매하는 것에 초점이 맞추어진다. 콘솔 게임(console game)은 전용 게임기를 그대로 사용하거나 TV 등의 화면에 연결시켜 작동시키는 형태인데, 국내에서는 온라인 게임에 비해 비중이 낮으나 세계적으로는 훨씬 비중이 높은 분야이다. 예를 들어, 일본의 닌텐도는 1985년 게임기 '패밀리 컴퓨터'(패미콤)를 출시하여 게임 〈슈퍼마리오〉 등으로 국내에서도 큰 인기를 끌었고, 1994년에 소니컴퓨터엔터테인먼트(SCE)에서 출시가 시작된 '플레이스테이션' 시리즈도 꾸준히 사랑받고 있다.

일반적으로 콘솔 게임은 가정에서 행해지기 때문에 어린이나 가족을 대상으로 마케팅을 펼치는 경우가 많고 하드웨어적 제품의 성격을 띠고 있어 일반 광고를 통해 제품을 알리는 것이 기본이 된다. 그러나 컴퓨터와 인터넷이 발달할수록 사용자들은 더 쉽게 접할 수 있는 PC 게임이나 온라인 게임으로 이동하게 되었고, 이에 따라 콘솔 게임 시장은 점점 축소될 수밖에 없었다. 이러한 상황에서 출시된 닌텐도의 '위'(Wii)는 휴대할 수 있는 콤팩트 게임기 디자인으로 큰 반향을 불러일으켰다. 원래 '위'는 두뇌 게임을 표방하며 장년층과 노년층이라는 틈새시장을 공략하기 위해 개발되었으며 일본에서는 이러한 마케팅이 성공을 거두었다.

반면 우리나라에서는 컴퓨터를 이용하는 것보다 더 쉽게 게임에 접할 수 있는 가볍고 간편한 하드웨어 디자인으로 인해 여성과 어린이들에게도 큰 반응을 불러일으켰다. 그리고 이후 출시된 '위 피트'(Wii fit)는 단순히 게임기를 조작하는 것이 아니라 신체의 움직임을 인식해서 몸으로 하며 다이어트를 할 수 있는 게임을 선보임으로써 여성과 가족을 대상으로 또 다른 게임 시장을 개척하였는데, 이렇게 소비자들의 욕구와 트렌드를 꾸준히 반영하려는 노력은 게임 마케팅의 성패를 좌우한다고 할 수 있다.

3) 효과적인 게임 마케팅 방안과 사례

온라인 게임의 대표주자인 엔씨소프트 사와 넥슨 사는 성공한 게임 마케팅의 전형으로서, 이미 이들의 전략은 온라인 게임 산업에서 수익창출을 위한 기본적 방법으로 활용되고 있다. 이들 업체는 둘 다 게임 개발업체이자 공급업체인데, 온라인상에서 게임의 고객을 모으기 위해 다양한 아이템을 고안해 내었다.

먼저 1997년 3월 설립된 엔씨소프트웨어는 1998년 9월 상용 서비스하기 시작한 온라인 게임 〈리니지〉가 큰 성공을 거두면서 거대 기업으로 성장한 업체이다. 엔씨소프트가 〈리니지〉를 출시할 무렵은 온라인 게임 시장이 도입기에 있어 경쟁업체들이 적었을 뿐 아니라 중독성이 높은 온라인 게임의 특성으로 인해 비교적 쉽게 마니아 층을 확보할 수 있었다.

이러한 상황에서 〈리니지〉는 온라인상에서 상호 간 커뮤니케이션과 게임을 동시에 즐길 수 있다는 장점을 무기로 하여 젊은 층 사이에 파격적인 속도로 퍼져나가게 되었다. 그러나 이러한 외부적인 요소 이외에도 엔씨소프트는 차별적인 마케팅 전략을 통해 국내 시장을 섭렵하였다.

우선 온라인 게임의 새로운 수익구조를 개발하였는데, 클라이언트를 무료로 제공하고 월정액으로 돈을 받고 유저들에게 게임 서비스를 제공하였으며, PC방의 폭발적인 성장세를 예측하여 PC방용 가격체계를 따로 책정하고 마케팅을 집중하는 등 새로운 수익구조를 정립하였다. 이는 B2C* 콘텐츠였던 온라인 게임을 B2B** 콘텐츠화한 것이라고 볼 수 있다.

또한 리니지 개발 당시만 해도 다른 온라인 게임에서 채용하지 않았던 조직(성을 중심으로 한 거대 조직) 룰을 도입했는데, 이는 마음이 맞는 사람끼리 조직을 형성할 수 있도록 하는 것이다. 또한 상위의 아이템은 희귀성을 가지도록 하는 피라미드 구조의 아이템 제도도 도입했는데, 이것은 곧 마니아 층을 조직하는 데 큰 영향을 주었다. 물론 이 같은 게임성은 아이템 현찰 거래 등 각종 부작용을 양산하기도 했지만, 마니아 층의 확보 여부는 온라인 게임의 성패를 결정짓는 가장 중요한 요인이 되고 있다는 점에서 유저의 심리를 정확히 꿰뚫은 매우 효과적인 아이디어라 할 수 있다.

B2C는 기업 대 소비자 간 거래를, B2B는 기업 대 기업 간 거래를 말한다. 예를 들어 B2C는 한 고객이 소매상으로부터 신

*B2C

Business to Consumer 또는
Business to Customer

**B2B

Business to Business

발을 구매하는 거래와 같은 것이다. 반면, 신발을 제작하기 위해 재료가 되는 가죽, 고무 끈 등의 재료를 구매하거나 신발 제작자나 소매상 간에 거래를 하는 것은 B2B 거래라고 할 수 있다.

넥슨은 1996년 세계 최초의 그래픽 온라인 게임인 '바람의 나라'를 상용화한 이래, 국내 최고의 기술력을 갖고 다양한 게임을 선보이고 있는 업체이다. 특히 넥슨의 대표 게임인 〈카트라이더〉는 틈새시장 공략과 제휴 마케팅에서 탁월한 마케팅을 보여준 사례이다. 〈카트라이더〉는 캐주얼 게임의 일종으로서, 주로 젊은 남성 위주의 마니아 층을 토대로 회원을 확보하는 다른 온라인 게임과는 달리 초등학생과 여성을 포함한 전 대중들을 대상으로 하였다. 남녀노소 누구나 즐길 수 있는 콘텐츠를 게임에 도입한 것이다.

또한 〈카트라이더〉는 업종을 망라한 다양한 기업들과 활발한 제휴 사업을 통해 온라인 게임의 파급력과 그 가능성을 새롭게 열어 보였다. 그 예로 훼미리마트와 제휴해 '카트라이더 삼각 김밥'을 출시하여 하루 13여만 세트라는 경이적인 판매고를 기록하는가 하면, KTF의 비기(Bigi) 요금제와의 제휴하기도 하였으며 한국코카콜라, BMW MINI, 메가박스 영화관, 싸이월드, 현대-기아 자동차 등 다양한 분야의 기업들과 차례로 손잡아 큰 성공을 거두었다. 이러한 제휴 마케팅은 PPL로도 이어졌는데, 게임의 배경인 광고판이나 울타리, 시상대 등에 다양한 형태의 PPL을 등장시킨 것이다. 이러한 PPL은 게임을 미디어로 활용해 특정 상품이 소비자들에게 보다 친근하게 다가서는 길을 제공하는 것은 물론 넥슨 입장에서도 브랜드 파워를 높이고 부가 수익을 창출하는 일석이조의 효과를 보았다.

이 같은 사례는 최근 게임과 브랜드를 연결한 '애드버 게임'의

〈그림 5.9〉 플래시 게임 〈오토봇 스트롱홀드〉

출처: 오토봇 스트롱홀드 홈페이지.

등장에서도 찾아볼 수 있다. 이는 단순히 게임을 개발하고 이를 유통하는 1차원적 게임 비즈니스에서 한 단계 도약한 파생사업인데, 최근 LG전자, 기아자동차를 비롯해 제과 메이커 프링글스, 드라마·영화 제작사인 HBO까지 애드버 게임을 온라인 마케팅 수단으로 선택하고 있다. 일례로 LG전자의 호주 법인은 〈오토봇 스트롱홀드〉라는 플래시 게임에 LCD TV를 접목하였는데, 영화 〈트랜스포머〉 개봉에 맞추어 호주, 인도네시아, 태국 등에 이를 론칭했다. 기아자동차 역시 낚시 게임 〈고우 햄스터 고우〉에 신차 브랜드 '쏘울'을 삽입하면서 관심을 끌기도 하였다. 애드버 게임은 아직 국내에서는 도입단계로서 게임의 파급력이 점점 강해지고 제휴 마케팅이 활발해지면서 각광받을 분야로 여겨진다.

이밖에도 게임을 이용하는 사용자들을 공략하기 위해 스타 마케팅 및 전용 채널을 통한 홍보 등도 활발히 활용되고 있다. 스타 마케팅은 스타를 게임의 광고에 등장시키는 전통적인 방식뿐 아니라 스타를 캐릭터화시키거나 스타의 노래, 춤, 특성을 게임화시키는 방법까지 다양하게 전개되고 있다. 또한 게임 마니아들을 위해 게임에 관한 전문정보와 e-스포츠 등을 중계하는 게임 채널은 게임의 가장 강력한 홍보의 장으로 활용되고 있다.

게임 전문채널은 1999년 케이블 TV 채널인 '투니버스'의 방송으로 시작되었는데, 그 후 온게임넷, MBC게임 등 게임 전문채널은 e-스포츠를 상시적으로 중계할 뿐만 아니라 자체적으로 e-스

게임산업에서의 스타 마케팅

게임에서 '스타'를 마케팅에 도입하고 있는 사례가 점점 늘고 있다. 마니아 층에서부터 이제는 대중적인 호소를 발판으로 그 영역을 점점 확장해 나가기 위한 전략으로 보인다. 그 사례로 제이씨엔터테인먼트(이하 JCE)는 자사에서 개발 및 서비스 중인 캐주얼 스포츠 온라인 게임 〈프리스타일〉의 게이머들을 대상으로 '카라의 초대장' 이벤트를 실시한다고 밝혔다. 카라는 최근 활발한 활동을 펼치고 있는 걸그룹의 하나로서 특히 남성 게이머들의 뜨거운 호응을 받고 있다.

이렇게 광고, 이벤트 등에만 스타를 활용하는 것을 넘어 '스타'를 게임 속 캐릭터로 등장시켜 유저들의 호기심과 구매 욕구를 자극하는 경우도 있다. 실제로 게임하이가 개발한 FPS(1인칭 슈팅) 게임 〈서든어택〉과 JCE의 농구 게임 〈프리스타일〉의 경우는 스타 캐릭터 효과를 톡톡히 본 케이스다. 예로 게임하이는 가수 '비', '빅뱅' 등의 스타 캐릭터 판매를 통해 〈서든어택〉이라는 게임의 인기와 매출을 끌어올리는 동시에, 게임 생명도 연장시키는 결과를 맛보았다. 특히 〈서든어택〉은 빅뱅, 2NE1 캐릭터 추가로 각각 44%, 40% 매출 증가를 이룬 것으로 나타났다. JCE 역시 프리스타일에 '원더걸스'

캐릭터 추가와 함께 다양한 프로모션 활동을 펼치며 '노바디' 열풍을 그대로 이어 받았다. 또 이 회사는 최근 여성 인기그룹 '카라'를 활용한 '카라캣' 캐릭터를 추가하기로 하였다.

스포츠 선수들 또한 게임 홍보 모델로 각광받고 있는데, 구름닷컴은 '트리니티 온라인' 홍보 모델로 이종격투기 추성훈 선수를, 네오위즈게임즈는 '슬러거'에 롯데 자이언츠 이대호 선수를 앞세워 게임과 스포츠 팬 모두의 관심을 끌었다. 여기에 세중게임즈는 피겨스케이터인 김연아 선수가 등장하는 모바일 게임을 출시하기로 하는 등 게임 내 스포츠 선수 마케팅 경쟁에 불을 붙였다.

이렇게 스타를 홍보 모델뿐 아니라 게임 내에 캐릭터로 등장시키는 것은 유저들에게 즐거움을 주고 새로운 신규고객을 끌어들이는 전략으로 각광받고 있다. 그러나 이러한 마케팅의 다각화는 국내 게임 시장의 경쟁이 점점 치열해지고 있음을 보여주는 사례이기도 하며, 결국 마케팅 비용의 상승을 불러오는 부작용도 낳을 수 있음을 기억해야 한다.

– 게임동아, 2009. 12. 8, 경제투데이, 2009. 12. 5 참조

포츠 리그를 운영하여 협찬금, 광고, 수신료, VOD 수입 등의 수입을 얻고 있다. 이러한 전문채널에서는 〈스타크래프트〉, 〈카트라이더〉, 〈스페셜 포스〉, 〈피파〉 등 다양한 게임 관련 대회들이 진행되고 있다. 많은 게임 마니아들과 e-스포츠 팬들은 이러한

형 태	방 송	주요내용
공중파	SBS	게임스, 즐거운 세상 프로그램 운영
케이블	온게임넷	• 24시간 게임 전문 케이블 채널 • 게임대회 중계, 리뷰 및 프리뷰, 온라인 게임 제공
	MBC게임	• 24시간 게임 전문 케이블 채널 • 게임대회 중계, 리뷰 및 프리뷰, 온라인 게임 제공
인터넷 TV	곰 TV	e-스포츠 리그 중계, e-스포츠 리그 제작
	판도라 TV	e-스포츠 관련 개인방송
	하나 TV	e-스포츠 리그 중계
	나이스게임 TV	VOD, e-스포츠 리그 중계, 게임정보
	아프리카게임 TV	e-스포츠 리그 중계
인터넷 포털	다음	e-스포츠 리그 중계
	네이버	e-스포츠 리그 중계, e-스포츠 대회 기사 및 소식 제공
위성방송	TU미디어	e-스포츠 리그 중계
기 타	e-스포츠 기자단	일간지, 스포츠 일간지, 게임 전문지, 온라인 매체 등 23개 매체 참여

게임 전문채널을 통해 다양한 게임을 소개받고 자신의 실력을 높이기 위해 기술을 분석하거나 여가시간을 즐기는 등 게임을 직간접적으로 즐길 수 있다. 따라서 이러한 전문채널은 게임을 건전한 여가시간의 방안으로 유도하고 국민적인 관심을 끌어내는 데 기여하는 게임 홍보의 수단으로 적극 활용되고 있다.

　이 장에서는 문화산업의 대표적인 세 영역인 영상, 음악, 게임에서의 마케팅 방안과 사례에 대해 논의하였다. 지금까지 살펴본 바와 같이, 이들 각 영역들은 문화콘텐츠라는 공통분모를 가지고 있음에도 불구하고 각각 상이한 성격을 가지고 있다. 또한 영상의 경우는 영화나 드라마, 게임의 경우는 온라인 게임과 콘솔 게임 등 같은 분야의 산업이라 할지라도 세부 영역이나 장르의 구분에 따라 서로 상이한 특징이 또다시 구분되기도 한다. 뿐만 아니라 이러한 문화콘텐츠 분야들은 빠르게 변화하는 시대적 조류에 민감하게 영향을 받는 분야들이기 때문에, 항상 첨단 기술과 트렌드에 발 빠르게 대처하는 능력 또한 필요하다. 음악산업이 디지털 기술과 그 사용자들에 의해 음반에서 음원 중심으로 시장이 재편되어버린 상황이 그 예이다. 이러한 특징들에 대한 깊은 이해가 없다면 문화산업에 대한 제대로 된 마케팅 또한 있을 수 없다. 여기에 소개되지는 않았지만 다른 분야의 문화산업에서도 이러한 사정은 마찬가지이다. 따라서 문화콘텐츠 마케팅은 산업별 특징에 대한 깊은 이해와 변화에 능동적으로 대처하는 판단력을 토대로 문화상품과 소비자를 만나게 하는 창조적 소통이 될 수 있어야 할 것이다.

참고문헌 및 자료 ─────────────────

고정민 · 민동원(2003).『국내 음반산업의 주요 이슈와 대응방안』. 삼성경제연구소.

김평수 외(2007).『문화콘텐츠 산업론』. 커뮤니케이션북스.

김형석(2000). 『영화 마케팅 비즈니스』. 문지사.

문화체육관광부(2008). 『2007 문화산업백서』. 문화체육관광부.

문화체육관광부 · 한국콘텐츠진흥원(2008). 『2007 음악산업백서』. 한국콘텐츠
진흥원.

문화체육관광부 · 한국콘텐츠진흥원(2009). 『2008 문화산업통계』. 문화체육관
광부.

문화체육관광부 · 한국콘텐츠진흥원(2010). 『2009 음악산업백서』. 한국콘텐츠
진흥원.

안종배(2008). 『나비효과 콘텐츠 마케팅』. 미래의창.

영화진흥위원회 영화정책센터(2010). "2009년 한국 영화산업 결산".

유진룡(2009). 『엔터테인먼트산업의 이해』. 넥서스BIZ.

한국게임산업진흥원(2007). 『2007 대한민국 게임백서』. 문화체육관광부.

게임동아 〈http://www.gamedonga.co.kr/〉

경제투데이 〈http://www.eto.co.kr/〉

동아닷컴 〈http://www.donga.com/〉

마이데일리 〈http://www.mydaily.co.kr/〉

머니투데이 스타뉴스 〈http://star.mt.co.kr/〉

메디컬투데이 〈http://www.mdtoday.co.kr/〉

세계일보 〈http://www.segye.com/〉

스포츠서울 〈http://www.sportsseoul.com/〉

스포츠월드 〈http://www.sportsworldi.com/〉

오토봇 스트롱홀드 〈http://www.lg.com/au/transformers/〉

이데일리 〈http://www.edaily.co.kr/〉

전자신문 〈http://www.etnews.co.kr/〉

주간한국 〈http://weekly.hankooki.com/〉

파이낸셜 뉴스 〈http://www.fnnews.com/〉

피망 〈http://www.pmang.com/〉

재경일보 〈http://www.jknews.co.kr/〉

더 읽어 볼 거리

김호석(1998). 『스타 시스템』. 삼인.

백순흠(2008). 『게임 마케팅』. 기한재.

윤재식(2005). 『아시아 방송영상 콘텐츠 유통 마케팅』. 커뮤니케이션북스.

한국게임산업개발원(2005). 『게임 마케팅 총론』. 한국게임산업개발원.

6장

여가와 스포츠관광산업

박수정

Tourism Industry of Leisure and Sports

한 사회의 문화 및 경제적 수준을 측정하는 사회지표*에 여가와 행복을 포함시켰다. 불과 20년 전만 해도 근면함과 성실함이 최고의 미덕이었으며, 일에서 자신의 정체성을 찾았던 일 중심 사회에서 이제는 일 이외의 영역, 즉 여가 및 취미활동을 통해 자신을 발전시키고 행복을 추구하고자 하는 움직임이 강하게 나타나는 소위 여가 중심 사회가 도래하였다.

특히 일과 가정과 여가활동 사이에서 균형적인 삶을 영위하고자 하는 욕구가 강하게 대두되었고 주5일제 근무제가 본격적으로 시작되면서 많은 사람들이 여가에 대해 관심을 갖고 여가 참여 또한 증가하는 추세이다. 이에 많은 사람들이 여가를 삶의 중심으로 인식하게 되었고, 삶 속에서 여가가 차지하는 비율이 점차 증가하면서 사람들의 여가에 대한 인식의 변화는 여가를 다른 어떤 보상이나 수단으로서가 아닌 여가활동 그 자체로서의 의미와 즐거움을 추구하는 것으로 인식하게 되었다.

이 장에서는 여가와 스포츠관광산업의 개괄적인 정의와 더불어 산업으로서의 현황과 전망에 대하여 알아보기로 한다.

1) 여가의 개념 및 특성

여가는 시대별, 사회적 상황별, 개인별로 다양성을 내포하기 때문에 한마디로 정의하기는 매우 어렵다. 그러나 여가라 함은 자유시간 동안에 자신이 하고 싶은 활동에 참여하면서 만족을 얻는 사회적 경험으로, 가장 중요한 것은 사회적으로 인정받을 만한 가치가 있는 활동으로 구성되어야 한다는 것이 가장 일반적으로 사용되고 있는 개념이다.

여가의 한자적 표현은 '남는다, 넉넉하다'는 의미의 '餘'(여)와 '겨를, 여유'라는 의미의 '暇'(가)로서 한자의 의미 그대로 뜻을 해석하자면 '남는 겨를'이 된다. 그러나 최근 여가에 대한 의미를 재해석하고 있다. 즉, 여가란 남는 겨를이나 시간 또는 단순한 스트레스 해소 수단이 아니라 인간의 본성이자 우리의 내면의 본질을 나타내 주는 거울인 동시에 개인을 성장시킬 수 있는 활동이자 시간인 것이다(박수정, 2005).

일반적으로 여가는 〈표 6.1〉과 같이 크게 세 가지로 구분된다. 이러한 분류는 객관적 또는 주관적 관점에서 구분하고 있으나 여가 개념은 학자별로 다양하게 정의되고 있다(노용구, 2010, 재인용).

우리나라에서는 1960~1970년대의 고도 경제성장기에 미미하였던 여가에 대한 욕구가 1980년대를 거쳐 1990년대에 와서 생활의 중심 가치로 자리 잡게 되었다. 일과 여가 중 어느 쪽에 더 시간을 할애하고 싶으냐는 질문에 대해서 1967년의 조사에

***사회지표**
한 사회의 사회적 상태를 총체적이고도 집약적으로 나타내어 생활의 양적인 측면은 물론 질적인 측면까지도 측정함으로써 인간생활의 전반적인 복지 정도를 파악할 수 있게 해 주는 척도

〈표 6.1〉 여가의 정의

정 의	내 용	논 점
시간적 여가	– 여가시간 = 절대적인 시간(24시) – (생활필수시간 + 노동시간) – 개인의 생활양식에 따라 차이 – 객관적 설명	– 주관적 측면 간과 – 개념이 포괄적 – 개인 선택과 해석에 따라 여가 수용 여부 달라짐
활동적 여가	– 각종 경제적 목적과 의무로부터 자유로운 활동 – 준여가(semi-leisure) – 객관적 설명	– 인간의 기본욕구(수면, 식사 등)의 해석 여부
상태적 여가	– 개인의 인지된 자유 정도와 동기에 의해 여가 만족이 결정, 즉 개인이 경험하는 질적인 면 강조 – 주관적 설명	– 심리적·주관적 측면 파악 어려움

서는 60.3%가 여가보다는 일할 시간을 더 갖고 싶다고 응답했던 반면, 1990년대 이후의 조사에서는 무리해서 벌기보다는 다소 적게 벌더라도 생활을 즐길 필요가 있다고 답한 사람이 71.3%로 여가에 대한 욕구 수준이 비약적으로 높아지고 있음을 보여 주고 있다(김경훈, 1996).

일과 여가와의 관계는 다음과 같이 세 가지 관점에서 설명할 수 있다. 첫째, 낙관주의적 관점으로, 여가와 일은 긍정적인 관계에 있으며, 일과 여가 모두에서 오는 만족과 보상은 사람들을 건강하게 해주는 좋은 것이라는 입장이다. 즉 일과 여가의 상호 보완적인 관계 속에서 모두에게 즐거움이 있어야 한다는 것이다.

둘째, 비관주의적 관점으로, 일은 인간에게 바람직하지 못한 것으로 보며, 부정적 관점의 한 예로 일중독(workaholic)을 들 수 있다. 이는 알코올 중독과 마찬가지로 심리적으로 악영향을 미칠 뿐만 아니라 삶의 균형을 깨뜨리기도 한다. 이들에게 여가는 강압적인 것이며, 일과 같은 경향으로 여가활동을 하게 되는 것이다. 즉 여가도 일이 되는 것이다. 예를 들면, 휴일(자유시간)에

여 가	레크리에이션
- 포괄적 활동 범주	- 한정적 활동 범주
- 비조직적	- 조직적
- 개인적 목적 우세	- 사회적 목적 우세
- 자유시간	- 공간에서의 활동
- 자유, 내적 만족 강조	- 재생·사회편익 강조
- 자기 표현적	- 활동적(경험의 직접적 결과)
- 감성적	- 이성적

〈표 6.2〉 여가와 레크리에이션의 차이점

도 일을 하는 것을 들 수 있다.

셋째, 중립주의적 관점으로, 일과 여가는 삶의 한 부분으로 서로 분리되어 있으며, 서로에게 영향을 미치지 않는다. 즉 삶에 있어서 어느 쪽에 더 관심을 두느냐에 따라 그 중요성이 더해지는 것이다. 할아버지 세대에서의 일이란 다음 세대를 좀 더 잘 살기 좋은 삶으로 만들어 주는 수단이었지만 현재에는 일 중심적인 삶보다는 여가와 즐거움이 있는 여가 중심적인 삶으로 변화되었다는 특징이 있다.

여가와 유사하게 쓰이는 개념에는 레크리에이션, 놀이, 게임 등이 있다. 그중 레크리에이션은 여가와 혼동하여 사용하는 경우가 많으나 이들 간에는 많은 차이가 있다. 일반적으로 여가는 레크리에이션보다는 좀 더 포괄적인 개념으로 사용할 수 있으며, 주로 개인적인 영역 및 감성적인 측면을 강조한다. 반면, 레크리에이션의 경우 여가에 비해 한정적인 활동범주를 가진다. 그 이유는 레크리에이션은 사회적 목적이 우세하고 또한 사회적으로 용인된 긍정적인 활동만을 강조하기 때문이다. 그러나 현대사회에서는 이들 두 개념을 혼용하여 사용하고 있는 추세이다.

그밖에도 여가와 놀이도 유사한 개념이지만, 일반적으로 여가는 성인의 활동으로, 놀이는 아동의 활동으로 분류하고 있다. 게임은 놀이보다는 좀 더 규칙이 강화된 활동으로 구분된다.

3) 스포츠관광의 개념

사람들의 움직임에 대한 기본 욕구와 건강에 대한 사회적 요구에 의해 '스포츠 관광'(sport tourism)이라는 새로운 형태의 여가활동을 발전시켰다. 스포츠관광은 크게 관광을 통해서 스포츠를 즐기거나 또는 스포츠를 통해서 관광을 즐기는 모든 형태를 포함한다. 특히 여가 중심 사회에서 실내보다는 야외에서 적극적으로 여가를 즐기고자 하는 욕구가 증가하였고 이러한 욕구를 충족시켜줄 수 있는 스포츠관광에의 참여가 증가하는 추세이다. 스포츠 관광이란 학자별로 다양하게 정의되고 있으나 일반적으로 '스포츠와 스포츠 여가를 중심 또는 매개로 하여 이루어지는 탈일상적이며 주체적인 체험을 하는 것'으로 정의(박수정 · 김민규, 2008)할 수 있다.

세계적으로도 여가 형태가 관광 중심으로 이루어지고 있으며, 관광의 체험내용 또한 기존의 유적지 관람 또는 자연경관 등을 보는 것에서 직접 보고, 듣고, 느끼는 등 체험 위주의 관광으로 변화하고 있다. 즉 소극적 관광 형태에서 적극적 관광 형태로 변화하고 있는 것이다. 이렇듯 스포츠 관광은 인간의 오감을 모두 충족시켜줄 수 있는 차세대 문화산업으로 각광받고 있다.

최근 각 지방자치단체에서는 스포츠관광을 적극적으로 유치하기 위해 경쟁하고 있다. 그 대표적인 예로는 올림픽, 아시안게임, 월드컵, 세계선수권대회, 기타 스포츠 관련 각종 국제대회 등을 들 수 있다. 그 외에도 번지점프, 스키, 스노보드, 히말라야 등반 등 자연을 이용한 스포츠 관광지를 개발함으로써 스포츠관광객을 적극 유치하고 있다. 자연경관을 그대로 활용한 스포츠관광은 사람들에게 자연에 대한 도전감, 자신의 유능감, 모험심 등을 확인하고 경험하기 위한 기회를 제공해 준다.

스포츠관광의 형태는 다음과 같이 스포츠관광 이벤트, 스포츠관광 여행, 스포츠관광 기념물, 스포츠관광 리조트, 스포츠관광 크루즈, 스포츠 전지훈련 관광 등 여섯 개의 유형으로 구분된다(윤이중, 2006).

(1) 스포츠관광 이벤트

올림픽, 월드컵(축구), 세계선수권대회(육상, 역도, 피겨스케이팅, 쇼트트랙, 탁구, 체조, 배드민턴 등), 메이저급 골프대회, 월드클래식(야구), 동계올림픽(스노보드, 스키점프, 스키 등) 등 메가 스포츠 이벤트 종목을 관람하기 위해 그 대회가 개최되는 곳으로 관광을 가는 형태를 의미한다. 이는 개최 국가에 커다란 경제적 효과, 국가적 이미지 향상 등의 긍정적 효과로 대회 유치를 위해 많은 국가들이 경쟁을 벌이고 있다.

(2) 스포츠관광 여행

스포츠에 직접 참여를 목적으로 관광을 하는 형태를 의미한다. 태국의 경우 정부에서 '골프천국 태국'이라는 이름하에 골프 관광 프로젝트를 추진하여 2002년도에 35만 명을 유치하였다. 이외에도 미국 플로리다 올랜도에 개장한 디즈니랜드에는 방문객들에게 수영, 수상스키, 보트, 낚시, 테니스, 승마, 골프 등 25가지 스포츠 시설을 제공함으로써 스포츠관광지로서 성공한 사례이다. 캐나다의 휘슬러 스키장, 스위스 몽블랑 4. 23 산록하이킹 등을 들 수 있다. 국내의 경우 제주도의 올레길, 춘천 마라톤 대회, 남해 해양스포츠관광 단지, 화성시 전곡항 요트 체험장 등 다양한 스포츠관광지가 개발 완료 또는 개발 중에 있다.

(3) 스포츠관광 기념물

스포츠 박물관, 일본 도쿄돔, 미국 메디슨 스퀘어가든, 영예의 전당과 같은 스포츠의 역사와 유물을 방문하는 여행을 의미한다. 특히 영국의 경우 스포츠의 발상지답게 윔블던 테니스 박물관, 뉴마켓 경마박물관 등이 있어 많은 유럽 스포츠관광객을 유치하고 있다. 국내에는 무주 태권도 공원, 화성시 마리나 시설 등이 있다.

(4) 스포츠관광 리조트

스포츠 체험을 위한 복합시설들이 한곳에 집적된 종합 휴양시설로 사계절 시설들이 갖추어진 종합 휴양지를 의미한다. 대표적으로 두바이월드, 팜 아일랜드, 일본 클럽메드 카비라 리조트, 태국 망고스틴 리조트, 하와이 케아라니 리조트 등이 있으며, 국내에는 제주도 중문관광단지, 부산 해운대 관광리조트, 국내 각종 스키리조트 등을 들 수 있다.

(5) 스포츠관광 크루즈

배를 타고 이동하면서 골프, 테니스, 낚시, 수영 등과 같은 스포츠를 즐기는 여행을 의미한다. 대표적인 사례로는 1988년 오스트레일리아 여자 크리켓* 경기로서 선수들은 퍼스, 시드니, 캔버라, 멜버른에 이르기까지 광범위한 지역을 이동하면서 경기를 하였다. 최근 경기 목적 이외에도 일반인들이 관광을 목적으로 크루즈 여행에 참여하고 있다. 국내에서는 제주도, 부산, 동해 등에서 크루즈 관광을 적극 유치하고 있으며, 다양한 프로그램을 개발 중에 있다.

*크리켓
11명씩의 두 팀이 교대로 공격과 수비를 하면서 공을 배트로 쳐서 득점을 겨루는 경기

(6) 스포츠 전지훈련 관광

이는 스포츠관광의 목적이 스포츠 강습이나 훈련에 있다. 한국 대표 축구팀이 일본, 영국, 독일 등 해외 여러 나라를 방문하여 전지훈련*을 하는 것을 들 수 있다. 제주시에서는 전지훈련팀을 유치하기 위한 다양한 스포츠 마케팅 전략을 제시하고 있으며, 강원도 양구, 경기도 파주 등 전지훈련지의 스포츠 관광지화를 위해 많은 노력을 하고 있다.

4) 스포츠관광의 문화적 형태

최근 급속하게 성장하고 있는 스포츠관광에는 경제적 효과 이외에도 교육적, 사회통합적, 사회문화적, 정치적 효과도 포함된다. 그러나 가장 중요한 것으로 스포츠관광 체험의 극대화를 위해서는 각종 효과를 검증하는 것도 중요하지만 과연 올바른 스포츠관광 콘텐츠가 제공되었는가, 사람들의 욕구에 얼마나 빠르게 대처하고 있는가 등에 대한 지속적인 관심과 평가가 이루어져야 할 것이다.

일반적으로 스포츠관광의 문화적 형태는 다음과 같이 네 가지로 분류할 수 있다(구강본, 2007).

(1) 여가문화 : 시간적 형태

여가에 대한 관심 증대는 다양한 여가활동의 제공 및 서비스로 이어졌고 특히 여가시간의 증가와 맞물려 남는 시간의 효율적 사용의 하나로 시간소비형 여가 형태가 촉진될 것이다. 이에 스포츠관광은 시간적 개념에 의해 조장되고 발전될 수 있는 측면과 시간소비형 여가활동 형태로 분류할 수 있다.

*전지훈련
신체의 적응력을 개발·향상하기 위하여 환경 조건이 다른 곳으로 옮겨가서 하는 훈련

기 준	유 형	내 용
참가 형태	직접참여	– 각종 스포츠 관련 대회에 자신이 직접 참가하거나 대회 운영진, 관계자로 참여하는 형태 – 지역 스포츠 이벤트, 스포츠 축제 등에 참가하여 직접 스포츠를 즐기는 형태 – 골프, 스키, 마라톤, 걷기, 스쿠버다이빙, 테니스 등의 스포츠 활동에 직접 참여하여 즐기거나 해당 지역을 방문하는 형태
	간접참여	– 올림픽, 월드컵, 아시안게임, 세계육상선수권대회 등의 메가 스포츠 이벤트 또는 지역 스포츠 이벤트에 관람을 위해 참가하는 형태 – 메가 스포츠 이벤트나 지역 스포츠 이벤트 개최 전 또는 후에 해당지역을 방문하는 형태
참가 목적	여가활동	– 자신에게 주어진 자유시간을 스포츠(경쟁 중심)나 스포츠여가(재미 중심), 레크리에이션(활동 중심) 등 여가활동과 관련한 스포츠 관련 행사에 참여하는 형태
	건강증진	– 마라톤 동호회 대회, 걷기대회 등 웰빙·웰니스와 관련하여 자신의 건강을 유지하고 증진시키기 위한 목적으로 스포츠 관련 행사에 참여하는 형태
참가 내용	콘텐츠 중심	– 각종 대회, 이벤트, 전시회, 박람회, 박물관 등 스포츠관광 콘텐츠 그 자체에 목적을 두고 직간접적으로 참여하는 형태
	매력물 중심	– 스포츠 활동 자체에 참여하는 것과 함께 주변의 지역시설 및 공간 등을 방문하는 형태

(2) 장소문화 : 공간적 형태

스포츠관광은 다른 관광과는 달리 장소와 밀접한 관련이 있다. 경기장 관람, 스포츠 시설 이용, 스포츠 체험 등 공간 활용의 측면은 물론 서비스, 제품, 콘텐츠 등이 서로 교환되는 중요한 여가 문화적 장소로 분류되는 장소문화적 특성을 지닌다.

(3) 체험문화 : 신체적 형태

스포츠관광의 주요 형태는 신체를 활용하여 직접 스포츠에 참여하는 것이다. 이에 특정 스포츠 종목에 직접 참여하고 강도 높은 체험을 함으로써 만족도를 극대화하게 된다. 따라서 스포

츠관광은 문화적 경험과 신체활동 사이에서 스포츠 활동이 주체
가 되어 나타나야 한다.

(4) 관람문화 : 시각적 형태

스포츠관광의 핵심적인 요소는 신체적 활동 이외에도 스포츠
를 관람하는 데 그 의미를 둘 수 있다. 특히 프로스포츠*의 발달
로 각종 미디어가 내보내는 시각적인 스포츠 효과에 관중들은
더욱 열광하게 된다. 이에 관람문화의 한 형태로 스포츠 시설의
견학, 단기성 스포츠 이벤트의 관람 등 스포츠관광의 시각적 효
과가 부각되고 있다.

여가산업의 현황 및 전망

1) 여가산업의 현황

한국의 여가문화는 해방 이전의 여가 개념의 미형성기부터
현재인 여가의 성장에 이르기까지 시대적·사회적 요청에 의해
그 개념 및 정책이 많이 변화되었다. 특히 주5일 근무제가 부분
적으로 시행되면서 직장인을 중심으로 자유시간의 양적인 확대
는 물론 여가에 대한 욕구 또한 함께 변화시켰다. 이러한 참여
자의 변화된 욕구에 부응하기 위하여 각종 여가 관련 산업에 대
한 관심이 조명되고 있으며, 여가를 통한 시너지 효과**를 누리
기 위해 보다 많은 사람들이 여가 활동을 통해 긍정적인 효과를

*프로스포츠
(professional sports)
직업 선수들이 생활의 수단으
로 하는 각종 스포츠. 축구, 야
구 골프 따위가 있다.

**시너지 효과
하나의 기능이 다중으로 이용
될 때 생성되는 효과

얻도록 유도함과 동시에 기업체의 수입을 올리는 데 여가 및 스포츠관광산업을 적극 활용하고 있다.

예를 들면, 은행의 경우 다양한 여가용 카드를 발급하여 사람들의 여가욕구 충족과 참여를 독려하며, 나아가 여가인구의 증가 및 욕구 증가라는 시대 흐름을 예견하여 여가 관련 혜택을 받을 수 있는 신용카드 및 각종 서비스 관련 산업이 개발되고 있다. 나아가 여가문화 소비자 간에 발생할 수 있는 소비자의 계층적 갈등을 해소하기 위해 정부에서는 '바우처' 제도*를 적극 활용하여, 누구나 여가를 향유할 수 있도록 정책을 펼치고 있다.

미디어도 예외는 아니어서 각종 매스미디어를 통해 여가 및 관광 관련 콘텐츠들을 소개하고 있으며, 소비자들의 소비욕구를 자극하여 상품을 구매하도록 소비자들을 유혹하고 있다. 최근에는 홈쇼핑에도 관광 상품이 소개될 정도로 여가활동 중에서도 특히 관광산업은 매력 있는 고부가가치 상품으로 부각되고 있다.

우리의 삶과 여가는 매우 밀접한 관련을 맺고 있으며, 여가가 삶의 중심이 되었다고 해도 과언이 아니다. 과거 음식이 생명을 유지하는 데 중요한 수단이었다면, 이제는 '무엇을 어떻게 누구와 함께 즐겁고 재미있게 먹을 것인가' 하는 것에 좀 더 집중을 하고 있다. 많은 이름 모를 퓨전 음식들이 개발되고 있으며, 이를 소비하는 우리들은 오히려 선택의 갈등에 놓이는 상황을 맞이하게 된다.

여가문화는 이렇듯 우리의 의식주 문화를 180° 바꾸어 놓았다. 이는 여가와 산업이 서로 결합하여 소비자를 자극하는 하나의 도구로 발전하게 된 것이라고 해도 과언이 아니다. 최근 '의식주'(衣食住)를 대표하는 여가문화를 예를 들자면, '의'는 스키니, 스포츠룩, 원마일웨어(one mile wear)**, 킬힐 등이 있고, '식'은 브

***바우처 제도**
마케팅 또는 사회보장제도에서 사용되는 제도로서, 현재 정부에서 사회복지정책 중의 하나로 제시되고 있다. 교육, 문화, 스포츠, 주택 분야 등에서 다양하게 활용되고 있다.

****원마일웨어**(one mile wear)
집에서나 입는 것으로 여겨졌던 이지웨어나 트레이닝복 등을 포함하여 1마일(약 1.6km)까지 외출해도 무난한 패션 스타일

런치, 막걸리, 퓨전음식 등을 들 수 있으며, '주'는 온돌, 한옥, 전원주택 등을 들 수 있다. 이외에도 많은 여가문화산업이 계속해서 개발되고 있으며, 앞으로 어떠한 형태의 여가산업이 우리의 삶과 연결되어 나타날지 궁금해진다.

그렇다면, 여가관광산업이란 무엇인가? 여가산업(leisure industry)이란 각 기업들이 관광, 숙박, 오락, 스포츠 등 다양한 여가 관련 활동 및 서비스를 소비자의 욕구에 맞게 제공하여 이윤을 추구하는 모든 활동으로 정의할 수 있다. 즉 여가산업이란 여가서비스를 제공하여 이윤을 취하고자 하는 모든 활동 형태이다.

여가산업은 협의의 여가산업과 광의의 여가산업으로 분류한다. 협의의 여가산업은 여가서비스의 제공 및 알선을 목적으로 하는 것이며, 광의의 여가산업은 여가서비스와 관련한 각종 시설 및 도구의 제조, 교통업 등을 포함한다. 일반적으로 여가산업이라고 지칭할 때는 서비스업을 중심으로 한 협의의 여가산업을 의미한다(신우성, 2008).

세계적으로 각광받고 있는 여가산업으로는 다목적적인 시설과 공간을 갖춘 '테마파크'와 '멀티플렉스'를 예로 들 수 있다. 이미 국내에서도 숙박, 스키, 물놀이, 음식점, 의료서비스 등을 한번에 한 공간에서 즐길 수 있는 대형 멀티플렉스가 개장했거나 건설을 계획 중에 있다. 이러한 대형 멀티플렉스는 가족, 친구, 연인, 남녀노소 누구나 자신의 욕구에 맞게 여가활동을 즐길 수 있다는 점에서 많은 사람들에게 인기 있는 여가산업으로 부각되고 있다. 여가산업은 이윤추구를 목적으로 하지만 개인이나 사회적 입장에서 여가문화를 손쉽게 즐길 수 있다는 점에서 삶의 질을 좌우할 수 있는 중요한 문화적 코드로 자리 잡게 되었다.

한국의 여가산업 관리체계는 각 부처별로 다르기 때문에 관

구 분	내 용
여가공간산업	− 실내외 경기장 운영업 − 골프장과 스키장 및 운동시설 운영업 − 숙박시설 운영업(호텔, 콘도미니엄, 리조트 등) − 카지노 − 유원지 및 테마파크 − 볼링장, 당구장, 도박장 · 무도장 등 오락장 및 오락시설 운영업 − 경마 및 경주장 운영
여가용품산업	− 운동 및 경기용품(골프, 스키, 테니스, 야구, 축구 등 용품) − 여가용 자동차 · 자전거 및 운송 장비 − 수상 · 수중 스포츠 용구 − 등산 및 캠핑용품 − 기타 여가용품
여가서비스산업	− 운송서비스(철도 · 버스 · 해상수송 · 항공수송) − 여행산업 − 여가정보 서비스 제공 − 이벤트 대행업 − 외식업 − 오락 관련 서비스업

련 정책, 법규 등도 서로 다르게 나타난다. 장기적으로 볼 때, 이러한 요인이 한국의 여가산업의 발전을 저해하는 요인으로 나타나기도 한다. 때문에 이들을 하나로 묶어서 관리하고 보호할 수 있는 관련 법규 및 정책이 마련되어야 할 것이다.

국내 여가산업은 〈표 6.4〉와 같이 여가공간산업, 여가용품산업, 여가서비스산업 등 크게 세 가지로 구분된다(한국문화관광연구원, 2006). 한국에 여가산업이 본격화되기 시작한 역사가 짧기 때문에 관련 자료가 미흡하며, 관련 분야 연구가 한정적이다.

2) 여가산업의 전망

행복한 삶을 영위하기 위한 수단으로 '여가를 어떻게 활용할 것인가'에 많은 사람들이 관심을 갖게 되었다. 이는 각 기업들로 하여금 이윤창출 외에도 국민들의 여가욕구 및 기대에 부응하기 위한 각종 여가산업을 개발하고 있으며, 이를 제공하기 위한 다양한 마케팅을 제공하고 있다. 결론적으로 말하자면, 미래의 여가산업은 매우 밝다고 할 수 있다. 그러나 여가소비에 있어서 계층적 불평들이 초래되거나 심화될 경우 '여가 소외자' 또는 '여가 낙오자'를 양산할 수도 있기 때문에 매우 조심스럽게 접근해야 한다.

미래의 여가산업을 희망적으로 전망하는 사회적 요인으로는 '일' 중심에서 '여가' 중심으로의 가치관의 변화, 삶의 질 향상 및 행복에 대한 욕구 증가, 노동시간의 감축 및 자유시간의 증가, 가계 소득의 증가, 라이프스타일의 변화, 각종 대중매체의 발달, 과학기술의 발달로 인한 여가산업 촉진, 사회적 안정 등을 들 수 있다.

최근 문화체육관광부에서는 전통문화와 콘텐츠 산업을 결합시킨 새로운 여가문화산업을 계획하고 있다. '선덕여왕', '전우치', '신기전' 등의 문화원형을 활용한 여가산업을 적극 추진하고 있으며, 이는 국내뿐만 아니라 국외에서도 활용가치가 높게 평가되고 있다.

그 외에도 새로운 네트워크 교류형 여가산업, 실버 관련 여가산업, 개인 맞춤형 여가산업 등 다양한 형상이 지속될 것으로 예측되며, 좀 더 적극적이고 창조적인 여가산업이 더욱 활성화될 전망이다. 특히 개인 및 가족 단위의 관광, 스포츠, 건강 관련 여가산업이 인기가 높을 것으로 전망된다.

1) 스포츠관광산업의 현황

최근 스포츠관광의 사례는 매우 다양하게 나타나고 있으며, 관광산업의 발전에 대한 스포츠의 공헌 요소는 아주 크다고 할 수 있다. 스포츠가 세계에서 가장 큰 사회적 현상이며, 관광이 세계 최대의 산업으로 간주되고 있기 때문에 이러한 밀접한 관계가 존재하고 있다는 것은 새로운 사실이 아니다(Veal, 1997). 스포츠관광객은 단순히 레저·스포츠의 기능적 욕구충족보다는 종합관광지로서의 레크리에이션 활동기능의 연계성에 의해 더욱 큰 영향을 받게 된다. 그러므로 스포츠와 관광의 두 분야가 각각 독립되어 작용한다기보다는 서로 간의 상호작용에 의해 좀 더 큰 시너지 효과를 낼 수 있도록 노력해야 할 것이다.

스포츠관광은 1986년 아시안게임과 1988년 서울올림픽을 계기로 서서히 관심을 받게 되었으며, 이후 정부의 관광 개방화 및 자율화 정책이 수립되면서 해외여행에 대한 사람들의 관심이 폭발하게 되었다. 하나의 메가 이벤트로서 개인의 즐길 권리에 대한 욕구 충족은 물론 지역의 경제발전에 도움이 되는 그러한 행사로 스포츠관광이 자리 잡게 되었다. 그러나 스포츠관광이 더 이상 보는 것이나 일회 행사성 이벤트로만 그치는 것이 아니라 개인적·사회석·국가적 발전을 함께 도모할 수 있는 그러한 인프라 구축에 대해 많은 연구가 진행되어야 할 것이다.

국내 스포츠관광 사례는 매우 다양하게 나타나고 있다.

대회 중심으로 볼 때, '춘천마라톤대회'를 비롯하여 2002년 월

드컵과 함께 새롭게 조명된 응원문화, 2006년 강원 국제레저스포츠 & 관광페어, 2008년 경기 화성 전곡항에서 개최되었던 경기 국제보트쇼 및 코리아매치컵 요트대회, 2008 부산 세계사회체육대회 등을 비롯하여 2011년 대구 세계육상선수권대회 유치, 2014년 인천 아시안게임 유치는 물론 2018년 평창 동계올림픽과 2018년 부산올림픽 유치를 위하여 지방자치단체에서 활발히 움직이고 있다.

시설 중심으로 볼 때, 2004년 강원도 태백에 각종 스포츠 대회와 전지훈련 팀 유치를 위한 다목적 종합체육관 및 경기장의 설립, 2008년 개장한 전남 해남의 블랑코비치 해수욕장, 2012년 인천 청라지구에 예정 중인 골프장 및 테마형 레저스포츠 단지 조성 예정, 2013년 무주 태권도 공원 조성 예정, 2013년 전곡항, 구봉항, 제부항, 흘곳항 마리나* 개발 계획 등 스포츠관광과 관련한 시설 확충 및 공간 확보에 열을 올리고 있다. 이외에도 지역별로 스포츠와 관련한 다양한 축제가 개최되고 있으며, 사람

*마리나(marina)
요트나 레저용 보트의 정박시설과 계류장, 해안의 산책길, 상점 식당가 및 숙박시설 등을 갖춘 항구를 말한다. 선진국 사이에서 마리나항의 운영 실태는 고급 해양레포츠의 수준을 가늠하는 지표가 되고 있으며, 최근 한국에서도 마리나항 건설, 운용이 확산 추세를 보이고 있다.

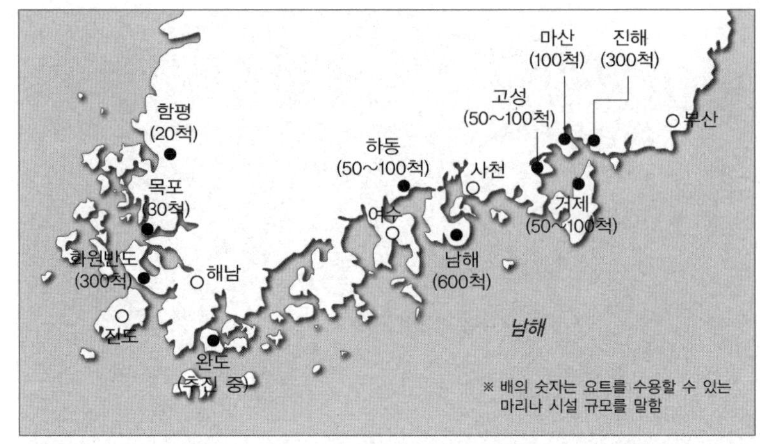

〈그림 6.2〉 서남해안지역의 요트 마리나 개발계획

출처 : 한국경제. 2007. 2. 22 참조.

들의 참여도 증가하고 있는 추세이다.

관광 분야에서 가장 빠르게 발전하고 있는 스포츠관광은 스포츠, 건강, 휴식, 캠프, 여행 등의 다양한 목적을 동시에 만족시킬 수 있는 잠재력을 지니고 있기 때문에 사람들의 참여가 증가하고 있다. 그러나 스포츠관광에서 간과해서는 안 될 것이 있다. 즉, 시설과 환경 등의 정적인 측면과 함께 역동적이고 다양한 체험을 할 수 있는 콘텐츠의 개발이 뒷받침되어야 이벤트성 행사 또는 잠시 머물다 가는 지역 사업으로 전락하지 않게 된다.

현재 한국은 대규모 스포츠 행사의 유치 및 개발 사업을 통하여 세계적인 관광도시로의 위상을 강화시키고자 스포츠관광 활성화를 위한 국제 스포츠 이벤트들의 유치 및 개최가 지속적으로 이루어지고 있는 실정이다. 이에 최대한의 파급효과를 누릴 수 있도록 스포츠와 관광이라는 양대 콘텐츠를 통한 대규모의 스포츠 이벤트, 스포츠 축제의 유치 · 기획 · 신규 개발이 이루어져야 한다. 스포츠는 세계에서 가장 큰 사회적 현상이며, 관광이 세계 최대 산업으로 부각되고 있는 이때 두 분야의 결합은 최고

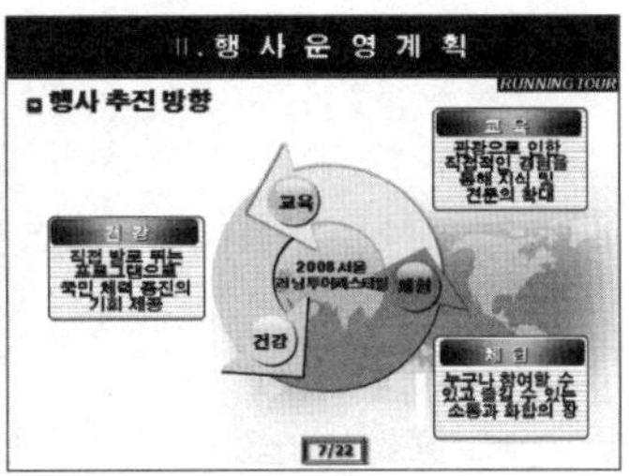

의 시너지 효과를 생산해낼 수 있기 때문에 적절한 스포츠관광 콘텐츠의 개발은 매우 중요하다.

나아가 스포츠관광의 성공여부는 외부 관광객의 증감에 따라 결정되므로 행사의 성공을 위해서는 외부 사람들을 내부로 끌어들이는 유인책이 필요하다. 즉 국내로 외국인을 끌어들일 수 있는 그 무엇인가를 개발해야 하다. 성공적인 콘텐츠 개발에는 다양한 요인이 있지만 그 활동에서 경험할 수 있는 익숙함과 독특함의 조화에서 비롯된다고 할 수 있다. 내가 예전에 즐겨본 경험이 있는 스포츠를 좀 더 다양한 조건에서 다양한 매력물과 함께 즐기거나, 또는 이전에 전혀 즐겨보지 못한 스포츠나 스포츠 여가를 즐길 수 있는 기회를 마련해 주는 것이 중요한데 이에 선행하여 관광객의 욕구수준을 면밀히 조사하는 것이 필요하다 (박수정, 2008).

〈그림 6.3〉은 대학 수업시간에 학생들이 기획한 스포츠관광 콘텐츠의 예시이다. 각각의 콘텐츠들은 인천 지역의 특성을 살려 기획된 것으로, 인하대학교와 대한항공 배구단과 연계된 인하 서머스타 캠프, 인천 치어링 페스티벌 등 다양한 콘텐츠가 제시되었다.

〈그림 6.3〉 왼쪽부터 인하 대학교 대한항공 배구단과의 스타캠프, 인천 치어링 축제, 러닝투어 페스티벌

2) 스포츠관광산업의 전망

스포츠관광산업은 경제적 효과, 정치적 효과, 환경적 효과, 사회·문화적 효과 등으로 차세대 여가문화 동력 산업 중의 하나로 가장 각광받게 될 것으로 전망한다. 특히 스포츠와 관광이라는 매력적인 요인들 간의 결합은 물론 여가스포츠 참여인구의 증가, 참살이 문화의 확대, 건강에 대한 인식 변화, 야외형 여가활동 증가 등의 사회적 변화로 스포츠관광산업은 새로운 블루오션 산업으로 성장할 것을 기대한다.

세계 관광변화의 가장 큰 추세 또한 정적인 관광에서 스포츠에 참여하거나, 주제공원, 축제 및 이벤트 등에서 생동감 있는 것들을 체험하는 동적인 관광으로의 전환(정강환, 1995)이라고 할 수 있다. 이는 현대인이 가지고 있는 일상생활에서 벗어나려는 해방감과 같은 욕구에서 기인된다 할 수 있다.

'주40시간 근무제 실시 이후 근로자 여가생활 실태조사'에 의하면, 운동 및 스포츠 활동이 가장 대표적인 여가활동(20.5%)으로 보고되고 있다(한국문화관광정책연구원, 2005). 이러한 관점에서 볼 때, 스포츠와 관광의 새로운 결합으로 나타난 스포츠관광은 개인적·사회적으로 다양한 욕구를 충족시킬 수 있고, 최대의 시너지 효과를 낼 수 있는 거대한 잠재력을 지녔다고 할 수 있다. 이는 특히 지방자치단체가 지역경제 활성화 및 홍보, 특성화 전략을 기대하며, 각종 스포츠와 관련한 이벤트 및 행사를 개최하고 있을 정도로 스포츠 관광산업은 급속도로 발전하고 있다.

그러나 스포츠관광에 대한 사람들의 관심이 증가한 만큼 질적인 성장은 그에 미치지 못하고 있는 실정이다. 스포츠관광의

활성화 및 정책적인
실효성을 거두기 위
해서는 민·관·학*
간의 상호 연계는 물
론 진흥을 위한 다각
도적인 측면에서의
연구가 요구된다.

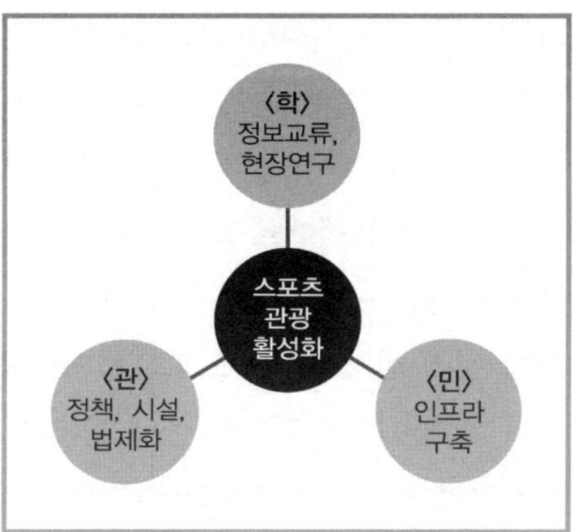

〈그림 6.4〉 스포츠관광 활성화 방안

맺음말

　하나의 메가 이벤트로서 개인의 즐길 권리에 대한 욕구 충족
은 물론 지역의 경제발전에 도움이 되는 행사로 스포츠관광이
발전하고 있다. 스포츠관광은 전 세계적으로도 가장 빠르게 성
장하고 있는 여가산업 중의 하나이며, 스포츠관광에 참여하고
있는 인구 또한 점차 증가하는 추세에 있다. 그러나 스포츠관광
이 더 이상 보는 것이나 일회 행사성 이벤트로만 그치는 것이
아니라 개인적·사회적·국가적 발전을 함께 도모할 수 있는 인
프라 구축에 대해 많은 연구가 진행되어야 할 것이다.

　스포츠관광의 성공 여부는 다른 여러 가지 요인이 있겠지만
어떤 콘텐츠를 개발하고 어떻게 구성할 것인가에 의해서도 결정
됨을 잊지 말아야 한다. 스포츠관광이 어떻게 분류되고 누가 주
체가 되는가에 상관없이 스포츠 그 자체가 주는 내적인 즐거움

*민·관·학
주민, 정부, 학교의 네트워크를
일컫는 말

과 스포츠를 둘러싸고 있는 외적인 즐거움을 동시에 추구할 수 있는 그러한 프로그램으로 구성되어야 할 것이다.

최근 지자체에서는 지역 경제발전의 목적으로 골프, 스키, 요트, 각종 메가 이벤트 대회 등 스포츠관광을 주제로 하는 행사 유치에 열을 올리고 있다. 그러나 대부분의 행사는 속빈 강정과 같이 겉만 번지르르한 프로그램으로 전락하고 만다. 이를 방지하기 위해서는 스포츠와 관광 분야가 서로 독립적으로, 때로는 유기적인 관계를 유지하고 민·관·학이 서로 연계하여 국내외적으로 성공한 스포츠관광 사례를 적극적으로 검토·분석해서 지역적 특색에 맞는 스포츠관광 콘텐츠를 개발하고 내국인은 물론 외국인의 유치에 적극 힘써야 할 것이다.

참고문헌 및 자료 ─────────

구강본(2007). "체육철학: 문화변동에 따른 스포츠관광의 내재적 의미". 『움직임의 철학: 한국체육철학회지』 제15권 제4호, 55-72쪽.

김경훈(1996). "80년대와 90년대는 어떻게 다른가 19". 여가와 생활양식 / '성공'보다는 '생활만족'이 더 좋은 시대 – 슈퍼맨 콤플렉스에 시달려도 즐길 땐 즐긴다. 『월간 사회평론 길』, 제96권 제7호, 128-131쪽.

김병식(1995). 『스포츠마케팅』. 대한미디어.

김진섭(1994). 『관광학원론』. 대왕사.

노용구(2001). 『여가학』. 대경북스.

노용구 외(2009). 『여가학 총론』. 레인보우북스.

신규리 · 박수정(2009). "스포츠관광 콘텐츠 개발에 관한 연구". 『한국사회체육학회지』 제35호, 471-478쪽.

신우성(2008). 『관광, 레저, 스포츠경영』. 대왕사.

박수정(2005). 『문화와 인간: 웰빙과 여가문화』. 인하대학교 출판부.

박수정(2008). 『스포츠관광 이벤트 전문가 양성개발 사업』. 체육인재육성재단 사업.

박수정 · 김민규(2008). "스포츠관광 전문인력 양성사업 활성화 방안". 한국여가문화학회 2008 춘천국제학술대회.

윤이중(2006). "세계스포츠관광의 동향에 관한 연구". 『한국스포츠사회학회지』 제19권 제2호, 271-287쪽.

정강환(1995). 『세계화시대의 관광산업: 발전과 전략』. 일신사.

한국문화관광연구원(2006). 『여가백서』. 한국문화관광연구원.

Veal, A. J.(1997). *Research methods for Leisure and tourism: A Practical guide*. London: Pitman.

태권도진흥재단 〈http://www.tpf.kr/〉

한국경제 〈http://www.hankyung.com/〉

더 읽어 볼 거리 ─────────

이철원(2008). 『여가예찬』. 레인보우북스.

김정운(2000). 『노는 만큼 성공한다』. 21세기북스.

강신장(2010). 『오리진이 되라』. 쌤앤파커스.

7장

문화콘텐츠 해외 마케팅

오영훈

콘텐츠 산업은 제조업과는 달리 창의성과 감성 그리고 첨단기술이 어우러져 산업의 고부가가치와 파급효과를 창출하면서 세계 경제의 핵심산업으로 부상하였고, 녹색성장을 선도하는 청정산업으로 영국, 일본을 비롯한 주요 국가들이 전략적으로 육성하고 있다.

대표적인 성공사례로 영국은 1997년 '쿨 브리태니아'(Cool Britania) 전략을 발표하고 영화, 광고, 디자인 등 창조사업을 국가 전략산업으로 집중 육성한 결과, 2006년 창조산업에서만 약 110조 원의 매출을 거두었다. 이것은 영국 GDP의 6.4%를 차지하는 것으로 영국은 명실상부하게 세계 3대 콘텐츠 강국으로 부상하게 되었다.

지금까지 문화콘텐츠는 미국, 일본, 영국 등 경제대국들의 문화를 우리가 소비하는 것이 일반적이었지만, 요즘은 우리나라의 문화콘텐츠도 그 우수성을 인정받고 있으며 해외로 뻗어나가고 있다. 문화콘텐츠는 수출 대상국의 문화적인 정서와 공감대를 이루어야 성공할 수 있기 때문에 해외 공략이 쉽지 않은 분야였다. 그러나 우리나라 문화콘텐츠는 해외의 벽을 넘어서 '한류' 붐을 일으키는 등 선전을 하고 있다.

국내 콘텐츠 산업은 그동안 민간의 노력과 정부의 육성정책에 힘입어 '한류'란 이름으로 드라마, 영화, 게임, 음악 등 다양한 콘텐츠를 통해 아시아인들에게 한국의 힘을 알리는 '민간외교'의 역할을 톡톡히 하고 있다.

우리나라는 해마다 문화콘텐츠의 해외 수출을 늘리고 있고, 수출하는 나라도 다양화되어 가고 있는 추세이다. 특히 아시아 시장에 한류라는 이름으로 우리나라의 문화콘텐츠를 널리 보급하여 큰 반응을 불러일으키고 있으며, 많은 팬을 확보하여 해외 시장을 개척하고 확대해 나가고 있다. 그러나 우리나라의 문화콘텐츠를 지속적으로 수출하기 위해서는 해외 시장에 대한 이해와 각 국가에 맞는 마케팅 전략이 절대적으로 필요한 시점이다.

이 장에서는 지금까지의 성공을 토대로 해외 마케팅의 현황과 전략을 이해하고, 국제 견본시와 마케터의 역할 등 문화콘텐츠의 성공적인 해외 마케팅 방법과 전략을 이해하는 데 그 목표를 두고 있다.

1) 우리나라 문화콘텐츠 수출 현황

우리나라는 최근 한류의 영향으로 외국으로 다양한 문화콘텐츠를 수출하고 있다. 수입은 예전부터 자연스럽게 이루어지고 있지만, 수출에 한해서는 다른 제조업 상품에 비하여 극히 적은 액수로 이루어져 왔던 것이 사실이었다. 그러나 현재는 드라마, 영화, 게임 등 다양한 문화콘텐츠 상품들의 해외 수출이 점차 증가하고 있고, 해외 진출의 노력도 활발히 이루어지고 있다.

문화산업 수출액은 전년 대비 20.6%나 증가한 18억 8,441만 달러로 연평균(2005~2008) 15.1% 증가하였다. 수입액은 전년 대비 42.8% 감소한 19억 1,583만 달러로 연평균(2005~2008) 13.7% 감소하였다.

문화산업 수출액은 게임과 방송, 캐릭터, 출판 등 광고와 영화

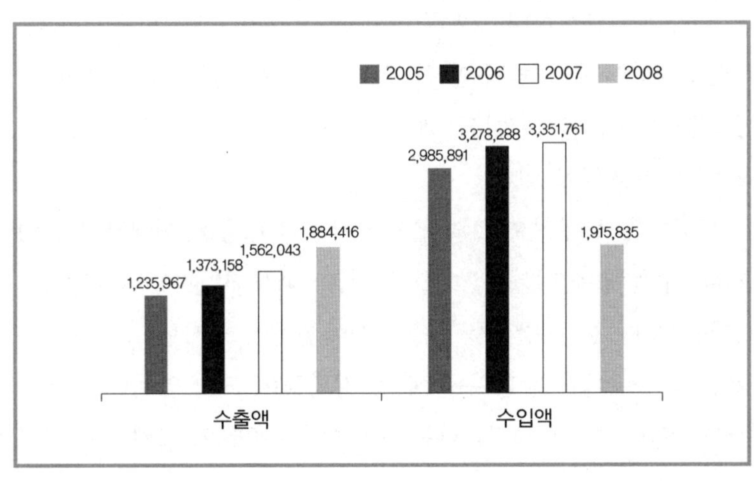

〈그림 7.1〉 문화산업 수출 및 수입액 현황

출처 : 문화체육관광부 · 한국콘텐츠진흥원(2009). 『2008 문화산업통계』. 문화체육관광부.

구 분	2006	2007	2008	비 중	전년 대비 증감률	연평균 증감률
중 국	233,239	306,754	362,795	20.1	18.3	24.7
일 본	343,942	356,593	371,873	20.6	4.3	4.0
동남아	109,637	173,792	355,395	19.7	104.5	80.0
북 미	340,431	356,176	407,079	22.6	14.3	9.4
유 럽	97,997	121,846	183,631	10.2	50.7	36.9
기 타	136,858	95,335	123,231	6.8	29.3	△5.1
전 체	1,262,104	1,410,496	1,804,004	100.0	27.9	19.6

를 제외한 전 산업에서 전년 대비 증가하였다. 특히, 게임은 전년 대비 40.1%, 연평균 24.7%가 증가하여 전체 문화산업 수출을 견인하고 있음을 알 수 있다. 이에 반해 영화산업은 전년 대비 13.8%로 감소, 연평균 34.8%로 감소로 2005년부터 수출액이 꾸준히 감소하고 있다. 영화산업은 수출액의 지속적 감소에도 불구하고 수입액은 전년 대비 16.7%, 연평균 18.9%로 꾸준히 증가하고 있어 무역수지 불균형이 점점 커지고 있는 것으로 나타났다.

우리나라 문화콘텐츠의 주요 수출 국가를 보면, 방송은 중국, 일본, 동남아시아 등 우리나라와 지리적으로 가까운 지역에 집중되어 있고, 애니메이션, 게임, 대중음악 등은 비교적 다양한 지역에 분포되어 있다.

드라마는 상대적으로 외국 시청자들이 내용을 이해하기가 어려워 수출에 어려움을 겪을 것으로 예상되었지만 〈대장금〉, 〈겨울연가〉 등의 방송물처럼 아시아인들이 공감할 수 있는 주제들이 다루어질 경우 수출에 큰 걸림돌이 되지 않는다는 것이 증명되었다. 따라서 최근에는 국내의 각 콘텐츠 업체들이 해외

구 분	중 국 (호콩 포함)	일 본	동남아	북 미	유 럽	기 타	합 계
출 판	19,373	25,147	69,173	93,798	21,147	31,372	260,010
만 화	421	616	507	936	1,623	32	4,135
음 악	1,844	11,215	2,569	346	296	198	16,468
게 임	292,062	227,524	241,744	184,863	92,979	54,693	1,093,865
영 화	1,305	8,990	2,678	3,135	4,140	789	21,037
애니메이션	1,136	16,851	469	47,568	12,387	2,172	80,583
방 송	8,097	65,627	17,226	1,194	354	1,422	93,820
캐릭터	38,346	12,782	20,771	74,410	50,443	31,498	228,250
에듀테인먼트	211	3,121	258	829	262	1,055	5,736
합 계	362,795	371,873	355,395	407,079	183,631	123,231	1,804,004
비중	20.1	20.6	19.7	22.6	10.2	6.8	100.0

수출 가능성에 큰 관심을 보이면서 한류 콘텐츠 수출에 동력을 불어넣고 있다.

문화산업 수출액이 가장 많은 지역은 북미로 4억 707만 달러 (22.6%)이며, 전년 대비 14.3%, 연평균 94% 증가하였다. 다음 으로 일본이 가장 높은 편이며 이는 게임산업과 방송산업 수출 이 다른 지역에 비해 높기 때문이다.

전반적으로 지역별 수출은 전년 대비 및 연평균 증감률이 크 게 높아지고 있다. 특히, 동남아 지역은 게임산업이 2007년에 비해 약 두 배 이상 증가하여 수출액이 2006년 1억 963만 달러 에서 3억 5,539만 달러로 가장 큰 폭으로 증가한 지역으로 나타 났다. 기존에 문화산업 수출은 북미와 일본, 중국 등 특정 지역 에 대한 의존도가 높았으나, 동남아 지역과 유럽 지역에서도 수 출액이 크게 증가된 것으로 나타났다.

〈표 7.2〉 문화산업 지역별 수출 규모

(단위: 천 달러, 방송산업 중 해외 교포 방송 및 지원 및 비디오 판매 제외, 광고산업 제외)

출처: 문화체육관광부(2009). 『2008 문화산업통계』. 문화체육관광부.

2) 문화콘텐츠 해외 시장 현황

(1) 미 국

과거부터 지금까지 세계의 문화콘텐츠 시장은 주로 미국 중심이었다. 2007년 세계 문화산업 시장 규모 중 미국이 차지하는 비중은 40.1%이며, 그 다음으로 유럽, 중동, 아프리카, 아시아 및 태평양, 중남미, 캐나다의 순위를 보이고 있다.

미국의 기업들은 세계 시장을 무대로 영화를 비롯해서 각종 문화콘텐츠들을 상품화하여 큰 수익을 올리고 있다. 미국은 기술, 자본, 전문인력 분야에서 다른 국가들보다 경쟁력을 갖고 있다. 따라서 미국의 콘텐츠 상품은 같은 언어인 영어를 사용하는 국가들뿐만 아니라, 비영어권 국가에서도 큰 영향력을 행사하고 있다.

이러한 미국 문화상품의 확장은 '문화제국주의'라는 각국의 비판을 받기도 한다. 미국은 단순히 다른 나라에 자국의 콘텐츠를 판매하고 가격을 조정하는 수준이 아니라, 수입국 시청자들에게 미국 문화에 대한 우월의식을 무의식중에 심어 주는 내용을 전달하고 있기 때문이다. 더욱이 미디어와 콘텐츠가 기술 발달로 인해 디지털로 전환되고 있는 상황에서 디지털 기술이 우위를 점하고 있는 미국의 영향력이 더욱 더 강해질 수밖에 없는 실정이다. 특히 워너 브라더스, 월트 디즈니를 비롯한 세계적인 미국의 기업들은 풍부한 자금과 기술을 앞세워 질적으로 우수한 상품을 만들고 이를 세계 각국에 수출하고 있다. 그러므로 우리나라와 같이 시장과 기업의 규모가 작은 국가들이 미국과 경쟁하기 위해서는 뛰어난 아이디어와 각 국가별로 전략적인 마케팅이 반드시 필수적이라고 할 수 있다.

| 지 역 | 2002 | 2003 | 2004 | 2005 | 2006(p) | 2007 | 2007년 구성비(%) |
| | | | | | | | 문화산업 연평균 성장률(2002~2007) |
							GDP 연평균 성장률(2002~2007)
미 국	464,592	488,156	525,231	550,027	582,448	612,163	40.1
문화산업 성장률(%)	4.7	5.1	7.6	4.7	5.9	5.1	5.52
GDP 성장률(%)	3.4	4.7	6.9	6.3	6.4	5.5	5.53
유럽/중동/아프리카	369,840	386,241	416,125	442,434	473,040	499,106	32.7
문화산업 성장률(%)	4.3	4.4	7.7	6.3	6.9	5.5	5.85
GDP 성장률	4.3	4.6	6.5	5.7	5.2	5.0	5.22
아시아/태평양	210,824	224,612	248,357	270,089	296,982	327,694	21.5
문화산업 성장률(%)	4.6	6.5	10.6	8.8	10.0	10.3	8.47
GDP 성장률(%)	3.0	4.5	6.9	6.3	7.3	7.2	5.87
중남미	31,088	32,012	35,474	39,671	44,228	48,375	3.2
문화산업 성장률(%)	−3.4	3.0	10.8	11.8	11.5	9.4	7.18
GDP 성장률(%)	−12.7	4.1	14.5	20.5	4.8	4.5	5.95
캐나다	28,343	30,237	32,333	33,468	35,697	37,834	2.5
문화산업 성장률(%)	6.7	6.7	6.9	3.5	6.7	6.0	6.08
GDP 성장률(%)	4.3	5.2	6.2	6.1	5.4	5.0	5.37
합 계	1,104,687	1,161,258	1,257,520	1,335,689	1,432,395	1,525,172	100
문화산업 성장률(%)	4.4	5.1	8.3	6.2	7.2	6.5	6.28
GDP 성장률(%)	2.9	4.6	7.0	6.7	6.0	5.7	5.48

〈표 7.3〉 문화산업 지역별 세계 시장 규모 및 성장률 (단위 : 백만 달러, %)

출처 : Pricewaterhouse Cooper(2006), "Global Entertainment and Media Outlook: 2007~2011".

(2) 일 본

일본은 애니메이션과 게임이 강한 나라다. 그중 애니메이션은 일본 고유의 개성이 돋보이는 독특한 내용과 제작기술로 미국과 동등하게 경쟁력을 갖고 있다. 최근 일본 애니메이션이 세계 시장에서 차지하는 비중은 약 65%에 이르는 것으로 평가된

〈그림 7.2〉 게임 〈포켓몬스터〉의 재킷 디자인

다. 실례로 〈포켓몬스터〉와 같은 애니메이션은 미국의 지상파 TV 방송사인 폭스 TV, Kids WB, 카툰 네트워크 등에 인기리에 방영되었다. 또한 〈포켓몬스터〉에 등장하는 수많은 캐릭터들이 장난감, 게임, 서적, 음식, 음료, 일용 잡화 등 다양한 상품으로 개발되어 부가가치를 만들어 내는 역할을 하였다.

일본 문화콘텐츠 산업의 또 다른 강자는 게임이다. 일본은 역사적으로 다른 어떤 나라보다도 일찍 전자기기에서 세계 최고의 기술을 보유하고 있다. 이러한 전자기기 기술의 발달을 토대로 일본 게임업계는 개인용 전자기기 안에 게임을 넣어 오락상품으로 발전시켜 나가고 있다. 이것이 바로 세계적으로 여전히 인기가 높은 닌텐도와 소니 게임기라고 할 수 있다. 온라인 게임이나 컴퓨터 게임이 대세를 이루고 있는 지금도 일본의 이와 같은 게임기는 여전히 큰 인기를 누리고 있다.

(3) 독 일

독일연방정부는 "예술은 곧 자본"이라는 관점에서 문화산업을 국가의 성장 동력으로 인식하고 2007년에 문화창조산업을 정부에서 관장하는 경제영역으로 전략적으로 끌어들이기 위해 의안제출에 대한 콘셉트를 마련하여 2008년 5월 7일에 국회에 제출하였다. 이후 독일 경제기술부의 위임으로 설립된 '문화창조산업 발의위원회'의 최종 보고서는 독일 문화산업의 용어와 그 의미를 다음과 같이 정의하고 있다. "문화창조산업은 철저하게 경제적 이익을 지향하면서, 창조, 생산, 분배 그리고/또는 문화상품과 서비스를 미디어를 통해 확산시키는 문화창조기업들

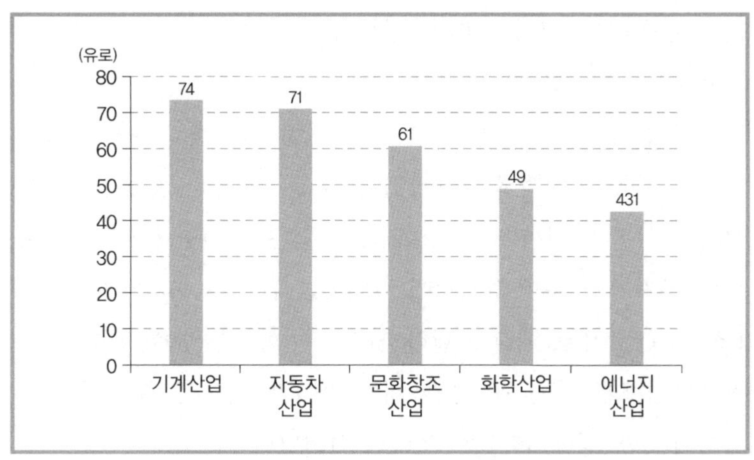

〈그림 7.3〉 2008년 독일의 산업별 총매출 비교
출처: 김상원(2009).

의 활동을 의미한다."

우리는 문화산업의 육성시원 분야를 '문화산업 기반조성', '출판 및 미디어 산업', '방송 영상산업', '영상 애니메이션 산업', '게임산업', '음악산업', '콘텐츠(캐릭터, 만화)산업', '지방문화산업', '저작권산업'과 같이 아홉 개 분야로 구분하고 있다. 독일의 경우는 문화창조산업의 핵심 영역으로 11개 산업 영역을 제시하고 있다. 이 중 음악산업, 도서 시장, 예술 시장, 영화산업, 방송산업, 미술, 디자인 산업, 건축 시장, 그리고 신문 시장과 같은 아홉 개 영역은 문화산업 영역으로, 그리고 나머지 광고 시장과 소프트웨어 및 게임산업과 같은 두 개 영역은 창조산업 영역으로 분류하고 있다.

독일은 문화산업을 크게 문화산업 영역과 창조산업 영역으로 구분하고 있다. 또한 문화산업 영역을 국가가 관장하는 공공 영역, 시민들의 사회활동 영역, 그리고 개인이나 기업의 이윤을 목적으로 하는 경제 영역으로 구분하고 있으며, 이 세 분야 모두와 관계 있으면서 개인의 창의성이나 기존의 문화유산을 기반으로 산업 활동하는 영역을 따로 구분하고 있다.

2007년 4월 26일에 독일의 국회에서는 '문화산업'이라는 주제로 격렬한 논쟁이 있었다. 그 결과 다섯 개 정당 중에 네 개의 정당은 공동으로 "문화창조산업 발의"를 이끌어 냈다. 발의위원회가 조사한 바에 따르면 문화창조산업은 2004년에 5,800만 유로의 부가가치 총액을 올렸고, 2006년에는 약 두 배에 달하는 1조 2,100만 유로 매출에 달한 것으로 파악하고 있다. 이때 문화창조산업 영역에는 약 21만 개의 회사가 있으며, 종사원 수도 거의 100만 명에 이르는 것으로 나타났다.

독일의 문화창조산업은 다른 기타 산업 영역에 비해서도 성장률은 물론이고 매출액 면에서도 차지하고 있는 비율이 매우 높은 산업 영역이다.

독일의 문화창조산업은 2004년에 비해 2006년에는 4.7%의 성장을 이룩했으며, 부가가치 산출액은 6,100만 유로로 국내 총생산의 2.6%를 차지하고 있다. 7,100만 유로의 부가가치를 올리는 자동차 산업은 국내 총생산의 3.1%를, 4,900만 유로의 부가가치를 창출했던 화학산업은 국내 총생산의 2.1%를 차지했다.

이렇게 문화창조산업의 성적은 독일의 기존의 주요 성장 산업군 사이에서도 중간을 차지할 정도로 많은 비중을 차지하고 있다. 문화창조산업은 2008년에 6,300만 유로의 부가가치 매출에 도달하여 지속적으로 성장하고 있는 독일의 미래 성장산업으로 주목받고 있다. 독일에서의 문화창조산업은 우리와 마찬가지로 콘텐츠 지향적인 지식기반 산업으로 간주되고 있다.

3) 한류 시장 현황

(1) 중국과 일본

한류란 중국에서 대중가요, TV드라마, 영화 등 한국의 대중문화가 큰 인기를 끈 현상을 뜻하는 것으로, 중국인들이 처음으로 붙인 명칭으로 알려져 있다. 그러나 일본, 대만, 베트남, 몽골 등 그 밖의 다른 아시아 국가들에서도 이와 유사한 현상들이 나타남으로써 본래의 의미에서 그 범위가 훨씬 더 넓어졌다고 할 수 있다.

1998년 드라마를 시작으로 중국에 수출된 한국의 대중문화는 이후 가요 분야로 확대되었다. 특히 2002년 국내 가수 그룹인 HOT의 중국 공연을 계기로 본격적으로 한류라는 용어가 등장하였다. 이후 중국뿐만 아니라 일본, 베트남, 필리핀 등 동남아시아에서도 우리 문화콘텐츠의 해외 시장은 지속적으로 확대되고 있다.

중국은 한류 용어가 생겨난 국가이며, 우리 문화콘텐츠가 본격적으로 해외에 판매되는 무대를 제공한 중요한 해외 시장이다. 우리나라 문화콘텐츠 중에서 초기부터 중국인에게 크게 인기를 얻은 분야는 대중가요와 TV드라마였다. 특히 우리의 대중가요는 기존의 중국 음악과는 매우 차별화된 선진 음악으로서 중국의 젊은이들에게 매력적으로 다가왔다고 볼 수 있다.

중국 한류의 형성
- 1996년 : 북경 라디오방송에서 한국의 대중가요 전문 프로그램이 등장하여 전국적으로 알려지는 계기가 됨.
- 1998년 : 홍콩의 위성방송을 통해서 한국 가요가 중국에 간

접적으로 소개됨.

- 2001년 : 전국방송에서 한국 가요가 편성됨으로써 젊은이들에게 한국 가요가 확산되는 기회로 작용함.
- HOT, 장나라, 슈퍼주니어를 비롯한 많은 가수와 〈사랑이 뭐길래〉, 〈대장금〉 등의 드라마, 〈엽기적인 그녀〉 등의 영화가 한류 붐을 가져옴.

한류 초기에는 중국 정부가 한국과 중국과의 외교적 관계 개선과 기존의 홍콩, 대만 등 중국계 외국 문화콘텐츠의 편중을 어느 정도 완화하기 위해 우리의 문화콘텐츠 수입에 대해 개방적인 자세를 취해 왔었다. 그러나 최근에는 중국 정부가 한해 외국 드라마 수입을 400부로 한정함에 따라 한국 드라마는 기껏해야 1~2편(30부 기준)밖에 방송될 수밖에 없는 실정이다. 중국 민간교류를 총괄하는 인민대외우호협회 산하 한중우호협회의 아이수광 이사는 "한국 콘텐츠의 중국 시장 진출 전략을 바꿀 때가 됐다"면서 변화하는 중국 시장에 맞는 전략을 구축하야 한다고 강조하였다.

일본 한류의 시작은 1980년대로 추정되며, 주로 한국 가수들의 활동을 통해 그 기반이 만들어진 것으로 평가된다. 특히 본격적인 한류의 시작이라고 할 수 있는 〈겨울연가〉는 일본 중년 여성층에게 큰 인기를 끌면서 주연배우 배용준을 대스타로 만들었고, 그로 인해 일본에 진출한 다른 배우들이나 문화콘텐츠, 상품에 이르기까지 인지도가 넓게 확산되었다.

일본에서의 한류 붐은 일본과 한국 국민 간에 친근감을 높이는 데 공헌하였고, 특히 일본인들의 한국인에 대한 인식에 커다란 변화를 주는 데 큰 역할을 하였다는 점에서 큰 의의가 있다. 특히 드라마는 이웃 나라 한국 사회를 일본 사회에 알려준 중요한 역할을 하였고, 무엇보다도 일본의 중년 여성층에게 활기를 주는 계기로 작용한 것으로 높이 평가되고 있다. 또한 세계적인 문화 강대국으로 자리하고 있는 일본에 우리의 콘텐츠가 통할 수 있다는 성취감을 불어넣은 계기도 되고 있다.

일본 한류의 형성

- 1987년 : 가수 조용필이 일본 최고의 가요 프로그램에 외국인 최초로 출연하면서 주목을 받기 시작함.
- 2000년대 초 : 한국 영화 〈쉬리〉가 100만 명 이상의 일본인 관객을 동원하여 한국을 알리는 데 큰 계기가 됨.
- 2001년 : 가수 보아가 일본 가요 시장에 선보이면서 선풍을 불러일으킴.
- 2003년 : KBS가 제작한 〈겨울연가〉가 일본 국영방송사인 NHK의 지상파와 위성에서 방영, 본격적으로 한류가 시작됨.

(2) 대만과 몽골

대만의 우리 문화콘텐츠 시장은 한류의 가장 큰 시장인 중국에 비해 훨씬 작지만, 우리 대중문화에 대한 관심은 중국에 비해 결코 뒤지지 않은 지역이다. 그리고 같은 중국 문화권에서도 사회주의 중국과는 다른 정치와 경제 체제를 오랜 기간 갖고 있어, 서구 문화에도 친숙하다. 또한 태국이나 베트남 등 다른 아시아 국가들보다 높은 생활수준과 문화적 환경을 지닌 사회이기 때문에 우리의 문화콘텐츠가 진출할 수 있는 매우 좋은 시장이다.

대만은 과거에 일본의 식민지였다는 점이 우리나라와 비슷하다. 그런 경험을 통해서 대만은 일본의 대중문화에 많이 익숙해 온 나라이다. 예를 들어 1980년대부터 현재까지 대만에서는 일본의 가요를 비롯하여 드라마 등이 몰려 들어와 주요 도시에는 일본식 스타일이 크게 유행하고 있다. 그리고 TV 채널 중 다섯 개에 달하는 일본 위성을 포함해서 공중파 TV 채널에서 일본의 드라마는 일상적으로 방영되어 왔다. 이러한 상황 속에서 우리 문화콘텐츠가 대만인들의 관심을 끌었다는 점은 우리의 해외 시장으로서 대만의 중요성을 말해 주는 부분이다.

최근에 영화 수출이 부진하지만 슈퍼주니어, 소녀시대 등 한국 가수들이 각종 음악상을 수상하고, 한국의 장편 드라마가 인기를 끄는데다 한국산 게임이 게임 시장을 리드하고 있어서 상승 추세를 보였다.

몽골에서는 1997년 한국 드라마가 방영되기 시작하였다. 초기에는 한국 드라마가 대부분 중국을 통해서 들어왔기 때문에 중국에서 인기 있는 것을 위주로 시청자들에게 전달되었다. 그러나 현재는 우리나라에서 직접 수입된 드라마, 영화 등이 가공되어 방영되고 있다. 1994년 처음으로 한국 영화가 방영되었으며, 1999년 한국 역사를 소재로 한 장편 드라마가 방영되어 큰 인기를 끌다가, 이후 〈야인시대〉와 〈첫사랑〉 등 수많은 드라마가 소개되었다.

한류가 몽골에 급속히 전달된 것은 한국에서 송출되는 위성방송인 아리랑 TV를 꼽을 수 있다. 아리랑 TV는 몽골인의 생활에 손쉽게 볼 수 있는 방송매체로 자리 잡았으며, 특히 젊은 층의 문화 행태에 많은 영향을 끼친 것으로 평가된다. 특히 드라마 〈대장금〉을 통한 문화 파급효과도 크게 나타났는데, 〈대장금〉에서 소개된 한국 전통음식과 의상은 몽골인들의 의식주 생활에 적지 않은 변화를 일으켰던 것으로 평가된다. 특히 몽골인들은 한국 문화를 친숙하게 느껴 한국 드라마를 보면서 한국의 거리와 문화, 생필품 등 거의 모든 분야를 수용하고 있다. 따라서 몽골에서는 한국 드라마 신드롬이라고 할 정도로 많은 방송사에서 동시에 한국 드라마를 방영하고 있는 것으로 알려져 있다.

대만 한류의 형성

- 1998년 : 클론의 공연이 큰 성공을 거두면서 한류가 시작됨.
- 2001년 : 드라마 〈가을동화〉가 방영되면서 깊은 인상을 남김.
- 2002년 : 〈겨울연가〉를 포함 다수의 드라마가 연이어 방영됨.
- 2004년 : 〈대장금〉으로 인해 한류 시장의 절정을 이룸.
- 2009년 : 슈퍼주니어, 소녀시대 등 한국 가수들이 각종 음악상을 수상함.

몽골 한류의 형성

- 1994년 : 처음으로 한국 영화가 방송에서 방영됨.
- 1999년 : 한국 역사를 소재로 한 장편 드라마가 방영되어 큰 인기를 얻음. 이후 〈야인시대〉, 〈첫사랑〉 등 수많은 드라마가 소개되어 인기를 얻고 있음.
- 2009년 이후 : 일명 '케이팝'으로 불리는 한국 대중음악 저변이 확대됨, 드라마 〈아내의 유혹〉 인기 상승.

국제 견본시와 해외 마케팅 전략

국제 견본시는 문화콘텐츠 상품을 해외에 수출하기 위한 발판이다. 질 좋은 상품과 함께 제대로 된 국제 견본시를 준비하는 것은 우리나라의 문화상품을 해외에 널리 알릴 수 있는 방법이 될 것이다.

1) 주요 국제 견본시의 의미와 현황

견본시는 견본을 전시하여 매매거래를 촉진시키기 위하여 개최되는 시장이다. 견본시에서는 각종 상품의 견본을 테마별로 구분하여 전시하고 품질과 특성을 설명하며 실제 사용하는 것을 보여 준다. 그리고 견본시는 정기적으로 동일한 장소에서 비슷한 시기에 개최되고, 일반인들을 대상으로 하는 경우도 있지만 주로 관련업자들을 대상으로 한다는 특징을 갖는다. 특히 유럽과 일본에서는 매매계약을 체결하는 중요한 장소로 손꼽힌다.

국제 견본시(international trade fair)*는 국가 간 무역상담을 목적으로 하는 견본시이다. 즉, 각국이 무역을 촉진하기 위해 신제품이나 특산물을 전시하여 상담을 맺는데, 부차적으로 이러한 전시를 통하여 국력을 선전하고 국제 간 친목을 도모하기도 한다. 국제 견본시는 수출입업자들이 집중적으로 모여 짧은 시일 내에 많은 고객에게 물건의 견본을 선보일 수 있으므로 제품의 시험판매와 유통업체의 반응을 조사할 수 있는 좋은 기회를 제공받고 특정 상품의 시장성을 시험할 수도 있다.

국제 견본시에 출품하는 것은 수출과 해외 마케팅을 증진시키는 데 주요 목적이 있다. 또 당장 효과가 발생하지 않더라도 국제 견본시에 출품하면 이름이 알려질 수 있기 때문에 장기적인 이익을 얻을 수도 있다. 그러나 비용 면에서 부담이 있다는 것이 단점이다.

최근 세계의 유수 국제 견본시에서 우리나라 문화콘텐츠의 거래 실적에 대한 소식이 전해지면서, 국제 견본시는 우리나라 문화콘텐츠를 알리는 중요한 장소로서 주요한 역할을 하고 있다. 국제 견본시는 문화콘텐츠를 소개하려는 마케터** 입장에서

*페어(fair)
박람회, 견본시, 전시회를 통틀어 지칭하는 용어

**마케터(marketer)
판매용 상품이나 서비스를 제공하는 단체 및 기구

여러 구매자들을 만나면서 실제로 판매할 수 있는 매력적인 행사이다. 각기 다른 국가에서 서로 정보나 이 메일을 주고받으면서 거래 가능성을 시도하는 것보다 직접 문화콘텐츠를 보고, 또한 서로 얼굴을 마주보고 얘기를 나누면서 판매와 구매를 할 수 있다.

(1) 영화와 방송콘텐츠 전문 견본시

① AFMA

AFMA(American Film Market)은 전 세계에서 만들어진 독립영화나 TV 제작물을 거래하도록 돕는 전문 견본시이다. 1980년 설립되었고 미국뿐 아니라 호주, 유럽공동체, 아시아 지역의 130개의 제작사와 배급사가 회원사로 가입해 있다. 미국의 로스앤젤레스에 본부를 두고 있는 AFMA는 매년 국제 견본시를 개최하여 영화와 TV 제작물의 무역거래 활성화를 위해 정부와의 관계, 국제적 지원, 통계 데이터, 정보제공 등의 지원을 하고 있다.

② 선댄스 영화제

〈그림 7.4〉 선댄스 영화제
출처: 뉴시스, 2009. 1. 16.

선댄스 영화제는 1978년 미국의 유명 배우 로버트 레드포드가 주축이 되어 만들어졌으며, 독립영화의 거래를 전문으로 하는 견본시이다. 전 세계에서 매년 3,000편 이상이 출품 신청을 하고 그중 100여 편의 장편영화와 60여 편의 단편영화가 심사를 거쳐 최종 확정되어 상영된다. 초기에는 미국 독립영화를 발굴하고 국내에 알리는 구실을

〈그림 7.5〉 국제 견본시 미프티비의 한국 드라마

출처 : OSEN, 2009. 4. 28.

〈그림 7.6〉 미뎀에 참가한 가수 겸 JYP엔터테인먼트 창립자 박진영

출처 : 더 데일리 포커스, 2009. 1. 19.

했지만, 해를 더해 갈수록 독립영화를 메이저 배급사와 영화 시장에 소개하는 역할이 커져가고 있다. 전 세계에서 매년 약 2만 명의 사람들이 참석하며 100만여 명의 관람객이 다녀간다고 알려져 있다.

③ TV방송 프로그램 마켓

TV방송 프로그램 마켓으로서 크고 작은 견본시가 세계 각국에서 개최되고 있는데, 특히 칸의 미프티비(MIPTV), 미프콤(MIPCOM)과 미국의 냇피(NATPE)가 대표적인 견본시로 꼽히고 있다. 이 방송 마켓은 세계 각국이 가지고 있는 방송드라마를 비롯해 애니메이션, 다큐멘터리, 오락물 등 다양한 콘텐츠를 대상으로 일정한 도시에서 거래가 이루어지는 시장이다. 우리나라도 아시아에서 한류 열풍을 계기로 2001년부터 국제방송영상견본시(BCWW: Broadcast Worldwide)라는 국제 TV 마켓을 개최하여 왔고, 그밖에 ACE Fair, BCM 등의 견본시도 개최되고 있다.

(2) 음악 전문 견본시

세계에서 가장 오랜된 음악 전문 국제 견본시는 미뎀(MIDEM)이라고 할 수 있다. 1967년 시작되었으며, 매년 1월 프랑스 남부 도시 칸느에서 개최되는데, 9,000여 명에 이르는 음악 전문가들이 직접 거래, 시장 정보 교환, 라이브 음악회 등에 참여한다.

미뎀에는 모든 음악 장르를 아우르는 대형 및 소형 음반사, 음악 출판사, 온라인과 기타 배급사, 음악 사업과 관련된 경영자, 프로듀서, 프로모터, 수출 및 수입업자 등이 대거 참여하여 활발한 접촉과 거래를 성사시킨다.

(3) 게임 전문 견본시

　　세계 최대의 게임 견본시인 'E3쇼'는 1995년 제1회 엑스포 개최를 계기로 매년 미국 LA 컨벤션 센터에서 개최된다. 새로 출시된 게임과 게임개발 장비가 소개되고, 게임 소프트웨어가 전시되어 있어, 앞으로 전개될 게임 시장의 흐름과 동향을 파악하는 데 매우 중요한 장소이다.

과거의 예를 보면 일본 소니의 '플레이스테이션 2'와 미국 마이크로소프트의 '엑스박스', 그리고 일본 닌텐도의 '게임보이'가 동시에 출시되어 마치 비디오용 게임에서 세계 전쟁이 일어나고 있는 양상을 보일 정도로 마케팅 활동이 치열하게 전개되기도 하였다. 우리나라는 엔씨소프트가 '리니지 2'와 전략형 온라인 게임인 '길드 워'를 출시하여 각국 참가자들로부터 높은 관심을 불러일으키기도 하였다.

2) 해외 시장 진출을 위한 마케팅 도구

(1) 해외 마케팅을 위해 고려해야 할 사항

① 언 어

언어는 문화콘텐츠 수출에 아주 중요한 영향을 미친다. 뉴스, 정보, 교육, 문화 등 대부분의 콘텐츠 상품은 언어로 포장되어 있기 때문에 다른 나라 소비자들은 자신의 언어로 만들어진 콘텐츠를 절대적으로 좋아하는 경향을 갖는다.

예를 들어 사람들은 해외로부터 문화콘텐츠가 수입되면 자기들 언어로 번역 또는 새로 녹음하거나, 심지어는 광고 및 홍보물조차 새로 자신의 문화와 언어를 사용해서 새로 제작해야 비로소 보고자 하는 욕구가 생긴다.

〈주몽〉, 〈대장금〉 이어 이란서 한류 바람 일으켜

최근 이란에서는 〈대장금〉에 이어 〈주몽〉이 대단한 인기를 얻으며 새로운 한류 바람을 일으키고 있다.

〈주몽〉은 현재 IRIB(Islamic Republic of Iran Broadcasting) 국영방송 채널 3에서 지난해 12월 9일부터 매주 화요일 현지 프라임 타임인 저녁 8시 30분에 〈전설의 왕자〉라는 이름으로 방송 중이다. 최근 들어 방송된 한국 드라마 중 최고의 시청률인 60%를 기록하고 있으며, 이는 2006년과 2007년 이란 방영 당시 〈대장금〉의 시청률 90%에는 미치지 못하지만 높은 인기를 실감하고 있다.

〈주몽〉을 연출한 MBC 이주환 감독은 28일 인터뷰 차 한국을 방문한 IRIB 방송사의 다큐 취재팀과 만남을 가졌다. 이란의 대표적인 다큐멘터리 감독 이라즈 밀라니(Iraj Milani) 씨가 취재한 이번 인터뷰는 시종일관 화기애애한 분위기에서 진행되었다.

기획 단계에서부터 전 세계를 겨냥했냐는 질문에 이주환 PD는 "주몽을 준비하면서 간결하고 쉽게 풀이해 전 연령층을 흡입할 수 있도록 노력을 기울였는데, 이 점이 세계 각국의 시청자들에게 다가갈 수 있었던 요인으로 작용하지 않았나 생각한다"고 말했다.

또 서울 스튜디오와 나주 세트장을 전 스텝

100여 명이 오가면서 촬영하였다는 일화와 〈주몽〉의 시나리오 작업을 2년간 진행하였다는 이야기에 이란 취재팀은 놀라움을 금치 못했다는 후문.

취재팀은 특히 주몽의 주인공역을 맡았던 배우 송일국 씨의 성격과 〈주몽〉 출연 이후 그의 인기 상승 여부 등에 높은 관심을 표시했고, 각 주연배우들의 나이 및 결혼 여부에도 호기심을 보였다.

취재진 가운데 보르나 피로우지(Borna Firouzi) 카메라 감독은 아홉 살 아들이 한국에 가면 꼭 주몽의 칼을 사오라고 부탁을 받았다며 주몽의 장검은 어디를 가야 살 수 있는지를 물어보기도 했다고.

방영 당시 많은 인기를 얻은 〈주몽〉은 〈대장금〉 이후 최초로 50% 이상의 높은 시청률을 기록한 사극이라는 점에서 국내뿐 아니라 해외 각지에서 절대적인 주목을 받고 있어 아시아뿐 아니라 전 세계로 한류를 펼쳐가는 견인차 역할을 톡톡히 하고 있다.

− OSEN, 2009. 4. 29

② 소득수준

해외 시장에 우리나라 문화콘텐츠가 진출할 수 있는 여건은 언어 외에도 각국의 소득수준과도 밀접하게 관련되어 있다. 만

약 언어만이 중요한 요소라면 세계에서 가장 많은 인구를 보유한 중국이 가장 중요한 시장일 것이다. 그러나 소득수준이 높을수록 문화에 대한 수요가 높기 때문에 선진국일수록 고급 문화콘텐츠 수요가 높을 가능성이 크다. 따라서 그 나라 국민의 소득수준에 따라 공략할 수 있는 문화콘텐츠 시장이 달라진다고 볼 수 있다.

③ 문화적 배경

문화적인 배경도 콘텐츠 수출에 많은 영향을 끼친다. 방송, 영화, 음악 등의 콘텐츠를 포함한 미디어 상품들은 그 상품들이 만들어진 지역의 문화에 뿌리를 두고 있기 때문에, 콘텐츠를 받아들이는 나라의 국민들이 상식, 생활방식, 물리적 환경, 제도, 스타일 등에 있어 공유하는 부분이 클수록 수출에 매우 유리하다.

(2) 해외 시장 마케팅 도구

국제 견본시에서 판매 대행사나 마케터들은 판매할 문화콘텐츠에 등장하는 배우, 감독 또는 이야기 줄거리 등을 이용한 마케팅 도구들을 활용하여 구매자들의 관심을 이끌어 내는 활동을 한다. 각 문화콘텐츠마다 사용되는 마케팅 도구가 다르게 나타나는데, 여기에서는 영화의 국제 견본시에서 주로 사용되는 마케팅 도구들을 사례로 살펴보기로 한다.

① 촬영대본

촬영대본은 영화 제작의 가장 기본 지침이 되는 세부사항들이 기록된 청사진인데, 일면 콘티라고도 한다. 촬영대본에는 실

제 촬영에 필요한 장면, 대사, 액션 등이 모두 자세히 그려져
있기 때문에, 영화 구매자들이 관심을 가질 수 있는 아주 좋은
마케팅 도구라고 할 수 있다. 특히 영화가 제작되기 전에 판매
할 권리를 확보하려는 배급사들에게는 대본이 구매를 결정하는
데 가장 중요한 요소가 된다.

② 시놉시스

시놉시스*도 앞으로 제작될 영화의 제작 방향을 알려주는 좋
은 자료이므로 구매 결정에 중요한 요소가 된다. 시놉시스는 구
체적인 시나리오가 쓰이기 전에 만들어지는 것인데, 그 안에는
등장인물의 캐릭터 설정, 배경, 소재, 사건 등이 콘텐츠를 구성
하는 가장 중요한 요소들을 포함하고 있다.

③ 제작 인력

문화콘텐츠 제작에 관련된 핵심 인력에 대한 배경도 배급사
의 콘텐츠 구매 결정에 중요한 영향을 미친다. 영화의 경우 감
독, 주연배우, 프로듀서, 기타 촬영진 등은 영화의 품질과 흥행
과 밀접한 관련이 있기 때문에 이러한 정보를 담은 화보집, 이력
및 경력서 등을 제공하는 것이 판매에 중요한 영향을 미친다.

④ 홍보활동

구매자들의 관심을 끌기 위해서 신문이나 잡지 등 언론사에
보도자료나 기삿거리를 제공하는 것도 주요한 마케팅 활동이다.
언론 홍보를 통해 판매대행사나 마케터들은 만들어질 또는 만들
어진 영화에 대해 관객과 소비자들에게 알리고자 한다. 흔히 보
도자료나 기삿거리에는 감독과 주요 출연진, 이야기 줄거리, 촬

*시놉시스
작가가 생각하는 주제를 다른
사람에게 알리기 위해 알기 쉽
게 간단히 적은 것을 말한다.
흔히 줄거리 또는 개요, 일람이
라고 한다.

영 뒷이야기 등에 대해 간단히 요약된 자료를 배포한다.

　이와는 별도로 언론인들을 대상으로 직접 영화를 알리는 기회도 마련하는데, 극장 개봉 전에 개최되는 시사회가 대표적인 예라고 할 수 있다. 언론과의 간담회 개최도 매우 중요한데, 특히 해외 영화제에서는 그 인지도에 따라 전 세계로부터 거의 모든 언론 관계자가 참여하기 때문에 제작된 영화가 언론에서 다루어지면 마케팅에 결정적인 영향을 줄 수 있다.

3) 해외 마케터의 역할과 활동

　해외 마케터들의 주된 역할은 문화콘텐츠의 국제 견본시를 통해서 구매자들에게 이미 완성된 문화콘텐츠나 앞으로 완성될 작품들을 판매하기 위해 알리는 일이라고 할 수 있다. 이들의 임무는 다음과 같다.

① 해외 시장의 흐름을 이해하기 위해서 이러한 행사들이 열리는 각 지역을 자주 방문한다.
② 국제 시장의 행사장에서 교환되는 문화콘텐츠에 대한 각종 정보들을 축적하기도 한다.
③ 최대한 좋은 정보를 확보해서 만족할 만한 거래를 성사시키도록 한다.
④ 대형 견본시뿐 아니라 자신이 홍보해야 할 작품을 선호할 만한 견본시도 발굴한다.

　특히 우리나라와 같이 배우, 감독, 제작진, 작품 내용 등이 외국에서 인지도가 높지 않은 경우에는 장기적으로 인지도를 확보해서 미래 시장을 개척하기 위해 다양한 견본시에 참여하는 것

2009년 9월 10일 삼성동 코엑스에서 개막된 국제방송영상견본시(BCWW)에서 방송 관계자들이 콘텐츠 등에 관해 대화를 나누고 있다. 이번 행사에는 KBS, MBC, SBS, EBS 등 국내 지상파 4사와 NHK, BBC, Al Jazeera 등 세계 44개국 주요 미디어 및 바이어 5,000여 명이 참가했다.

– 연합뉴스, 2009. 9. 10

이 매우 중요하다.

해외 마케팅의 견본시 활동은 견본시 참가를 위한 준비활동과 본격적인 견본시 참가활동으로 구분할 수 있다.

견본시 참가 준비활동으로 첫째는 해외 판매를 요청받은 문화콘텐츠 제작일정 파악, 둘째는 각 국제 견본시의 특성과 개최일정 확인, 셋째는 판매할 문화콘텐츠의 국제적 인지도를 높이기 위해 각종 시사회, 이벤트 참여 계획 수립, 넷째는 견본시 관계자에게 참가 등록 및 부스, 시사회, 통신, 기기, 설비 등 설치물 예약 신청을 해야 한다.

견본시 참가활동으로 첫째는 새로 나온 문화콘텐츠에 대한 샘플 제공, 둘째는 포스터, 시나리오, 각종 보도 자료 등을 제공, 셋째는 구매자의 관심도에 따라 판매 가격 조정, 넷째는 이미 완성된 문화콘텐츠를 영화관이나 기타 홍보관 등에서 소개하는 경우에는 관람객과 구매자들의 반응 분석, 다섯째는 자신들이 판매한 문화콘텐츠에 대한 정보를 보다 많은 구매자들에게 알리기 위한 언론 홍보활동을 해야 한다.

현재 우리나라의 각종 문화콘텐츠는 해외 시장에서 성공적인 사례를 보여주고 있다. 이러한 사례를 토대로 앞으로 더 창의적이고 체계적인 해외 마케팅 전략을 구축해 나가야 할 것이다.

1) 게임 해외 마케팅 사례

(1) 넥슨의 해외 마케팅 전략과 특징

인터넷 온라인 게임회사인 넥슨은 우리나라에서 문화산업이란 용어가 등장하기 전인 1999년 이전부터 해외 진출에 관심을 기울인 사례로 꼽힌다. 1999년 일본에 지사를 설립한 것을 시작으로 2000년 초부터 미국, 일본, 홍콩, 말레이시아, 인도네시아, 태국 등 59개국에 진출하여 해외 유저들의 취향에 맞는 게임 개발에 주력하고 있다. 넥슨이 해외 시장에 남다른 노력을 기울인 이유는 국내 시장이 포화상태가 되었다는 판단 때문이었다.

넥슨이 해외 진출을 할 때 가장 어려웠던 점은 현지인들과의 의사소통 부분이었다. 이를 해결하기 위해 넥슨은 현지 시장에 대한 사전조사를 철저히 하고, 현지 협력회사와 우호적인 관계를 맺는 데 힘을 쏟았다.

다음으로 현지 소비자들에게 맞는 게임을 제공하기 위해 게임을 지속적으로 수정하고, 현지에 맞는 서비스 운영을 개선해 나갔다. 현지에 맞게 아무리 수정한다고 해도 우리와 문화 차이가 너무 큰 지역은 불리하므로, 국내 사용자들과 유사한 특성을 지닌 아시아 국가들을 대상으로 우선 진출하였다.

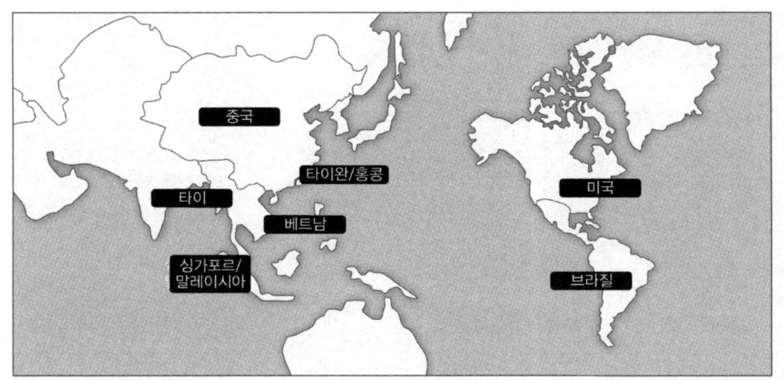

〈그림 7.7〉 넥슨의 해외 비
즈니스 파트너
출처 : 넥슨 홈페이지.

그 나라의 인터넷 통신망 정도, 인터넷 사용자 수, 이들의 취
향 등에 대해 철저한 조사를 진행하였다. 즉, 넥슨은 현지 특성
에 맞는 내용의 게임과 운영 방식 등을 전략으로 삼고 이를 토대
로 해외 마케팅에 성공한 사례라고 할 수 있다.

(2) 위메이드 엔터테인먼트의 중국 마케팅 전략

온라인 게임 개발 전문업체인 위메이드 엔터테인먼트는 일찍
중국에 진출하여 성공한 게임 업체로 손꼽힌다. 위메이드는 온
라인 게임이 태동기였던 2000년 설립되었으며 철저히 고객의
취향을 분석한 맞춤형 온라인 게임으로 중국 진출에 성공한 사
례로 꼽힌다.

위메이드가 개발, 서비스하고 있는 〈미르의 전설 2〉는 2001년
11월부터 중국 서비스를 시작해 누적회원 2억 명, 2003년 동시
접속자 수 70만 명이라는 경이적인 기록을 세웠다. 현재 〈미르
의 전설〉 시리즈는 중국, 대만, 이탈리아, 필리핀, 북미 지역에서
서비스되고 있다. 2005년 2월 중국 전자정보산업발전 연구원의
발표에 따르면 '2004 중국 인기 온라인 게임 10위'에서 〈미르의

<그림 7.8> 위메이드 엔터테인먼트의 <미르의 전설>
출처 : 위메이드 홈페이지.

전설 2>가 1위를 차지하여 중국 게임 시장을 석권하는 쾌거를 이루기도 하였다.

위메이드의 중국 진출 전략은 고객, 즉 게임 유저 중심의 마케팅 전략이다. 이를 위해 위메이드는 우선 다음과 같은 중국 소비자층의 성향을 파악하였다.

① 게임 브랜드 충성도가 높다. 특정 게임의 회원이 되면 그 게임 브랜드를 꾸준히 사용한다는 것이다.
② 중국적인 내용을 선호한다. 중국에서 흔히 무협지, 무협영화라고 하는 무협 장르에 대한 애정이 높다.
③ 간편한 게임 조작을 선호한다. 중국의 경우 온라인 게임이 발달하고 있는 형성기이므로 사람들이 쉽게 시작할 수 있는 게임이 인기를 끈다.

따라서 위메이드는 다음과 같은 점을 고려하여 게임을 제작하고 서비스하였다.

① 중국인의 취향에 부합하는 게임을 개발하였다. 특히 중국인

의 취향에 들어맞은 〈미르의 전설〉은 동양적인 요소를 많이 차용하고 있다. 일반적으로 게임에는 서구적인 판타지풍 게임이 많은데 〈미르의 전설〉은 무협적 요소를 결합한 것이다. 뿐만 아니라 동양적인 사운드와 캐릭터를 결합하고 '장풍', '권법' 등 중국적인 용어를 많이 사용하였다.
② 재빠른 현지화 전략으로 시장을 선점하였다. 위메이드가 진출한 당시 중국인들은 온라인 게임이란 개념이 정립되지 않은 때였다. 이에 위메이드는 현지 배급업체인 샨다 사와 손잡고 발빠른 마케팅을 펼쳐 온라인 게임 업계를 미리 선점할 수가 있었다.

그러나 위메이드는 샨다 사와는 로열티 지급 문제 등으로 상당한 문제를 겪기도 하였다. 이것은 중국 진출 시에는 반드시 명확한 계약서와 기술 유출에 관한 부분을 정확히 하여 계약을 해야 한다는 것을 보여 주는 사례이기도 하다.

2) 영상콘텐츠 해외 마케팅 사례

(1) 일본 NHK의 〈대장금〉 마케팅 전략

〈대장금〉은 이영애가 주연한 드라마로서 조선시대 중종의 신임을 받은 의녀였던 장금의 삶을 재구성한 드라마이다. 일본, 중국, 홍콩을 포함한 아시아 전역에서 대장금 신드롬으로까지 번졌으며 이란, 러시아, 호주, 인도를 비롯한 전 세계 40여 개국에 소개되기도 하였다. 2008년 현재 수출 총액은 1,250만 달러에 이른다.

① 한국적 소재를 통한 범아시아적 공감대 형성

대장금은 여타의 드라마와는 달리 한국적인 소재가 세계 시장에서 성공했다는 데 큰 의의가 있다. 특히 대장금의 성공 이유는 음식에 관한 숨은 가치를 일깨우고, 사람과 사람 사이의 도리, 자연의 이치와 같은 범아시아적인 메시지를 담고 있어서 아시아인들의 공감을 얻을 수 있었기 때문으로 분석된다. 따라서 대장금은 한국적 정체성을 토대로 한 한류의 저변 확대와 한국의 이미지를 드높이는 데 크게 기여한 것으로 평가받고 있다.

② NHK의 마케팅 활동

일본 시청자들로부터의 좋은 반응은 NHK의 적극적인 마케팅 활동에서 비롯되었다고 할 수 있다. NHK는 외국 드라마에 대한 일본 시청자들의 이해를 높이기 위해 방영 중에 홈페이지를 시청자들이 편리하게 이용할 수 있도록 상세한 내용을 제공하였다. 가령, 드라마 〈대장금〉을 방영하는 기간 중에 홈페이지를 통해 사극이라는 독특한 작품에 대한 시청자의 기초 지식을 쉽게 전달함으로써 작품에 대한 소화능력을 높여 주었다. 예를 들어 사극은 등장인물들의 관계에 대한 이해가 높아야 되므로 그에 대한 상세한 내용 설명, 주인공에 대한 기초 지식, 주제가, 그림 맞추기 게임 등의 항목을 두어 드라마 시청에 필요한 사항들을 사진과 함께 상세하고도 알기 쉽게 정리해 주었다.

③ 원 소스 멀티유즈(OSMU) 전략

〈대장금〉은 방송영상 콘텐츠의 원 소스 멀티유즈를 실현한 대표적인 사례이기도 하다. 어린이용 TV 애니메이션 〈장금이의 꿈〉은 국내에서 호평 속에 방영된 후 해외에서도 높은 수출 실

적을 거두고 있으며, 경기도 양주 문화동산에 위
치한 대장금 테마파크는 꾸준히 세계 관광객들의
한국 문화 체험장으로 사랑받고 있다. 또한 〈대장
금〉은 창작 뮤지컬로 재탄생하기도 하였다. 이러
한 사례는 좋은 콘텐츠는 끊임없이 재생산되고 지
속적인 생명력을 가질 수 있음을 보여 주는 예이
기도 하다.

〈그림 7.9〉 OSMU의 대표
적 사례, 드라마 〈대장금〉

(2) 한국 영상콘텐츠의 해외 판권 판매 사례

한국 드라마와 영화는 일본, 중국, 미국 등 다른 국가와의 합
작 리메이크나 리메이크 판권 판매를 통해 시장을 넓혀 나가는
전략도 구사하고 있다. 특히 중국과의 리메이크와 힐리우드 판
권 판매는 계속 증가하고 있는 추세로서 우리나라 영상물의 인
지도를 높이는 데 큰 역할을 하고 있다.

① 한중 합작 리메이크

한중 합작 리메이크는 중국에서 한국 제작사가 성공한 드라
마의 극본 저작권을 구입한 뒤 중국인 배우와 스태프를 투입한
작품을 만들어 중국 현지에서 방송되는 방식으로 진행된다. 일
부 '중국산 한국 드라마'가 한국으로 역수출되기도 한다.

예를 들면, 〈종착역〉(終着驛)은 MBC가 2008년 8월부터 10월
까지 방영한 중국 드라마로서 중국 배우가 등장하고 중국인이
연출을 맡았지만 원래 한국 드라마이다. 〈종착역〉은 1970년대
중반 높은 시청률을 기록했던 김희갑 · 황정순 주연의 드라마
〈꽃피는 팔도강산〉을 중국판으로 리메이크한 작품으로 시놉시
스를 중국판에 맞게 구성하고, 이것을 다시 중국 현지 전문가에

〈그림 7.10〉 왼쪽은 김희갑, 황정순이 주연을 맡은 1960년대 영화 〈팔도강산〉, 오른쪽은 드라마 〈꽃피는 팔도강산〉의 중국 리메이크작 〈종착역〉

게 맡겨 중국 정서에 맞게 극본을 고친 것이다. 감독을 비롯한 전 스태프는 중국 인력으로 국내 선진 드라마 기술이 완벽하게 중국 현지화된 새로운 시스템이다. 이러한 사례는 이미 완성된 드라마가 아닌 대본만으로도 효과적으로 해외 시장을 공략할 수 있음을 보여 준다.

② 할리우드 리메이크 판권 판매 사례

할리우드는 현재 꾸준히 한국 영화의 리메이크 판권을 수입하고 있다. 인기가 검증된 소설이나 만화 같은 원작을 선호하듯이 제작자에게 성공한 영화의 대본은 안전하고 비용도 절약할 수 있는 방법이다. 할리우드에 리메이크 판권이 판매된다는 사실은 우리 영화의 원작이 그만큼 잠재력을 가지고 있다는 반증이기 때문에 우리 문화콘텐츠의 우수성을 알릴 수 있는 좋은 기회이다. 또한 할리우드는 기술이나 시장성 면에서 우리보다 한층 우위에 있기 때문에 더욱 관객의 호기심과 기대를 높일 수 있는 방법이기도 한다.

〈그림 7.11〉 왼쪽부터 미국판 〈엽기적인 그녀〉인 〈마이 쎄시걸〉, 미국판 〈장화, 홍련〉인 〈안나와 알렉스〉

③ 할리우드 리메이크 영화

지금까지 할리우드에서 리메이크가 성사된 작품을 보면 〈엽기적인 그녀〉가 〈마이 쎄시 걸〉로, 〈거울 속으로〉가 〈미러〉로, 〈시월애〉가 〈레이크 하우스〉로, 〈중독〉이 〈포제션〉으로, 〈장화, 홍련〉이 〈안나와 알렉스〉로 제작되었다. 하지만 원작에 담긴 정서를 잘 살려내지 못하거나 한국적인 정서가 미국 시장에서 크게 호응을 얻지 못하여 한국과 미국 시장 둘 다 흥행성적은 좋지 못하였다.

현재 한국 영화가 칸 등 국제영화제에서 수상을 하는 등 인지도를 쌓아가고 있어 할리우드 판에도 앞으로 유명 감독과 배우가 투입될 가능성을 보여 주고 있다. 예를 들어 〈추격자〉는 주인공 김윤석 역에 레오나르도 디카프리오가 관심을 보였다는 소식이 전해졌고, 〈친절한 금자씨〉에는 샤를리즈 테론이 캐스팅되었다. 현재 한국 영화는 미국 현지에서 자체 리메이크까지 추진하는 등 적극적으로 미국 시장을 개척하기 위해 꾸준한 노력을 지속하고 있다.

　한류의 지속적인 성장을 위한 전략적 접근은 크게 세 가지 측면에서 이루어진다. 첫째는 콘텐츠의 질 향상을 위한 노력과 대책, 둘째는 마케팅의 성공을 위한 통합적인 조정, 조율기능의 확립, 셋째는 아시아 시장의 공고화와 한류의 세계화를 위한 시장 친화적인 서비스 강화 측면이다. 콘텐츠의 질은 한류의 생명이다. 마케팅은 콘텐츠의 질로부터 출발하기 때문에 콘텐츠의 질적 향상을 위한 노력이 선행되어야 한다. 이것을 위해 소재와 내용의 아시아성 또는 세계성 확보가 중요한 관건이다. 우리 드라마가 아시아 각국의 독특한 문화적 특성을 정확하게 파악할 필요가 있다. 해외 마케팅을 위한 우리의 다른 문화콘텐츠 역시 마찬가지로 적용된다.

　미국 메이저 영화사 파라마운트 픽처스의 지니 한 수석부사장은 한국 영화만의 강점으로 기발한 아이디어와 독창적인 스토리를 꼽았다.

　그는 "2005년 미국 개봉한 〈올드보이〉는 아직도 현지 영화아카데미의 교재로 사용될 만큼 미국인에게 신선함을 넘어 충격으로 받아들여졌다"면서 "한국 영화의 제작비는 할리우드 작품과 비교가 되지 않을 정도로 적기 때문에 액션 대작보다는 스릴러와 같은 장르 영화에 치중하되 〈와호장룡〉처럼 아시아적 문화와 감성을 녹여 내는 게 효과적일 것"이라고 말했다.

　그는 〈올드보이〉, 〈태풍〉 등 아시아 영화들의 미국 마케팅·배급을 주도한 파라마운트의 영향력 있는 '아시아통'이기도 하다. 그는 기조강연 주제인 '영화산업과 콘텐츠의 융합'을 "거스

를 수 없는 유일한 생존전략"이라는 말로 갈음했다. 한 부사장
은 "자신이 원하는 때 원하는 콘텐츠를 보고자 하는 소비자들이
주류를 이루고 DVD, 주문형 비디오, IPTV, 웹사이트의 다운로
드 서비스 등 새로운 배급 채널이 등장하고 있어 영화산업 역시
제작과 배급, 마케팅에서도 이 같은 흐름에 맞추어 가지 않을
수 없게 됐다"고 말했다.

영화를 먼저 개봉한 뒤 게임이나 캐릭터 상품 등으로 변환하
는 식의 플랫폼 차원이 아니라, 〈아바타〉처럼 콘텐츠 개발 단계
에서부터 극장, 비디오, 게임 시장 등을 겨냥한 적극적인 인식의
전환이 필요한 때가 됐다는 것이다.

영화를 개봉할 때 작품이 향후 10년 동안 어떠한 플랫폼을
통해 얼마만큼의 수익을 창출해낼 수 있을 것인지를 고민하는
할리우드처럼, 한국 영화계도 국내 개봉 성적 이외에 해외 시장,
부가 시장에서의 경쟁력을 고민해야 할 것이다.

참고문헌 및 자료 ————————————————————————————

김상원(2009). "독일의 문화창조산업: 독일 문화창조산업의 체제와 특성을 중심
　　　으로".『독일언어문학』제45집, 181−202쪽.

문화체육관광부 · 한국콘텐츠진흥원(2009).『2008 문화산업통계』. 문화체육관광부.

박장순(2006).『문화콘텐츠 해외 마케팅』. 커뮤니케이션북스.

네이버 영화 〈http://movie.naver.com〉

넥슨 〈http://company.nexon.com〉

뉴시스 〈http://www.newsis.com〉

더 데일리 포커스 〈http://www.fnn.co.kr/〉

문화체육관광부 〈http://www.mcst.go.kr/〉

세계일보 〈http://www.segye.com〉

연합뉴스 〈http://www.yonhapnews.co.kr/〉

OSEN 〈http://osen.mt.co.kr〉

위메이드 엔터테인먼트 〈http://www.wemade.com〉

한국콘텐츠진흥원 〈http://www.kocca.kr〉

한국콘텐츠진흥원 위콘 〈http://www.wecon.kr〉

더 읽어 볼 거리 ————————————————————————————————

김유리(2006).『문화콘텐츠 마케팅』. 한국문화사.

박재복(2005).『한류, 글로벌 시대의 문화경쟁력』. 삼성경제연구소.

백승국(2004).『문화기호학과 문화콘텐츠』. 다할미디어.

안종배(2008).『나비효과 콘텐츠 마케팅』. 미래의창.

정창권(2008).『문화콘텐츠 스토리텔링』. 북코리아.

김 진 희

스포츠는 우리 생활 속에서 깊숙이 자리매김하고 있는 문화이다. 단순히 특정 종목의 경기를 관람하거나 참여하는 형태가 아니라 스포츠를 소재로 한 다양한 형태의 스포츠 콘텐츠가 만들어지고, 그것을 우리가 소비하고 있는 것이다. 예를 들면, 스포츠를 소재로 한 스포츠 만화, 광고, 영화, 소설, 컴퓨터 게임, 모바일, 잡지 그리고 스포츠 스타 등이 이에 속한다.

이 장에서는 다양한 형태로 소비되고 있는 스포츠 콘텐츠가 무엇이며, 어떠한 특징을 갖는지 살펴본다. 아울러 현대 스포츠의 미디어와 관련성을 TV라는 대중매체를 중심으로 분석해 본다. 마지막으로, 최근에 스포츠 시장의 새로움 패러다임인 스포테인먼트의 현주소를 알아본다.

우리 생활 속에서 스포츠*의 자리는 각별하다. 스포츠 신문들은 선정적인 머리기사와 사진으로 눈길을 끌고, TV의 스포츠 뉴스는 현란한 명장면들을 쏟아 낸다. 월드컵이나 올림픽 등 큰 시합이 벌어진 다음날 사람들은 그 경기의 내용과 선수들에 대한 평가로 이야기꽃을 피운다. 스포츠가 우리 생활의 문화로 자리한 것이다. 이렇듯 스포츠가 우리의 생활에 이야깃거리가 되고 매료시키는 것은 그 대결이 정해진 규칙에 따라 이루어지고 과정과 결과가 비교적 투명하기 때문일 것이다. 사람들은 현실세계에서 찾기 어려운 순수함과 공정함을 스포츠에서 만나고 싶은 것이다. 이러한 요소를 가미하여 생산된 스포츠 소재의 콘텐츠는 만화, 체육공원(스타디움), 광고, 영화, 소설, 컴퓨터 게임, 모바일, 잡지, 스포츠 스타 등 무수히 많다.

예를 들면, 박민규(2003) 작가는 야구를 소재로 『삼미슈퍼스타즈의 마지막 팬클럽』을 썼다. 소설에서 주인공은 한국의 프로야구가 출범했던 1982년부터 3년 6개월 동안 삼미슈퍼스타즈 팀에 바쳤던 자신의 순정을 애틋하게 회상하고 있다. 스포츠 종목으로서의 야구가 우리에게 소설로 다시 읽히고 있는 것이다. 이처럼 스포츠를 주제로 한 문화콘텐츠의 시장이 점점 넓어지고 가속화되면서 스포츠는 더 이상 선수와 관중들만의 것이 아니라 대중을 위한 모두의 익숙한 문화이자 콘텐츠가 되었다.

*스포츠
놀이, 게임에서 진화되어 제도화된 규칙이 있는 모든 신체활동을 일컫는다. 기준에 따라 경기 스포츠, 투쟁 스포츠, 극복 스포츠, 리듬 스포츠로 분류한다.

그래서 사람들은, 정치보다는 야구를 사랑한다. 60년 동안 정치를 지켜봐 온 늙은이도, 바로 어젯밤부터 정치를 알게 된

〈그림 8.1〉 스포츠 소재 콘텐츠 사례. 왼쪽부터 책 『삼미슈퍼스타즈의 마지막 팬클럽』, 영화 〈꿈의 구장〉, 태권도 소재 뮤지컬 〈점프〉

중학생도 마찬가지가 아닐 수 없다. 예컨대 원칙과 룰이 있는 쪽을 더 선호하는 것이다. 그것은 당연하고 아름다운 일이다. 세상에는 별처럼 무수한 야구 팀들이 원칙과 룰을 지키며 존재하고 있고, 우리는 그 반짝임 속에서 결국 자신의 별을 발견하고, 응원하게 된다. 즉, 저 별은 나의 별이다.

— 박민규, 『삼미슈퍼스타즈의 마지막 팬클럽』 중에서

스포츠는 사람을 미치게 만든다. 스포츠의 무엇이 사람을 그렇게 미치게 만드는 것일까? 월드컵 축구의 무엇이 밤잠을 설쳐가며 새벽에 TV를 시청하지 않으면 안 되게끔 만드는 것일까? 월드컵 광란을 어떻게 볼 것인가? 강준만(2006)은 모든 스포츠 가운데 사람을 가장 미치게 만드는 종목은 단연 축구라고 했다. 『축구는 한국이다』에서 가장 한국다운 면모(속성)를 축구에서 찾고 있는데, 축구라는 스포츠를 한국이라는 나라로 비유한 것은 한국이 축구를 매개로한 정치사회적 의미 부여에 있어서 가장 뛰어난 나라라는 뜻이다. 그리고 인간의 몸이 얼마나 놀라운가 하는 걸 보여줄 수 있는 미디어*로 축구를 따라갈 스포츠는 없

*미디어
정보를 전달하는 데 사용되는 매체를 지칭하며, 여기에 포함되는 것으로는 개인 간의 정보를 주고받는 우편이나 전화에서부터 대중을 상대로 정보를 전달하는 라디오, TV 및 신문 등의 대중매체가 있음.

으며, 2002년 6월은 하나의 거대한 '드라마'였고, 한국인들은 기꺼이 그 드라마에 동참했으며, 드라마를 좋아한다는 것을 보여 주었다. 월드컵, 한 달 내내 무서운 축구 광기가 온 나라를 휩쓸었다. 그런 월드컵 광기는 수많은 문화평론가들을 양산해 냈다. 스포츠 중계자의 화술에 따라 TV 채널이 달라지는 현상은 월드컵

〈그림 8.2〉 2010 남아공 월드컵에서 사상 첫 원정 16강에 진출한 대한민국 대표팀
출처: OSEN. 2010. 6. 23.

때에 유독 그 '쏠림' 현상이 심하기도 하다. 2006년 프랑스 월드컵 때 모든 방송사가 동일한 시간에 같은 경기를 내보내는데도 특정 방송사가 인기가 있었던 이유는 스포츠 캐스터와 해설자의 능력 때문이었다. 당시 스포츠 캐스터*는 경기 상황을 정확하게 소개했을 뿐 아니라 선수들의 행동에 자신의 감정을 이입하면서 관중의 흥분을 유도해 내었다. 재치 있는 화술로 시청자들을 즐겁게 했을 뿐 아니라 해설자와의 주고받는 말이 어떤 때는 개그맨들의 재담 수준에 이른 적도 많았다.

스포츠, 문화콘텐츠의 공룡 되나

스포츠는 하는 스포츠만이 아니라 다양한 스포츠로 형태가 변화하고 있다. 스포츠 역사, 스포츠 영화, 스포츠 방송, 스포츠 신문, 스포츠 만화, 스포츠 잡지 등 다양하게 보는 스포츠, 하는

*캐스터(caster)
TV 보도 프로그램의 진행을 맡은 사람 또는 해설자, 진행자, 현장 진행자

스포츠, 읽는 스포츠, 쓰는 스포츠 등으로 구분된다. 거기에는 재미라는 공통분모가 있다. 특히나 오늘날 사람들의 성향이 재미있는 것, 즐거운 것을 추구하는 경향으로 변화하고 있다. 이러한 맥락에서 오늘날의 스포츠는 오락화를 지향하고 있다. 좀 더 재미있고, 자극적인 스포츠로서 이종격투기와 같은 유형의 스포츠가 등장하고 있다. 또한 자신의 건강과 체형 관리를 위하여 많은 사람들이 스포츠에 참여하고 있다.

스포츠는 보건, 전인교육, 국위선양, 국민건강, 복지증진, 대중스포츠에서 벗어나 다양한 형태로 소비되고 있다(이학준, 2008). 스포츠 문화는 이제 단순히 보는 것과 하는 것에 머무는 것이 아니라 다양한 형태로 변화하고 있는 것이다. 그 대표적인 것 중 하나가 스포츠 콘텐츠이다. 다양한 스포츠 콘텐츠를 확보하여 소비자들에게 소비하게 한다면, 경제적 이익 또한 창출할 수 있다. 스포츠는 일상에서 누구나 쉽게 소비할 수 있는 하나의 대상이

〈표 8.1〉 스포츠의 진화

구 분	산업사회	미래사회
생산과 소비	프로스포츠의 발달	참여 스포츠의 발달
에너지	에너지 고의존 스포츠 발달	에너지 저의존 스포츠 발달
주요산업과 생산방식	스포츠의 공해 유발, 엄격한 규칙의 대중화	스포츠와 공해 무관, 개성 있는 개인 스포츠
과학기술과 노동의 특징	결과의 결정이 신체적 힘에 의존	결과의 결정이 정보와 지식에 의존
생활과 문화	규격화된 소수의 스포츠 발달	탈규격화된 스포츠 발달
유용성	물질적 생활수준 향상	정신적 욕구의 충족
미디어	획일화된 대중 스포츠 방영	소규모 다양한 개인 체육활동 방영
지배적 원칙	표준화, 분업화, 동시화, 집중화, 극대화, 중앙집권화	탈표준화, 탈분업화, 탈집중화, 탈극대화, 탈중앙집권화
국가와 정부	체제의 우월성 경쟁 의존	복지를 위한 스포츠

되었다. 이제는 단순한 소비의 차원을 떠나서 스포츠는 콘텐츠의 확보를 통해서 다양하게 소비할 수 있도록 하여야 한다.

스포츠 콘텐츠란 스포츠의 내용을 담고 있는 프로그램, 또는 장르를 말한다. 콘텐츠는 정신적·감성적 가치 및 효용 등을 전달하는 무정형의 것이라는 의미가 강하고, 일종의 아이디어와 유사한 것으로 이해된다. 특히 다양한 미디어가 인터넷, TV, 이동통신사와 결합하여 스포츠 콘텐츠를 확보하고 노출을 통해서 고객을 유인하고 있다(송해룡, 2000). 문화콘텐츠 산업에서 스포츠는 동일한 콘텐츠를 스포츠 방송, 영화, 문학, 애니메이션, 게임 등으로 상품화시킬 수 있다. 디지털 방송 시대에 고화질의 높은 수준의 경기력을 가진 스포츠 콘텐츠를 확보할 수 있는 방안이 요구되고 있다. 동영상을 통한 실시간 중계방송이나, 방대한 스포츠 DB를 활용하고 이를 통해서 커뮤니티를 형성할 수 있다는 장점이 있다.

스포츠 콘텐츠는 시공을 초월하여 별다른 비용의 추가 없이 인터넷 등 통신망을 통하여 전 세계 어느 곳에서도 판매할 수 있게 되었다. 이러한 인터넷의 장점은 같은 취미나 요구를 가진 동호인들이 손쉽게 한군데로 모이게 하고 있다. 동호인들은 한군데 모여서 손쉽게 의사소통을 하고 상호 정보를 교환하는 등의 활동을 하고 있다. 예를 들어, 인터넷 콘텐츠를 통해 농구를

관람 스포츠			참여 스포츠			스포츠 정보 및 지원 서비스업			스포츠 용품 및 제조업		
프로 스포츠	아마추어 스포츠	스포츠 도박	공공 및 비영리 시설	상업 시설	기 타	스포츠 정보	스포츠 지원	스포츠 언론	스포츠 시설	스포츠 용품	스포츠 유통
프로 축구	올림픽 게임	경마	종합 경기장	종합 리조트	생활체육 교실	스포츠 경영회사	기업 홍보부	스포츠 잡지	공공 체육시설 건설업체	스포츠 경기용품	스포츠 경기용품 판매업자
프로 야구	아시안 게임	경륜	종합 실내 체육관	스포츠 센터	사회체육 센터	스포츠 마케팅 회사	스포츠 단체 매니저	스포츠 관련 출판사	상업 스포츠 시설 건설업체	스포츠 의류	스포츠 의류 판매업자
프로 농구	전국 체전	경정	실내외 경기 운영단체	각종 실내외 경기장	직장 내 체육대회	스포츠 컨설턴트	스포츠 에이전시	방송 신문	리조트, 콘도 등의 건설업체	스포츠 식품	스포츠 식품 판매업자
프로 씨름	대교 경기	복표	생활체육 교실	건강/ 미용클럽		스포츠 관련 IP	스포츠 지도자 육성사	인쇄매체 독립 제작소		건강 및 레저용품	건강 및 레저용품 판매업자
배구 등	각 경기 연맹 등	복권		휘트니스 센터							

좋아하는 사람들을 한군데 집결시켜 서로 팀 대항경기를 신청하고 경기를 할 수 있도록 중계해 주고, 비슷한 취미를 가진 사람들을 모아서 같은 취미를 배워볼 수 있는 학습의 장을 제공해 주는 역할을 하고 있다.

스포츠가 올림픽, 월드컵 게임 중계를 시작하면서 미디어와 밀접한 관계 속에 거대 산업이 형성되었다. 미디어 콘텐츠로서 스포츠의 가치가 크게 상승하는 이유는 경쟁적인 미디어 시장에서 시간과 지면, 공간의 배정에 있어 시청자와 독자를 적절히 유인하는 콘텐츠이기 때문이다. 그래서 같은 경기를 계속해서 재방송으로 내보내도 사람들은 계속 본다.

스포츠 콘텐츠는 최근 새로운 비즈니스 가치부여의 경향을 보이고 있는데, 그 원인은 스포츠의 중간재적 성격에 있다. 예를 들면, 애니메이션, 게임, 영화, 광고산업 등에서 끊임없이 스포츠를 이용하고 있으며, 글로벌 기업은 노출하고자 한 자사의 브랜드를 스포츠라는 메시지에 편승시키려 하기 때문이다. 또한 미디어사 및 매체 간에 스포츠 콘텐츠를 확보하기 위한 경쟁 심화의 핵심원인인 원 소스 멀티유즈(One Source Multi-Use)가 현실화 단계에 들어섰기 때문이다.

'스포츠 콘텐츠'는 대중에게 전달 가능한 가공 형태를 가지고 있으며, 주요 메시지가 스포츠 내용과 관련이 있는 경우로 정의한다. 스포츠 콘텐츠의 내용 및 범위를 연구 결과에 따라 다음과 같이 기술할 수 있다. 첫째, 순수 콘텐츠이다. 순수 콘텐츠 단계는 미디어 연계 없이도 팬을 생산할 수 있으며, 이벤트로서의 가치는 스포츠 특성을 중심으로 한 콘텐츠이다. 둘째, 미디어 콘텐츠이다. 미디어적인 스포츠 콘텐츠는 대중매체를 통하여 간접적으로 노출되고 보도가 이루어지며, 미디어와 연계한 중계권 등의 미디어 권리가 존재하는 콘텐츠이다. 셋째, 비즈니스 콘텐츠이다. 비즈니스 콘텐츠는 보관 및 유통이 가능하며, 전통적 미디어 이외의 유관산업과 연계 가능한 콘텐츠로 스포츠의 활용과 확대로 인한 부가가치*를 창출하는 콘텐츠를 의미한다.

현대 스포츠는 TV 스포츠

어느 나라를 막론하고 오늘날의 스포츠는 철저히 관중 스포츠(spectator sports)이며 TV 스포츠이다. 스포츠 중계와 스포츠 뉴

*부가가치
생산과정에서 새롭게 부가된 가치로 부가가치는 인건비, 이자 이윤의 합계를 뜻함

구 분	서비스(현재 그리고 미래)	미디어 종류
지상파 방송	중계(라이브, 녹화, 하이라이트), 보도(뉴스, 다큐), 중계권료 급상승에 따른 중계권 획득 위기	KBS 1, 2(종합), MBC(종합), SBS (종합)
케이블 TV	PPV/ 독점중계에 따른 전문채널의 위상 강화	SBS 스포츠(종합), SBS 골프, KBS SKY(종합), MBC ESPN(종합), J Golf, Xports(생중계, 해외 스포츠), STAR SPORT(해외 스포츠), 프리미엄 스포츠
위성방송	– 디지털 서비스 : 카메라 각도 선택 가능, 리플레이, 하이라이트, 업데이트, 추가 문자정보 등 – 선택권의 급격한 확대 : Direc TV, Prime sport	SBS 스포츠(종합), SBS 골프, KBS SKY(종합), MBC ESPN(종합), 스피드 스포츠(레이싱), STAR SPORT (해외 스포츠)
IPTV	실시간 중계, VOD, PPV, 문자정보, 데이터서비스, 상품거래, 게임, 웹검색, EPG	KT 쿡, SK 브로드밴드, LG U$^+$ 서비스 중
DMB	중계(이종격투기 생중계/ 주말 오후 위주), 하이라이트(평일 10분 내외), 단말기 보급이 관건	TU ch14(MBC ESPN, SBS DMB 중심의 스포츠 종합채널)
모바일 (와이브로, 와이파이)	중계, 각종 데이터서비스 가능, PMP보급이 관건	KT 쿡, SK 브로드밴드, LG U$^+$ 서비스 중
인터넷 포털 (TV포털 포함)	중계(웹캐스팅, VOD), 게시판(댓글), 티켓 판매, 동호회, 증강현실, 각종 데이터 서비스, 중간광고 등	야후 독점계약 중계, 네이버, 다음 등 포털의 문자·영상 중계 및 정보제공, iMBC 스포츠, SBS 스포츠, KBS 스포츠의 VOD와 경기결과 및 실시간 기사 제공

스는 TV의 주요 프로그램으로서 많은 시청자들을 끌어들인다. TV는 스포츠의 상품성을 높이기 위해 스포츠를 '인간 드라마'로 연출하고 스타를 만들어 내기 위해 전력을 기울인다. 게다가 스포츠는 '만국 공용어'이기 때문에 방송의 국제화가 급속도로 진전되면서 스포츠 중계의 인기는 더욱 높아지고 있다. 방송사의 입장에서는 중계권료가 문제가 되긴 하지만 스포츠 중계는 결코

시청자들을 질리게 하지 않으며 소재 고갈을 염려할 필요도 없다는 장점이 있어서 스포츠 중계를 선호하고 있다. TV 중계권료는 날이갈수록 치솟고 있는데 2002년 월드컵 TV 중계권료는 미국을 제외하고도 20억 달러에 이른다.

TV로 중계되는 스포츠는 그 자체가 하나의 거대한 광고 이벤트이다. 중계권료를 부담하는 스폰서들의 광고가 스포츠 중계 도중에 삽입되기 때문이다. 1993년 1월 미국의 슈퍼볼을 중계한 NBC의 경기 삽입 광고는 30초당 85만 달러나 된다. 뿐만 아니라 경기장 곳곳에 설치되어 있는 광고는 TV 중계를 염두에 둔 것이며, 당연히 광고비도 TV 카메라에 잡히기 유리한 정도에 따라 매겨진다.

경기하는 선수들도 움직이는 광고탑이다. 스포츠 용품 업체는 유명 선수가 자사의 제품을 착용하는 대신 거액의 돈을 지불한다. 역도나 마라톤에서도 스타 선수는 TV 카메라가 지켜보는 순간을 틈타 후원기업의 음료를 마시는 일은 후원 기업의 TV 중계를 통한 광고 효과를 위해 짜여진 각본이 된 지 오래이다. 일단 TV에 의해 스타가 된 선수는 경기와는 무관하게 광고모델로 맹활약을 하게 된다. 나이키, 리복, 아디다스, 베네통, 미즈노 등 세계적인 스포츠 용품 회사들이 매년 홍보비에 투자하는 금액은 상상을 초월한다. 국내 업체들도 최근 프로 축구나 야구 등 일부 인기 종목의 팀 운동복에 기업 마크를 붙이는 방식으로 스폰서 계약에 적극 참여하고 있다. 김연아, 박태환, 박지성 등과 같은 선수들의 개인 후원업체의 광고가 지속적으로 증가하고 있는 것도 이와 같은 맥락이다.

스포츠의 인기 종목은 TV 중계량에 따라 결정된다. 우리나라에서 한때 인기가 없었던 씨름이 선풍적인 인기를 끌 수 있었던

〈그림 8.3〉 스포츠 광고 사례

것도 전적으로 TV 중계 덕분이었다. 최근 국내 권투가 침체 국면에서 벗어나지 못하고 있는 것도 TV가 중계를 외면하고 있기 때문이다. 반면 골프의 인기는 박세리 선수의 활약을 계기로 방송사들이 경쟁적으로 골프 경기 중계를 늘렸다고 볼 수 있다.

TV는 인기 종목을 만들어낼 뿐만 아니라 인기를 더욱 높이기 위해 중계 방식에도 혁신적인 방식을 도입한다. 미국 미식축구의 TV 중계 시 선수의 헬멧에까지 특수 카메라를 장착해 실감나는 영상을 보여 주는 시도가 대표적이다. 사격도 전자 채점기를 도입, 총탄 한발 한발이 TV 화면에 그대로 보이도록 배려하고 있다. 반면 농구 코치들이 작전 지시를 할 일이 전혀 없어도 한 게임당 적어도 여덟 번은 의무적으로 타임아웃을 요청해야만 하는 것도 순전히 TV 중간 광고를 위해서다. 배드민턴 선수권 대회에서 세트와 세트 사이의 인터벌이 길다면 그것도 TV 중간 광고를 위해 만들어진 것이다. 이처럼 현대사회에서의 스포츠는 TV의 영향으로부터 자유롭지 못하다.

스포테인먼트(sportainment)는 스포츠를 메인 콘텐츠로 하여 각각의 재미요소를 덧붙이고 다양한 이벤트와 행사를 통해 스포츠의 외적인 즐거움을 전달하고자 하는 스포츠 시장의 새로운 패러다임이다. 스포츠를 이용한 사업의 핵심 화두로서 언론 및 대중의 관심을 유도하고 있는 이때, 스포테인먼트를 스포츠 현장에 접목시켜 괄목할 만한 성과와 여론의 관심을 불러일으킨 사례는 프로야구다. 2007~2008년 프로야구에서 스포테인먼트를 생생하게 보여 준 SK 와이번스는 'Fan First'를 슬로건으로 하여 경기장을 찾는 관중과 잠재적인 팬들을 향해 손을 내밀었다(강덕모 외, 2009). 와인번스 랜드 조성, 불꽃놀이, 띠 전광판 설치, 이만수 코치의 팬티 퍼포먼스 및 팬 미팅을 실천하였다.

〈그림 8.4〉 이만수 코치의 팬티 퍼포먼스

1) 프로야구에 새로운 마케팅 개념을 도입한 SK의 '스포테인먼트'는 진화하고 있는가?

SK는 2007년부터 '스포테인먼트'를 주창하며 관중 친화적인 마케팅을 전면적으로 펼쳐 프로야구에 참신한 바람을 몰고 왔다. 첫 해가 스포테인먼트의 개념을 도입한 시기였다면 2008년은 '스포테인먼트 2.0+'으로의 진화를 통해 스포테인먼트의 공간적 실현을 추구했다. 팀은 2년 연속 챔피언에 올라 최고의 성적을 거뒀고 27년 인천 프로야구 사상 처음으로 70만 관중을 돌파했다. 내친 김에 SK는 2009년 '스포테인먼트 2.0+'를 선언했다. SK가 내세운 '스포테인먼트 2.0+'는 '사람'과 '이야기'에 초점을 맞췄다.

2008년까지 최첨단 인프라를 갖춘 문학경기장의 장점을 100% 활용해 구장의 '공원화'를 선도했지만 시설투자의 가속화

〈그림 8.5〉 스포츠테인먼트의 사례

로 다른 구단과의 차별성이 약해지면서 '스토리를 갖춘 감성적 접근'으로 팬들을 유치하겠다는 것이 핵심이다. 야구장을 이야기가 넘치는 추억 만들기의 공간으로 만들자는 의미에서 '야구장으로 소풍가자'는 슬로건을 전면에 내걸었다. 2009년으로 3년째로 접어든 스포테인먼트의 현 주소를 진단한다.

FC서울 성공 사례를 배워라

'스포테인먼트'를 논하기에 앞서 프로축구 FC서울의 성공사례를 주목할 필요가 있다.

FC서울은 지난 2004년 연고지역을 안양에서 서울로 옮기며 연고지역 팬들로부터 '패륜'이라는 비난에 시달려야 했다. 그러나 새로운 시장을 개척하기 위한 끊임없는 노력 끝에 가장 충성도 높은 서포터즈를 보유한 최고의 인기구단으로 자리매김했다. 연고를 옮긴 이후 FC서울이 획기적인 성적을 거둔 것도 아니다. 2006년 컵 대회 우승과 2007년 컵 대회 준우승, 2008년 K-리그 준우승 등이 전부다.

그러나 FC서울은 2005년 45만 8,605명의 관중을 동원해 역대 한 시즌 최다 관중 기록을 세웠고, 2007년에는 프로스포츠 사상 한 경기 최다인 5만 5,397명의 입장 관중을 기록하는 진기록을 수립했다. 같은 해 맨체스터 유나이티드와의 친선경기를 성사시켜 스포츠 마케팅의 새로운 이정표를 제시하기도 했다. 이러한 성과는 거저 얻은 것이 아니다. FC서울은 2006년 일본의 한 컨설팅 회사에 의뢰해 장기 발전 프로젝트인 '2035 비전'을 수립했다. 창단 50주년을 맞는 2035년에는 명실상부한 최고의 구단으로 거듭난다는 것을 목표로 성공적인 축구 마케팅의 모범이 되고 있는 일본 J리그를 벤치마킹했다.

현장에서는 '이기는 축구'보다는 '재미있는 축구'를 통해 팬 서비스를 강화했고, 모 그룹의 지원금을 최소한으로 줄인 상태에서 적극적인 마케팅을 통해 구단 수익을 증가시키며 구단의 재정자립도를 높였다. 지역 연고 정착을 위해 끊임없는 교류를 했고 아마추어 축구에 대한 지원도 잊지 않았다. 스타 마케팅에도 심혈을 기울여 박주영, 김승용, 이청용, 기성용 등 젊은 스타 플레이어들을 발굴해 한국 축구를 대표하는 선수로 키워 냈다. '승리'가 절체절명의 과제이고, 모 기업 계열사의 지원금을 제외하면 자생적 수입원이 턱없이 부족한 가운데 김광현 외에 꼽을 만한 전국구 스타가 없는 SK가 가야할 길이 무엇인지를 극명하게 보여 주고 있다. SK가 주창한 '스포테인먼트'가 나아가야 할 방향도 결국 이것과 크게 다르지는 않을 것이다.

― 스포츠서울, 2009. 9. 8

2) 스포테인먼트의 현 주소는?

SK는 2008년에 이어 2009년에도 홈경기 70만 관중을 넘어서 외견상으로는 성공작이라는 평가를 받고 있다. 2009년 SK의 홈 관중은 8% 늘어났다. 팀이 선두를 질주하던 4~5월엔 지난해에 비해 관중이 줄어드는 기현상이 벌어졌다. 2009년 여덟 개 구단의 프로야구 관중은 전년 동기 대비 7% 증가했다. 첫해에는 이만수 수석코치가 '팬티 세리머니'로 스포테인먼트에 불을 지폈고, 올시즌에도 김성근 감독이 자서전을 통해 스포테인먼트의 전도사가 됐다. SK 와이번스가 추구한 스포테인먼트는 '야구가 만들어낼 수 있는 즐거움을 적극적으로 판매한 것'으로 평가된다.

스포테인먼트는 스포츠가 독자적으로 지니고 있는 즐거움에서 또 다른 즐거움을 파생시키는 긍정적 요인으로 해석될 수 있다. 스포츠 종목 자체의 즐거움 외에, 또 다른 즐거움을 적극적으로 판매하기 위한 상업적 전략이다. 선수와 관중이 체험하는 직간접적 스포츠 체험은 스포테인먼트를 통해 시각적인 즐거움을 제공하고 감성을 자극함으로써 스포츠의 즐거움을 배가시킬 수 있는 시너지임에는 틀림없으나, SK의 사례처럼 일회성의 이벤트가 아닌 지속적으로 정체성을 갖고 유인할 수 있는 콘텐츠가 있어야 한다.

사람들은 왜 이종격투기에 열광하나

인터넷 검색결과 이종격투기에 대한 카페의 수는 2010년 12월을 기준으로 '네이버'에 731건, '다음'에 669건의 커뮤니티가 등록되어 있다. 우리나라에서 가장 유명한 격투 관련 카페인 '이종격투기'는 회원수가 무려 64만 명에 달한다.

이종격투기는 한국에는 다소 생소한 개념이었다. 복싱 혹은 킥복싱, 무에타이를 기반으로 이루어진 격투와 다를뿐더러, 태권도, 유도, 가라데 등의 무술과 또한 차이가 많은 것이 사실이다. 이종격투기가 대중화의 길을 걷기 이전까지 가장 큰 비판점이 있었다면, '누워서도 싸운다는 것' 혹은 '누워 있는 사람 또한 때린다'는 것이다. 이것은 분명 종전의 무술이나 격투의 룰에 서 있을 수 없는 일임에 분명했다.

〈그림 8.6〉 이종격투기 장면
출처 : K-1 홈페이지.

　이종격투기의 고향은 브라질이다. 브라질에서 시작된 격투의 흐름인 '발리투도'는 모든 이종격투기의 모태라고 할 수 있다. 여기서 발리투도란 포르투갈어로 '모든 것이 허용된다'는 뜻으로, 이것이 격투기에 접목된 것이나. 원년의 이종격투기는 이런 정신에 입각하여 정말 모든 것이 허용된 '막싸움'이었다. 선수 보호 차원의 그 어떤 룰과 장비가 갖추어지지 않은 상태에서 오로지 '링'에서 피를 보는 싸움이 이루어졌다.

　박치기, 낭심 가격, 피스트(팔꿈치 공격), 스탬프 혹은 싸커킥(발로 누운 사람을 내리 찍거나 차는 것) 등 모든 공격이 허용되어 있었다. 스포츠의 개념은 사실 찾을 수 없었고, 격투에 있어 변수가 워낙 많았기 때문에 '프로'의 개념이 있을 수 없었다. 60억 분의 1이라는 평가를 받는 효도르 또한 오리지널 발리투도에 승리를 장담할 수 없다.

　이런 '막싸움'이 대중화의 길을 걷게 된 것은 미국에서 시작된 'UFC'라는 단체의 영향이 컸다. 이전 링에서 싸우던 개념을 바꾸어 8각의 철장에서 경기가 이루어졌으며, 프로와 메이저의 개념이 도입되기 시작했다. 이 단체는 원년의 발리투도를 계승하는 것으로 대회가 출범되었지만 초창기의 고된 시간을 보낸 UFC는 점차 성공과 세계화의 길에 들어섰다. 사실 UFC 초창기 대회는 대부분 유혈이 낭자한 경기가 대부분을 이루었다.

UFC에서는 점차적으로 급소의 가격을 금지시켰으며 선수를 위험에 빠트릴 수 있는 공격 패턴을 제거하기 시작했다. 누운 사람을 발로 가격하는 것을 금지하는 룰을 선보인 반면 횡으로 가격하는 팔꿈치 공격을 금지하지 않아 이는 UFC만의 그리고 더 나아가 미국의 격투기 룰로 자리 잡게 된다. 손가락이 자유로운 '오픈 핑거 글러브' 또한 선수를 위해 의무적으로 도입이 이루어졌다. 재미있는 사실은 이 글러브가 맞는 선수를 배려한 것이기 보다는 때리는 선수의 주먹을 보호하기 위해 고안되었다는 사실이다.

시작이야 어떻게 되었든 이 글러브는 상당한 효과를 가져다 주었다. 초창기 잦은 주먹 부상으로 선수 생명이 짧았던 것과 달리, 선수 생명이 길어졌기 때문에 진정한 '프로'의 개념이 자리 잡을 수 있게 되었다. 아무리 뛰어난 선수라도 부상의 위험에서 예외일 수는 없었기에 이 글러브는 이종격투기가 자리를 잡는 데 효자 역할을 했다고 할 만하겠다.

UFC가 초반의 부진을 돌파하며 격투계의 새로운 매커니즘으로 작용할 즈음, 일본에서 그 흐름을 이어받아 자국에서 이종격투기 흥행을 성공하기에 이른다. 일본에서는 유명한 프로레슬러 다카다 노부히코에 의해 고안된 이벤트*성 격투 대회였던 '프라이드'가 대박을 내고 있었다.

이종격투기계의 살아 있는 전설 힉슨 그레이시를 이겨 보겠다며 호탕하게 나선 일본의 국민적 영웅이 단일한 이벤트로 개최한 격투 대회가 하나의 격투 단체로까지 성장한 것은 아주 놀라운 일이었다.

이 '프라이드'는 여러 가지 사건을 맞으며 급격히 몰락하기 이
전까지 세계의 격투 시장을 휘젓는다. 이종격투기의 오리지널이
라고 할 수 있는 UFC를 넘어서 두터운 선수층과 탁월한 이벤트
를 만들어 내는 능력이 그들에게 있었다. 그들은 효도르를 발굴
했으며 크로캅을 이벤트의 정점으로 활용했고, 그 이외에도 숱
한 유명 격투가를 배출한다. 이들의 명성이 워낙 높았기에 UFC
조차 프라이드에게는 상대가 되지 않아 보일 정도였다.

이렇게 프라이드 단체가 인기 있던 시절이 사람들이 말하는
삼파 체제이다. 스탠딩을 기반으로 격투가 이루어지는 K-1과
프라이드, UFC 이렇게 세 단체가 세계의 이종격투기 시장을 나누
어 이끌던 시대였다.

우리나라에서 격투기가 각광받던 시기가 바로 이 시점이다.
최홍만 선수는 이 흐름에 합류하였고 이는 우리나라에 격투기라
는 문화를 도입시킨 도화작용이 되었다. 사실 그 이전부터 열려
왔던 프라이드 혹은 국내에서 데니스 강이 챔피언으로 있던 '스
피릿 엠씨'의 단체가 활동해 왔다. 하지만 이 처럼
열풍이 아닌 광풍의 시대는 최홍만으로부터 점차
적으로 발전했다고 보는 것이 사실이다. 최홍만은
격투기를 문화로 정착시킨 도화선이 되었고, 이는
급격한 물살이 되어 흘러들어 왔다. 프라이드 혹
은 UFC에 매혹된 사람들이 모두 이 시기에 기하급
수적으로 늘어났다. 이제 사람들은 최홍만이 아니
더라도 격투기를 보게 되는 시기에 접어든 것이다.
최홍만에 이어 한국의 '추성훈'이란 존재는 일반
대중들에 부합되는 좋은 촉매제가 되어 격투기의
인기에 좋은 작용을 불러 일으켰다.

〈그림 8.7〉 추성훈 선수의
이종격투기 경기 장면
출처 : K-1 홈페이지.

아직도 전 세계적으로 복싱을 넘어설 수 있는 격투기의 흐름은 존재하지 않는다. WWE, UFC, K-1-프라이드, 스프리트 등과 같은 격투 프로그램이 증가하면서 격투기에 대한 대중의 관심은 증가하고 있는 추세이지만, 그것을 논외로 하더라도 이종격투기의 흐름은 복싱에 비하면 아직 걸음마 수준에 머물고 있을 뿐이다.

한국이라는 국한된 성향만을 볼 것이 아님이 분명하고 또한 세계적인 추세를 더 지켜보아야 할 테지만, 한국에서 이종격투기가 일본이나 미국의 성향만큼 발전하기에 아직 풀지 못한 문제점들이 많다.

스포츠 스타 콘텐츠

〈그림 8.8〉 대표적 스포츠 스타 김연아

출처 : 재중국대한체육회 홈페이지.

1980~1990년대만 해도 피겨스케이팅은 유럽과 미주 선수들의 전용 공간이었다. 카타리나 비트, 일레인 자야크, 도로시 하밀, 미셸 콴 등 아시아에서는 2000년대 들어 일본 선수만 겨우 이름을 올릴 정도였다. 하지만 2009년 세계 선수권 정상에 이어 2010년 벤쿠버 동계올림픽 금메달까지 세계 피겨스케이팅의 스타는 한국의 김연아 선수이다. 당당히 세계 최고의 기술을 보이고 있어 당분간 김연아 선수를 활용한 비즈니스 콘텐츠가 강세를 보일 전망이다.

2008 베이징올림픽에서 금메달과 은메달을 딸 때, 모든 국민은 박수를 치며 울먹였다. 불가능한 줄로만 알았던 수영에서 세계 정상에 오른 박태환이 너무 고맙고 기특해서였다.

수영은 전형적인 선진국 스포츠다. 어려서부터 실내수영장에서 물을 익히며 체계적인 훈련을 받아야만 세계적 수준에 오를 수 있다. 지금 우리나라의 대도시에는 동네마다 실내수영장이 있다. 지방의 자치단체도 사정은 크게 다르지 않다. 지금 이 순간에도 수많은 실내수영장에서 '미래의 박태환'을 꿈꾸는 수영 꿈나무들이 물살을 헤치고 있다. SK는 올림픽 이후 박태환 전담팀을 출범시켜 체계적인 지원 및 기업홍보에 활용하고 있다.

또 한 명의 대한민국이 낳은 세계 최고의 스포츠 스타가 있다. 바로 역도의 장미란 선수이다. 2006년 아시안 게임에서 세계 신기록을 세운 중국의 무솽솽에게 합계 2kg을 뒤져 은메달에 머물렀던 장미란이 2008 베이징올림픽에서 세계 신기록을 달성하며 금메달을 딴 것이다. 장미란은 2009년 세계역도선수권대회와 2010 광저우 아시안게임에서도 1위를 차지했다.

맺음말

스포츠는 이제 단순한 경기 중계에만 한정되지 않고 다양하게 그 영역을 확장하고 있다. 특히 산업과 연계한 미디어 스포츠와 스포츠 콘텐츠를 통해 경제적 이익을 창출하고 있어, 황금알을 낳는 거위가 되었다고 볼 수 있다. 이제 스포츠는 TV, 인터넷, 이동통신사 등과 같은 다양한 미디어와 결합하거나 경쟁을 통하여 스포츠 콘텐츠를 확보하고 방송을 통해 스포츠 소비자를 유인하고 있다. 대표적인 예로 동영상을 통한 실시간 스포츠 중계를 들 수 있다. 다양한 방식의 스포츠 중계가 보급되고 대중화되면서, 지상파 방송을 통해서 볼 수 없는 경기를 유료로 볼 수 있게 되었다. 이런 다양한 방식을 통한 스포츠 시청은 중계방송과 동시에 방대한 스포츠 관련 데이터베이스를 제공하여 보는 재미를 더하고 있을 뿐만 아니라 스포츠 동호회라는 커뮤니티를 형성하여 활발하게 활동하게 하는 데도 기여하고 있다.

스포츠 콘텐츠를 통한 경제적 이익을 창출하기 위해서는 현재 체육학 혹은 스포츠과학 분야에서 이 영역을 잘 파악하고 미래를 위한 준비가 있어야 한다. 월드컵 개최가 우리에게 짜릿한 감동을 넘어서 역사적인 의미를 갖기 위해서는 스포츠가 생활의 즐거움으로 녹아들어가는 경로를 마련해야 한다. 그 경로를 개척하는 데 스포츠 콘텐츠라는 소프트웨어가 하나의 재료가 될 수 있을 것이다. 스포츠 관련 다양한 콘텐츠의 확보가 성공의 승패를 가름할 수 있다. 스포츠 콘텐츠 부분에 창의적인 아이디어를 생산하는 데 중요한 기초 형성에 도움이 될 수 있는 인재교육도 필요하다. 스포츠 콘텐츠는 새로운 체육학 분야로서 연구와 활용을 기대할 수 있는 영역이다. 따라서 스포츠 콘텐츠 에 대한 학계와 관련 업체의 관심과 연구가 필요하다고 본다.

이동통신사가 이끄는 '애국의 계절'

한 이동통신사의 광고는 아기의 탄생 모습과 함께 "48,396,208번째 붉은악마가 태어났습니다. 이 아이도 언젠가 뜨겁게 대한민국을 외칠 것입니다"라고 말했고, 다른 이동통신사는 애국가를 응원가로 바꾸어 불러 논쟁을 일으켰다. 이처럼 월드컵은 이동통신사들의 잔치판이기도 하다.

월드컵 신드롬 논쟁에서 한 가지 쟁점은 '자발성'의 문제였다. 노명우는 월드컵 군중에게 가해진 제약에 주목했다. 그는 SK텔레콤이 'Be the Reds' 티셔츠 12만 장을 뿌리고 쇼를 후원하는 등 사실상 응원단장 노릇을 한 사실과 대중매체의 세뇌에 가까운 반복 주입 등을 지적하면서 다음과 같이 말했다.

"이 군중은 대중매체의 '세계가 지켜본다'는 캠페인, FIFA와 월드컵 마케팅을 노리는 기업의 상업주의, 한정된 범위 내에서 군중의 일탈을 허용하는 경찰의 신경을 거스르지 않는 범위 내에서 신체를 낭비하면서 놀아야 했다. 이 군중은 상징을 변형하는 창조성을 발휘하고 스스로 스펙터클을 만들어 내는 능동성을 발휘했지만, 이들이 만들어 낸 변형은 변형 이전의 흔적이 농후한 제한된 변형이며, 군중의 능동성은 '세계가 지켜본다'는 경고와 상업주의의 틈바구니에서 제한된 능동성일 수밖에 없었다."

다양한 견해가 가능할 것이나, 한 가지 분명한 것은 2002년 월드컵 열기의 최대 수혜자 중 하나는 단연 SK텔레콤이었다는 사실인 것이다. 한석규가 등장해 '대한민국' 구호를 곁들인 박수 교육을 시키고, 윤도현의 목소리로 전파된 '오 필승 코리아' 광고음악 등을 곁들인 SK텔레콤 스피드011 광고는 500억 이상의 광고 효과를 거둔 것으로 평가되었다. 월드컵 통신 분야 공식 후원사는 KTF였는데도 불구하고 SK텔레콤은 뛰어난 광고와 마케팅 전략으로 월드컵을 거저먹은 것이나 다름없었다. SK텔레콤의 2005년 매출액은 10조 1,611억 원, 순익은 1조 8,714억 원이었다.

2006년 1월 붉은악마는 홈페이지에 'SK텔레콤의 월드컵 마케팅을 바라보며'라는 제목의 공지사항에서 "월드컵 때만 나타나는 거대기업이 마케팅을 벌여 브랜드 인지도 상승 등 혜택을 거두어 가는 것은 기업 윤리상 문제가 있다고 판단된다"며, "이 때문에 수 년 또는 수십 년 동안 묵묵히 축구에 투자한 기업들이 축구 축제 기간인 월드컵 대회 기간에 오히려 소외되는 형상이 안타깝다"고 했다. 붉은악마는 2002년 월드컵 이후 한국 축구에 대해 SK텔레콤이 수차례 지속적인 관심과 투자를 약속했지만 이 같은 구두 약속이 전혀 지켜지지 않았다고 비판했다.

2006년 2월 27일 서울시는 서울시청 앞 광장과 청계광장의 길거리 응원권을 공개경쟁 방식을 통해 민간단체에 '판매'했다. 하루 사용료 521만 원, 서울시청 앞 광장만 427만 원이었다. 두 곳에서 길거리 응원을 주최할 민간단체로는 SKT컨소시엄(동아일보, 서울신문, 조선일보, 한국방송, SBS 참가)이 선정되었다. KTF컨소시엄(KTF, 붉은악마, 현대자동차), 문화방송 등 세 주체 사이의 경쟁에서 이긴 것이다.

이에 시민들과 민주노동당 서울시당과 문화연대 등은 "광장은 시민의 것"이라며, "월드컵에 대한 국민의 열망을 돈벌이 수단으로 삼으려는 발상을 당장 중단하라"고 반발했다. 붉은악마와 KTF 쪽은 다른 응원 장소를 물색하는 등 거리응원의 분열양상이 벌어지기 시작했다. 여론이 좋지 않은 방향으로 흐르자 3월 15일, 서울광장과 청계천 일대에 대한 사용권을 확보했던 SK텔레콤은 두 곳을 모든 단체와 기업에 개장하기로 결정했다.

신윤동은 '애국의 계절'이 돌아왔다고 했다. "애국의 계절이 돌아왔다. 붉은 광장이 돌아왔다. 월드컵의 열정이 돌아왔다. 당신을 깨우는 소리가 들지 않는가? 당신을 깨우는 휴대전화의 벨 소리는 아니고, 당신의 애국심을 깨우는 이동통신회사의 광고 소리가 들리지 않는가? SK텔레콤이 '우리는 대한민국입니다'라고 외치자, KTF는 '우리는 붉은악마다'라고 선언했다. 이제 우리는 붉은악마 아니면 대한민국이다. 저렇게 뭉클한 광고를 보고 가슴이 뛰지 않는다면, 어쩌면 비국민일지 모른다. 다시 애국의 계절이 돌아왔다."

– 강준만(2006). 『축구는 한국이다』. 인물과 사상사.

참고문헌 및 자료

강준만(1999). 『대중문화의 겉과 속 Ⅰ』. 인물과사상사.

_____(2006). 『대중문화의 겉과 속 Ⅲ』. 인물과사상사.

_____(2006). 『축구는 한국이다』. 인물과사상사.

강한균(2009). "동남아지역의 한류 문화콘텐츠가 한국의 수출과 FDI에 미치는 경제적 효과". 『무역학회지』 제34권 제1호, 29–47쪽.

고정민(2006). "수출로 활로를 모색 중인 문화콘텐츠 산업". 『SERI 경제 포커스』 제85호.

김영순(2006). 『인문학과 문화콘텐츠』. 다할미디어.

김원제(2004). "미디어 스포츠의 기원 및 변동과정에 관한 연구". 성균관대학교 미간행 박사학위논문.

_____(2006). 『스포츠코리아』. 한국학술정보(주).

김찬호(2007). 『문화의 발견: KTX에서 찜질방까지』. 문학과지성사.

_____(2007). 『사회를 보는 논리』. 문학과지성사.

문병호(2009). "문화산업과 문화의 화해를 위하여". 『인문과학』 제43집, 205–226쪽.

박종근(2007). "문화콘텐츠 산업으로서 e-스포츠의 글로벌 산업화 발전전략: 마이클포터의 다이아몬드 모델을 중심으로". 『경영학연구』 제30권 제6호, 1545–1579쪽.

송해룡(2001). 『디지털 커뮤니케이션과 스포츠 콘텐츠』. 커뮤니케이션북스.

신상성(1985). "한국 스포츠문학의 가능성". 『대한유도대학논문집』 제1집, 145–166쪽.

심승구(2005). "한국 술 문화의 원형과 콘텐츠화". 인문콘텐츠학회 학술심포지엄 발표자료집.

윤효진(2000). "국내 프로스포츠 구단 웹 사이트 콘텐츠 연구". 수원대학교 미간행 박사학위논문.

이관표 · 최상수(2006). "스포츠 이벤트 개최로 인한 사회문화적 영향분석: 2005 제천 산악마라톤대회를 중심으로". 『한국콘텐츠학회논문집』 제6권 제5호, 161–169쪽.

이병희 · 문제철(2009). "문화콘텐츠 산업의 현황과 과제". 삼성경제연구소 보고서.

이안재(2005). 『e-스포츠 산업의 현황과 발전 방안』. Issue Paper. 삼성경제연구소.

이학준(2005). 『영화로 읽는 스포츠』. 북스힐.

이혜진(2004). "국내 스포츠 사이트의 현황연구 및 사용자 요구사항 조사". 이화
　　여자대학교 미간행 석사학위논문.
임우택(2001). "국내스포츠 및 레포츠 웹사이트 콘텐츠 비교분석".『한국스포츠
　　산업경영학회지』제6권 제1호, 1-13쪽.
장 보드리야르 지음, 이상률 옮김(1992).『소비의 사회』. 문예출판사.
정지규(2007). "미디어콘텐츠로서 국내 프로스포츠 비교분석". 서울대학교 미간
　　행 석사학위논문.
조성식 · 조영호 · 유재구(2009). "스포츠 콘텐츠 가치 분석을 위한 기준항목 개
　　발 연구".『한국체육학회지』, 103-114쪽.
조종현(2002). "인터넷 스포츠사이트 수익모형". 연세대학교 미간행 박사학위
　　논문.
최동철(2001). "미디어 스포츠의 사회통합 기능에 관한 연구". 강원대학교 미간
　　행 박사학위논문.
최연구(2006).『문화콘텐츠란 무엇인가』. 살림.
최영환(2008). "미디어 이용 패턴에 따른 스포츠 콘텐츠 소비행동 분석". 고려대
　　학교 미간행 박사학위논문.
최현주 · 안병주(2009). "문화상품으로서 '탈춤'의 가치와 가능성".『한국사회체
　　육학지』제36권 제2호, 807-818쪽.
황용성(2006). "문화콘텐츠로서 이종격투기의 내재적 공간구조에 관한 연구".
　　『한국콘텐츠학회논문지』제6권 제2호, 287-295쪽.
K-1 〈www.k-1kr.com〉
리뷰스타 〈http://web.reviewstar.net/〉
스포츠서울 〈http://www.sportsseoul.com/〉
씨엔미디어 〈http://www.consumernews.co.kr/〉
OSEN 〈http://osen.mt.co.kr〉
재중국대한체육회 〈http://www.kscchina.com/〉

더 읽어 볼 거리

기용온(2006).『재미있는 스포츠 이야기』. 가나출판사.
노주환(2009).『스포츠 스펀지』. 브리즈.
강준만(2006).『축구는 한국이다』. 인물과사상사.
정희준(2009).『스포츠 코리아 판타지』. 개마고원.

ㄱ

ㅈ

ㅊ

ㅋ

저자 소개

김영순 kimysoon@inha.ac.kr

독일 베를린 자유대에서 문화이론 기호학 교육학 등을 수학하고, 문화학박사학위를 취득했다. 이후 베를린공대 문화기호학연구소 연구원, 조선대 연구교수, 교육인적자원부 학술교수를 거쳐 현재 인하대 사범대학에 재직 중이다. 저서로『신체언어 커뮤니케이션의 기호학』,『광고 텍스트 읽기의 즐거움』, 공저로『대중문화 낯설게 읽기』,『미디어교육과 사귐』,『몸과 몸짓 문화의 리얼리티』, 역서로『몸짓과 언어본성』,『화용론 이해』,『다문화교육의 이해』 등이 있으며, 기호이론 및 문화교육과 관련된 다수의 논문이 있다.

이미정 pro03@hanmail.net

인하대학교 대학원 문화경영학과에서 문화정책, 문화교육 등을 선공하고, 문학박사학위를 취득했다. 이후 인하대 문화경영심리연구소 박사후연구원을 거쳐, 현재 인하대 교육연구소 연구원으로 재직 중이다. 공저로『문화의 맛과 멋을 만나다』 등이 있고, 인천 문성정보 미디어고등학교 교과서인『문화산업일반』을 집필하였다. 그 이외에 문화교육, 다문화, 문화정책 관련 다수의 논문이 있다.

구문모 mgo@halla.ac.kr

미국 아이오아주립대에서 산업조직론으로 경제학박사를 취득했고, 산업연구원 문화서비스실장, 한국문화경제학회 회장을 거쳐 현재 한라대학교 미디어콘텐츠학과 교수로 재직하고 있다. 국무조정실, 문화체육관광부, 게임물등급심의위원회 등에서 자문활동을 하였다. 저서로는『문화경제학만나기』,『문화산업의 발전방안』,『미디어콘텐츠의 비즈니스 원리』,『영화마케팅의 기본 원리와 실제』 등과 문화기업가정신과 관련한 다수의 논문이 있다.

방선이 monopoly64@nate.com

인하대학교에서 마케팅 분야로 경영학 박사학위를 취득했다. 현재 행정안전부 비영리민간단체 평가위원장, 인천광역시 지방재정심의전문위원, APEC CBC 국제공인인증 컨설턴트로 활동하고 있으며 사단법인 한국사회문화연구원 원장으로 재직 중이다. "행정안전부 비영리 민간단체 공익활동 지원 사업 평가" 등 다수의 기관 및 사업 평가를 수행하고 있으며, "인천노인종합문화회관 활성화 방안 연구", "옹진군유형화사업 타당성 분석" 등의 연구 과제를 수행하였다.

하주용 iq100@inha.ac.kr

고려대 신문방송학과(현 미디어학부) 및 동 대학원을 졸업하고, 미국 서든일리노이주립대에서 매스커뮤니케이션 박사학위를 받았다. 한림대학교 인터넷미디어전공(현 디지털콘텐츠전공) 주임교수와 한국방송학회 총무이사, 방송통신위원회 방송평가위원, 국토해양부 홍보자문위원 등을 역임했으며, 현재 인하대학교 언론정보학과 교수로 재직 중이다. "지상파텔레비전 광고에 나타난 여성의 이미지"(언론학보), 『디지털영상제작의 이해』(일빛) 등의 논문과 저서가 있다.

정미강 chagra@hanmail.net

부산대학교에서 영상정보공학으로, 인하대학교에서 문화경영학으로 박사학위를 취득하였다. 부산지역문화연구센터 연구원, 인하대학교 문화경영연구소를 거쳐 현재 (사)한국사회문화연구원에 책임연구원으로 재직 중이다. "문화산업클러스터의 장소마케팅 전략 연구", "공간 텍스트로서 도시의 스토리텔링 과정 연구", "한국문화 교육을 위한 은율탈춤 스토리텔링 교수법" 등 문화산업과 스토리텔링에 관한 논문과 "게임과 애니메이션을 위한 캐릭터 동작구현기술 연구", "인천 애니메트로닉스 산업육성계획 연구" 등의 연구 실적이 있다.

박수정 psj@inha.ac.kr

이화여자대학교에서 체육학, 여가학, 레크리에이션론 등을 수학하고, 체육학박사학위를 취득했다. 현재 인하대학교 예술체육학부 교수 및 평생교육원 부원장으로 재직중이다. 스포츠관광학회 부회장, 한국여가레크리에이션학회 및 한국여가문화학회 상임이사이다. 저서로 『레크리에이션프로그래밍』, 공저로 『여가학총론』, 『현대여가연구의 이슈들』, 『치료레크리에이션 핸드북』, 역서로 『Sportskill Basic』 등이 있으며, 여가학 및 체육학과 관련된 다수의 논문이 있다.

오영훈 ohy10106@inha.ac.kr

독일 레겐스부르크 대학교에서 언어학과 교육학으로 석사와 박사학위를 취득하였다. 이후 중앙대와 인하대 강사를 거쳐, 호남신학대학교에서 교양학부 강의전담교수를 역임하였고, 현재 인하대학교 교육대학원 대우교수로 재직 중이다. 공저로 『인문학과 문화콘텐츠』, 역서로 『현대문화학의 컨셉들』 등이 있으며, 문화학과 문화산업 및 다문화와 관한 논문들이 다수 있다.

김진희 jkim@andong.ac.kr

경북대학교에서 박사학위를 취득하였고 호주 Edith Cowan 대학에서 박사후 연구원으로 지냈다. 현재 안동대학교 체육학과에 재직하고 있다. 교육, 문화, 여성, 질적 연구에 관심이 많으며 『코치 오디세이』, 『체육인문학의 창』, 『질적연구방법론』, 『스포츠와 문화』 집필에 참여하였다.